在中国航天史上，有一位传奇人物。他是中国第一枚导弹总体设计、第一颗人造地球卫星、第一颗科学实验卫星、第一颗返回式遥感卫星的技术负责人、总设计师。他是中国第一颗通信卫星、静止轨道气象卫星、资源探测卫星、大容量通信卫星、北斗导航卫星等应用卫星大系统的工程总设计师。他是中国探月工程的总设计师。

他是中国科学院院士、国际宇航科学院院士、国际欧亚科学院院士，“两弹一星”功勋科学家，2009年国家最高科学技术奖获得者。

他是第七届、第八届、第九届全国政协委员。

他的传奇人生与中国航天多个“第一”联系在一起，他就是著名的航天工程技术专家——孙家栋。

贺信

孙家栋院士：

您是我当年十分欣赏的一位年轻人，听说您今年都八十大寿了，我要向您表示衷心的祝贺！

您是在中国航天事业发展历程中成长起来的优秀科学家，也是中国航天事业的见证人。自第一颗人造地球卫星首战告捷起，到绕月探测工程的圆满成功，您几十年来为中国航天的发展作出了突出贡献，共和国不会忘记，人民不会忘记。我为您取得的成就感到骄傲。

希望您今后要保重身体，健康生活，做一名百岁航天老人。

谨祝生日快乐！夫人面前代致问候！

钱学森

二〇〇九年三月三日

钱学森：世界著名科学家，曾任全国政协副主席，中国科协主席。

贺信

尊敬的孙家栋院士：

在您八十华诞之际，我谨代表中国科学院和中国科学院学部主席团，并以我个人的名义向您致以衷心的祝贺和诚挚的问候！

您是我国著名的航天技术专家，“两弹一星”功勋科学家。您自1958年学成回国至今，在我国中程导弹、人造卫星、航天工程和深空探测等领域取得了一系列卓越的开创性成果。领导完成了我国第一个自主研发中程导弹的总体设计；主持完成了我国第一颗人造卫星、第一颗返回式卫星和第一颗静止轨道试验通信卫星的总体设计和技术管理工作；您在主管航天外事工作中，为我国对外发射服务跻身国际市场作出了突出贡献；近年来，您仍不遗余力地奋战在航天工程第一线，作为我国卫星导航工程和月球探测一期工程总设计师，主持解决了多项关键技术问题，为我国航天技术的创新发展作出了重大贡献。

您还特别重视年轻人才的培养，您在航天科技事业上所体现的严谨认真、精益求精、锐意创新、实事求是、顾全大局、勇担责任的科学精神和处事风范，影响和培养了一大批优秀的航天工程技术人才，也将激励更多科技工作者奋发有为。

祝您健康长寿！生活幸福！

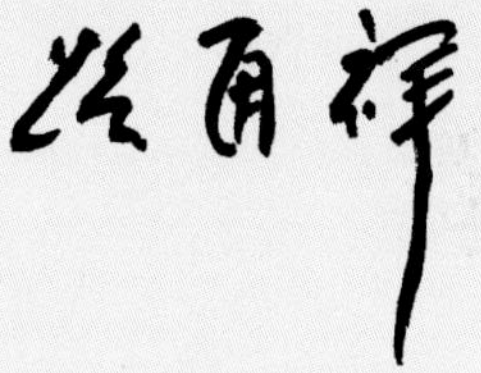

二〇〇九年三月二十日

路甬祥：全国人大常委会副委员长，中国科学院院长。

贺信

尊敬的孙家栋院士：

获悉您八十寿辰在即，我谨代表中国航天科技集团公司党组和全体干部职工向您表示衷心的祝福和崇高的敬意！

您是我国“两弹一星”元勋，是对我国航天事业发展有着重要影响的著名航天工程技术专家，是老一辈航天人的杰出代表之一。您在50多年的航天工程实践中，在导弹武器、人造卫星、深空探测、对外发射服务和航天工程管理等多个领域做了大量富有成效的开创性工作，主持完成了我国航天发展史上多项具有里程碑意义的重大突破，为推动我国航天事业的蓬勃发展作出了卓越贡献。

如今，尽管年事已高，可您仍然奋战在航天工程研制和人才培养的第一线，奉献着您的聪明才智和心血汗水。您对航天事业的无限热爱、孜孜追求和无私奉献，您严谨的科学精神、扎实的学术功底、丰富的管理经验，都是航天事业十分宝贵的财富，也为新一代航天人树立了学习的榜样。希望您在繁重的工作中多多保重身体，继续指导我们努力实现新时期我国航天事业的跨越式发展。

衷心祝愿您身体健康、万事如意！

二〇〇九年三月二十四日

马兴瑞：国际宇航科学院院士，中国航天科技集团公司党组书记、总经理。

在2007年12月12日庆祝我国首次月球探测工程圆满成功大会上，胡锦涛总书记与孙家栋亲切握手，说："谢谢你！谢谢你作出的贡献！"

1999年9月18日，“两弹一星”授勋仪式

2004年12月10日，孙家栋看望钱学森并亲切交谈

20 世纪80 年代孙家栋向军队领导汇报卫星研制情况（右起：刘华清、杨得志、李德生、邹家华、杨尚昆、张爱萍等）

与路甬祥（左二）、陈昊苏（左五）等参加嫦娥奔月雕塑（左四为雕塑作者遥远）揭幕仪式

与任新民院士亲切交谈

与航天科技集团公司马兴瑞总经理在西昌卫星发射中心

快乐的航天老总们（左起：吴朔平、梁守槃、蔡金涛、屠守锷、孙家栋、黄纬禄、杨嘉墀、王希季）

嫦娥一号卫星发射前，与栾恩杰（左）、欧阳自远（右）在发射塔架前合影

与太空英雄们合影

与航天科技集团公司、总装备部、总参测绘局领导庆贺北斗卫星发射成功

与戚发轫院士一起讨论问题

与叶培建院士交换意见

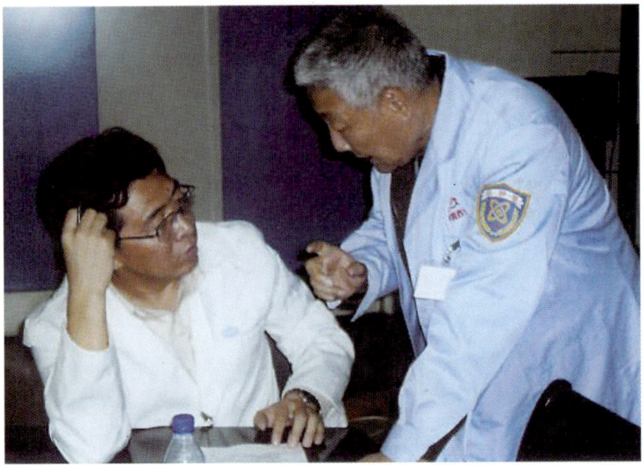

与周志成总设计师在卫星发射现场

年轻时的孙家栋与魏素萍

1983 年孙家栋的全家福

幸福的老两口——孙家栋与夫人魏素萍

在中国西昌卫星发射中心

天穹记忆系列丛书

星系我心

——著名航天工程技术专家 孙家栋

王建蒙 著

中国宇航出版社
·北京·

图书在版编目（CIP）数据

星系我心:著名航天工程技术专家孙家栋 / 王建蒙著.
--2版. --北京：中国宇航出版社，2010.7
（天穹记忆系列丛书）
ISBN 978-7-80218-795-5

Ⅰ. 星… Ⅱ. 王… Ⅲ. ①孙家栋一生平事迹
Ⅳ. ①K826.16

中国版本图书馆CIP数据核字（2010）第147664号

策 划 人　邓宁丰　石 磊　李 钢　　责任编辑　黄 苹
责任校对　祝延萍　　装帧设计　03工舍

出版发行　中国宇航出版社
社　址　北京市阜成路8号　邮　编　100830
（010）68768548
网　址　www.caphbook.com/www.caphbook.com.cn
经　销　新华书店
发行部　（010）68371900　（010）88530478（传真）
（010）68768541　（010）68767294（传真）
零售店　读者服务部　北京宇航文苑
（010）68371105　（010）62529336
承　印　北京中科印刷有限公司

版　次　2009年4月第1版
2010年8月第2版第2次印刷
规　格　787×1092
开　本　1/16
印　张　15.25　彩插16面
字　数　277千字
书　号　ISBN 978-7-80218-795-5
定　价　45.00元

本书如有印装质量问题，可与发行部联系调换

目录

引 言

孙家栋属于那种很有亲和力的智慧型人物，初次见面，肯定看不出他与常人有什么不同。他高高的身材，穿戴平常；慈眉善目，待人和蔼可亲；严谨沉稳，性格厚重宽和，很少看到他有什么大喜大怒。当卫星发射成功时，他没有喜形于色；当工程遇到困难时，他亦能泰然处之，给人以大智若愚的感觉。从他身上验证了一句古语："有才而性缓定属大才，有智而气和斯为大智"。

孙家栋是千千万万个造星人中的一个，更是为数不多的参加了中国第一星以及又见证了第一百颗星研制发射全程的资深造星人。更令他兴奋的是，在生日前他收到了97岁高龄的著名科学家钱学森写给他的一封贺信。信中说"您是我当年十分欣赏的一位年轻人，听说您今年都80大寿了，我要向您表示衷心地祝贺！您是在中国航天事业发展历程中成长起来的优秀科学家，也是中国航天事业的见证人。自第一颗人造地球卫星首战告捷起，到绕月探测工程的圆满成功，您几十年来为中国航天的发展作出了突出贡献，共和国不会忘记，人民不会忘记。我为您取得的成就感到骄傲。"

孙家栋即刻给钱学森家里去了电话：对已近百岁的恩师表示深深的感谢，深为钱老在信中多次出现“您”这个谦虚的称呼所感动，钱老称我80岁为大寿可是不敢当，钱老谦虚和严谨认真的一贯作风使我一生受用。

孙家栋和他的恩师钱学森都是中国航天发展的见证者，生命不熄，奋斗不止，为了中国航天再造辉煌，为了国家的强大，他们仍然在默默地作着奉献。

2007年中国首次月球探测工程获得了圆满成功，这是继人造地球卫星、载人航天飞行取得成功之后，中国航天事业发展的又一座里程碑，实现了中华民族的千年奔月梦想，开启了中国人走向深空探索宇宙奥秘的时代，标志着中国已经进入世界具有深空探测能力的国家行列。而孙家栋就是中国探月工程的首任总设计师，他目睹嫦娥一号卫星绕月飞行时激动地说：“以前几十年我们所搞的航天工程，全部都是围绕地球开展的科学研究和应用，对于探月来讲，是飞离地球轨道围绕月球开展的研究。我们做的是中国前人没有做过的事情，把中国古代神话嫦娥奔月变成了现实。”

有人说孙家栋奇人必有奇运。而孙家栋觉得自己最幸运的是，留学归国就加入了中国航天大军。在他80岁的人生旅途中，在他半个多世纪的航天职业生涯中，他有幸参加了中国100颗卫星之中33颗卫星的研制，并在其中担任卫星技术负责人、总设计师或工程总设计师，亲身经历了从地球卫星到月球卫星的中国航天事业发展的三个里程碑。孙家栋曾经动情地对我说：“搞了一辈子航天，航天就是我的‘爱好’，这辈子都不会离开了。”

邓小平曾经在谈到中国“两弹一星”所起的作用时说：“如果60年代以来中国没有原子弹、氢弹，没有发射卫星，中国就不能叫有影响的大国之一，就没有现在这样的国际地位。这些东西是反映一个民族能力的，也是一个民族、一个国家兴旺发达的标志。”“我们要感谢科技工作者为国家作出的贡献和争得的荣誉。大家要记住那个年代……”1999年9月18日，孙家栋被共和国授予“两弹一星”功勋奖章。

孙家栋对自己奋斗一生的航天事业是这样看的：“几十年的历史实践已经让我们深刻认识到，最先进的武器是买不来的，军工核心技术是买不来的，航天尖端产品也是买不到的，我们必须要依靠自己的力量壮大国防。增强军工科技创新能力，是国防科技工业增强核心竞争力的必由之路。”

数十年来，孙家栋虽然取得了辉煌成绩，但始终保持低调，淡泊名利，从不居功自傲，不屑于做那些凑热闹、出风头的事情。中国航天界人士评价孙家栋为人做事有自己的主见，从不乱来，不投机、不浮夸、不吹嘘自己，是一位不可多得的航天工程技术专家，他为中国航天事业拼搏奋斗，无私奉献，仿佛是一颗穿云而过的卫星，默默地环绕地球造福于人类。

希望更多的读者，能从这本书里看到科学家孙家栋的传奇人生和成功经历，受到更多的启迪，踏上心想事成的旅途……

第一章　降临人间求学路

1　闯关东的祖上家世

相传，孙家栋的祖上第七代兄弟俩不堪家中的贫穷日子，结伴由山东牟平逃荒闯关东，一路北上来到东北辽宁省。兄弟俩刚刚见到黑土地，还没有来得及分享拓荒屯地的喜悦，就不幸彼此失散。从此孙家栋祖上爷爷，只身来到现在的辽宁省盖县安顿下来，转眼就是百年。

从那个年代开始，孙家祖上就在这极其普通的草甸子村安营扎寨，辛勤劳作。

草甸子村北被称作北岭，村南则被称作南山。大自然将北岭、南山打理得格外风调雨顺。

北岭黑壤沃土、草木茂密、蝶飞灵影、蜿蜒起伏，金秋季节抬眼望去，紫红的葡萄、鲜红的山楂、粉红的苹果、金黄的鸭梨……好一派大自然点缀的美景。

所谓南山，其实也就只有三百多米的高度，由于山体直立陡峭倒也有几分壮观。山上大树参天，灌木林密，飞鸟嬉闹，群兽争逗，山坡遍地桑木郁郁葱葱，映衬出一幅和谐的天然图画。

南山下来的潺潺溪流，经过草甸子村注入北岭，年复一年地养育着草甸子村的世代村民，浇灌了北岭的黑壤沃土。一方水土养育一方人，孙家栋的祖父虽然是面向黄土背朝天的农民，但在草甸子村方圆几百里却是公认的思维清晰的明智人。他屯垦劳作、圈禽养畜，把日子调理得有声有色，令草甸子村人家大为羡慕。星移斗转，凭借自己的辛劳耕作和与邻为善的美德，孙家在这块风水宝地里繁衍后代，人丁兴旺。百余年过去，到了孙树人这一代，孙家的本家弟兄、叔伯大爷加在一起已有四十好几口子。

孙家栋的祖父生育了五个孩子，前四个都是闺女，到了老五终于得到了期盼已久的宝贝儿子。十年树木，百年树人，孙家栋的父亲出生后，祖父给他取名为孙树人。

别看孙家栋的祖父目不识丁，但潜意识里敬佩那些有文化的读书人，立志要送儿子进学堂读书。当时，孙家正值鼎盛年代，但却没有一个人入过学堂，于是孙树人到了读书的年龄即被祖父送出去读书。

孙树人又名孙成谋，字百如。孙家栋的祖父送他到距草甸子村两里路的马甸子私塾上学。孙树人苦读死背《百家姓》、《三字经》、《千家诗》，在这些“之、乎、者、也”的知识典库里，聪明好学的孙树人积累了学问，他知书达礼，成为草甸子村名副其实的“状元”。

孙树人读书一直读到了谈婚论嫁的年龄。19 岁的孙树人高大英俊、仪表堂堂。而离草甸子村二十多里外有一个远近闻名的石门子村，村子里有一位也很闻名的张姓石匠。恰时，张石匠有一个 19 岁妙龄的掌中娇女深藏闺中。经媒人之约、双方父母首肯，孙树人与张家闺女喜结良缘。孙树人家有四女一男，而张石匠家却有四男一女，当时，两家人一个独子、一个独女的亲事，在人们的眼中可谓是天赐良缘、般配致极。

2 辗转进入哈工大

张家闺女生长在大山，伴随父亲采石雕石长大，有大山一样的爽快性格，有百灵一样的玲珑身材，又有针缝刺绣的一双巧手，还有逢迎化吉的好人缘，嫁到孙家后，深得孙家上下老小的赞赏和厚爱。

孙树人在当时已经成了文化人，此时家境良好，娶妻成家后受大家族的推举，远赴沈阳求学。孙树人跪拜先人，告别父母、爱妻，离家前往张学良创办的沈阳师范学校就学。

山外有山，城外有城，孙树人在省城开阔了眼界，耳闻目睹了大千世界的人情世故，充填了各方面的知识。他果然不负众望，完成了在师范学校的三年学业，受聘任教于地处盖县县城的盖平师范学校，六年后升任为盖平师范学校校长。此时他已经有了三儿两女，当了校长后，他把妻子、女儿和一个儿子接到了盖县县城，考虑到生活和其他原因，另外两个儿子仍然留在家乡。

1929 年的春节过后，孙家就在为即将出世的孩子而忙碌。农历 2 月 29 日（阳历 4 月 8 日）这一天，虽然是兵荒马乱的军阀混战年月，但盖县这个小县城里倒也还显得很安宁。随着一声接一声婴儿有力的啼哭声，孙家又添了一口人，是个期盼之中的儿子，这便是以后成为著名航天工程技术专家的孙家栋。孙家栋降生于盖县，他在三个哥哥和两个姐姐之后排行老六。

听人们说，宁静中出生的孩子聪明、头脑清楚。也有传说，这种孩子长大后话语少，人也显得安宁。这句话还真的应验了，孙家栋自小开始读书，学习成绩一直名列前茅，在日后的几十年工作生涯中，也一直保持着脚踏实地的安宁习惯，即便遇到比较急的事也不惊慌，从他平静的外表能看到他内心的镇静和刚毅。

孙家栋刚降临人世，就得到了人们的一番议论，大家纷纷说这孩子有好命，这辈子都不会挨饿了。原来这里面有一段故事，老孙家近期在酝酿按人头分家，孙家栋 4 月 8 日出世，恰逢祖上 4 月 9 日正式分家，所以，孙家栋这张嗷嗷待哺的小嘴刚一张开，就理所当然地得到了一份口粮。

孙家栋在辽宁省盖县盖平师范学校度过了三年童年生活。在这三年里，孙家的日子过得还算相对安定，孙家栋的父亲主持学校工作已经得心应手，孙家栋的母亲操持家务里里外外一把手，把家打理得红红火火。此时由于工作的变迁，孙树人要离开盖平师范学校前往哈尔滨，就职北满政府设在哈尔滨市的地亩管理局职员。1932 年，孙家栋随父亲举家迁往哈尔滨市。1936 年 3 月，7 岁的孙家栋就读于离家不远的建设小学，后来又转入一所条件好些的六年制教会小学读到了五年级，1939 年又随父亲工作调动离开哈尔滨市迁居营口市，转入同德学校读完了高小。

1942 年 6 月，13 岁的孙家栋以优异的考试成绩被哈尔滨第一高等学校土木系录取。哈尔滨第一高等学校是一所四年制的专科学校，有电器系、土木系和机械系三个专业。那时，孙家栋一门心思学好本事成就将来建高楼、筑水坝、修大桥的宏伟理想，他怎么也没有想到日后会走上与航天打交道的通天之路。

此时，全国抗日烽火风起云涌，作为在日本人统治下的哈尔滨人民更是对侵略者怀着满腔仇恨。哈尔滨第一高等学校是一所由日本人开办的学校，日本教师在授课中的侵略意识以及奴化意识引起学生的强烈愤恨，孙家栋为流露出的不满情绪也吃过不少苦头。

战争给人们带来了巨大灾难，城里战乱，学校停课，父母回老家去了，孙家栋也无书可读。这一年的寒冬，他只好踏上了回老家的路。穿过大片桦树林，滑过一望无际白雪皑皑的山坡，他沿着铁皮木轱辘车碾压出来的羊肠道，一路摸索回到了从未去过的草甸子村。

孙家在村里已经成为大家庭，堂叔、大伯家兄弟们的融融亲情，祖辈生长的芳香热土，远离喧闹的自然风光，都未使孙家栋泯灭求知的愿望。抗日战争一结束，孙家栋心里就萌动着继续求学的愿望。

孙家栋到家后才知道，父亲孙树人已经离开老家去了沈阳，经朋友介绍在沈阳的一所学校任教。数日后，孙家栋离开老家前往沈阳，几经辗转来到父亲任教的学校，方知父亲又到了海城师范学校谋职。孙家栋找到父亲后，便急切地提出要继续求学。父亲找人帮忙，终于在 1946 年 9 月使他进入了国民党政府在锦州开办的锦州大学先修班就读。这个大学名义是大学，实际上只是设立了个架子，教学条件和师资力量明显不配套，并且还要先入“预科”补习两年的中学课程。

1947 年冬天，辽沈战役的炮声在锦州大地隆隆响起，中国人民解放军第四野战军以迅雷不及掩耳之势向东北快速推进，国民党军队兵败如山倒，人民生活在水深火热之中，饱尝战争之苦。在锦州，这“预科”的书也没办法继续读下去了。

1948 年 9 月，孙家栋听到哈尔滨工业大学要招生的传说，他立即前往探听虚实，决心撞撞运气。当时的哈尔滨工业大学由苏联人管理，学校制度健全，有一套严厉的管理办法。就读哈工大必须经过严格的考试，并且还要出具其前相等资格的毕业证书。哈工大虽然承认日本中学的资格，可伪满时期的中学是四年学制，而苏联中学的学制是六年，孙家栋虽然通过了学校的各项考试，但必须再次重新复读“预科”，这便是孙家栋求学路上的第二次大学“预科”经历。

当时，哈工大老师都用俄语授课，所以预科的主要课程是学习俄语，而要想听得懂、学得通大学的课程，精通俄语则是必由之路。这条路对孙家栋来说既是一次机遇，也是一次挑战。

哈尔滨工业大学始建于 1920 年，当时校名为“哈尔滨中俄工业学校”。当年，白俄罗斯人进入东北，为了运送东北丰富的矿产资源，开始建设绥芬河至满洲里最终通往旅顺口的铁路，学校正是为培养修建铁路所急需的技术人才而创建的，当时开设了铁路建设和电气机械工程两个科。首届三个班共招收了 103 名学生，实行学分制，学制四年，一律用俄语教学。1922 年 4 月 2 日，学校改名为中俄工业大学校，学制由四年改为五年，原设两个科分别改为铁路建筑系和机电工程系。毕业生经考试委员会答辩合格后将被授予工程师称号。1928 年 2 月 4 日，学校隶属关系发生变化，改由中华民国东省特区领导，校名改为东省特区工业大学校，东省特区行政长官张寰湘担任校理事会主席，东北政府国民教育部总长刘哲任校长，他成为这个学校的第一位中国校长。1928 年 10 月 20 日，学校将法政学院和商学院并入，正式定名为哈尔滨工业大学。

孙家栋进入学校不久，就迎来了新中国的成立。哈尔滨工业大学进入了一个新的历史发展时期。1950 年 6 月 7 日，中共中央电告东北局：俄方已决定将哈工大交给中国政府管理，并指示哈工大“应着重招收国内各大学理工学院的讲师、助教和研究生。主要学俄文，两年毕业即分配到各大学任教”。这是哈工大在新中国成立后进入全面改造和扩建阶段的重要标志，学校由此决定，将每年的 6 月 7 日定为哈工大建校纪念日。为了加快哈工大的发展，刘少奇同志于 1951 年在教育部党组《关于哈尔滨工业大学改进计划的报告》上作了专门批示：“办好这样一个大学，很有必要”，明确哈工大的办学方针和任务是“仿效苏联工业大学的办法，培养重工业部门的工程师和国内大学的理工科师资”。同年，哈工大被国家确定为中国高等教育学习苏联的两所院校之一，成为学习苏联先进经验、为国内各高校培养优秀人才的基地，并以“工程师摇篮”而饮誉全国。

俄语繁杂的语法、多样的变格、绕舌的发音，令初学者目眩，俄罗斯人的名字也是九曲十八弯，绕了自己的名和姓不说，还要把祖上那长长的名也再绕进去，真是难读难记。但孙家栋对学习渴望已久，也不愧是学习高手，在很短的时间里就理出了头绪，进入了良好的学习状态。他觉得，语言毕竟是一种活生生的工具，很重要，首先要找到学习俄语的感觉；语言同时又是表达事物和思维的工具，是文化的一种载体，一定要把俄语学通才能继续下一步的专业课程。这时的孙家栋找到了学习的感觉，他在这里系统地学到了不少知识，使他终身受益。

3 机缘来自红烧肉

孙家栋说过：“我这辈子还真是喜欢吃红烧肉，不仅仅是口味的问题，还有一些与红烧肉相关的其他原因促成了我喜欢红烧肉，比如我的人生道路选择就是由一顿红烧肉而促成的。”

1950 年初的农历正月十五，这是中国的传统节日——元宵节。这天，孙家栋本来准备午饭后去住在哈尔滨的姐姐家，但听说晚饭加餐有红烧肉，便改变了主意，那年月能吃上红烧肉可不容易。正是为了这顿红烧肉，他决定等吃了晚饭后再去姐姐家。

吃晚饭时，学校主管人员来到饭堂向学员们宣读通知：为了加快建设中国空军的步伐，新中国的人民解放军空军要在他们这批学生中挑选人员，有意者可立即自愿报名接受挑选。

为了组建航空兵部队和培养航空兵部队所需要的中、高级飞行指挥干部，空军司令员刘亚楼在列席中共七届三中全会时，当面向毛泽东提出扩大航校培训规模和从陆军选调一批营、团干部入学学习飞行的建议，毛泽东当即表示同意。刘亚楼的这一举措，为空军的进一步发展准备了骨干。

1949 年 10 月 30 日，中央军委和毛泽东作出决定：第一航校设在哈尔滨，第二航校设在长春，第三航校设在锦州，第四航校设在沈阳，第五航校设在济南，第六航校设在南苑。

1949 年 11 月 11 日，中央军委正式宣布中国人民解放军空军成立。

1949 年 12 月至 1950 年 2 月，毛泽东在苏联访问，一天，毛泽东紧握拳头对同在莫斯科的空军司令员刘亚楼说："必须加强空中力量!"

不满 21 岁的孙家栋，联想到几个月前毛泽东主席在北京天安门城楼上向全世界宣告"中华人民共和国成立了！中国人民从此站起来了!"的动人情景，想到中国人民解放军伴随嘹亮的军歌，迈着雄壮的步伐在天安门广场接受检阅的威武军姿，这个血气方刚的年轻人心里泛起一阵阵的激动。

从哈工大报名参军

孙家栋毅然填报了从军申请，当天报名、当天批准，当晚便怀着对祖国、对未来的无限憧憬，登上了前往中国人民解放军空军第四航空学校的列车。1950 年 1 月，孙家栋由一名踌躇满志、单纯的学生，一夜之间穿上蓝军装、戴上制式帽，精神抖擞地成为了一名军人。

当时空军的几个航校都急需俄语翻译人才，孙家栋优秀的俄文成绩又一次派上了用场。报到后，四航校分配孙家栋给苏联航空教官当授课翻译。孙家栋后来回忆说，当时我国空军的一批优秀飞行员，如赵宝桐、张积慧、王海、刘玉堤等都是在这所学校里学成后参加战斗的，这些出名的飞行员充分发挥了他们个人的聪明才智，在战场上建功立业，为国家和人民争得了荣誉，成为震惊世界的战斗英雄。

空军四航校年轻的俄文翻译

出于对新中国空军的热爱和对事业的追求，孙家栋各项工作都很出色。

如果说，孙家栋是由这顿偶然的红烧肉导致从军道路的话，那么，这次偶然则给孙家栋提供了走向尖端科学技术的阶梯，为他后来成为著名航天工程技术专家提供了一个重要的机遇。

第二章　寒窗七年莫斯科

1 情有独钟的牛皮箱

年轻的共和国百废待兴，各行各业都急需技术人才。这时的孙家栋刚刚22岁，这个年龄的人个个都想多学一些科学技术，在新中国一穷二白的版图上画出最美、最好的图画。

1951年7月，经过多轮考核、层层选拔审批，孙家栋以其优异的工作业绩随同另外20多名军人前往北京接受去苏联留学的最后一轮面试选拔。那时，北京的空军招待所在前门附近，全军选送来的300多名优秀军人在这里接受多种内容的考核。炎热的盛夏，英姿飒爽的年轻军人在棋盘街（现为天安门广场南侧毛主席纪念堂处）进行操课，最终有30人被选送去苏联茹柯夫斯基空军工程学院读书，孙家栋荣幸中选。这30人中有10名从新四军中选出，10名从八路军中选出，还有10名从哈工大和航校中选出。这样的人员搭配主要是考虑到这些人员文化水平和基础知识参差不齐，从新四军、八路军中选拔出来的学员虽然大多有过战斗经历，但文化水平低，而孙家栋他们这些从哈工大或航校选拔来的学员正好可与他们结对互助。孙家栋被确定在学院的飞机设计专业学习。

1958 年 4 月，孙家栋（四排中）与中国的 22 位同学在苏联茹柯夫斯基空军工程学院
（一排右一刘从军，二排右二于龙淮、左二李伯勇，三排右二孙敬良）

孙家栋与被选定的学员们立即开始了奔赴苏联的行前准备。国家为了培养专业技术人员是不惜代价的。在当时物资匮乏的年代，空军特地选择了质地最好的毛哔叽衣料为他们量体裁衣，定做了合体笔挺的军装。一米八个头的孙家栋本来就身材魁梧，套上合体定做的新军装后，更显得英俊潇洒。在那个艰苦朴素的岁月，试穿新军装时引起了许多人的好奇。不仅在国内，以至后来在莫斯科街头，身着笔挺军装的这群人也常常会招来异国他乡的人们尤其是漂亮的俄罗斯姑娘扭头注视的目光。

组织上除了为这批前往苏联的留学生配备合体的军装外，还为每人配备了一个当时很时髦的牛皮箱和上课用的牛皮文件包。这只牛皮箱里装着孙家栋的一片憧憬，装着孙家栋满腹理想和拳拳报国之心。所以，孙家栋对这只牛皮箱和牛皮包情有独钟。

几十年后，孙家栋搬家时，帮助搬家的人在堆放的行李中看见一个颜色发旧、瘪瘪塌塌的旧式旅行箱与几个新式旅行箱十分不协调地排放在一起，便提议把这个旧箱子扔了。孙家栋眯缝着眼睛笑了笑：“哎，这个可不能扔。再说这房子也不缺放它的一块儿地方嘛。”孙家栋的老伴听到这话后赶紧插话："别看这个箱子旧，可千万不能扔，这可是我们老孙的宝贝疙瘩，我可是一直都没敢怠慢过这个箱子。"

原来，这个牛皮旅行箱和上课用的牛皮文件包是空军司令员刘亚楼送的。司令员不仅亲自与他们这些优选到苏联上学的幸运者单独谈话，还特别下令给每个人添置这两件奢侈品。后来，孙家栋把这个旅行箱从北京带到莫斯科，又从莫斯科带回北京，这只宝贝家当一直伴随了孙家栋几十年。

在苏联留学时使用的牛皮文件包

2 求学路上三读"预科"

1951 年秋天，孙家栋踏上了北上莫斯科的征程。当时他们这些学生到苏联去的交通工具只有火车，从北京出发经满洲里再晃荡一天一夜才能到达中苏边境，而要到达莫斯科则要经过七天七夜的长途跋涉。

历经七天七夜的日夜兼程，一路上的风景是那么的新奇，每到停车时间稍微长点儿的车站，孙家栋他们都会下车，或是活动筋骨，或是与当地人闲聊几句。孙家栋由于来之前曾经做过苏联专家的翻译，所以在当地说话没有什么困难，但他们中的许多人就不同了。尽管出国时经过严格的考核，理论上成绩很好，口语能力也不错，可与母语国家的人对起话来就完全不是那么回事了，自以为说着标准的俄语，对方竟然听不懂。大家问孙家栋，这是怎么回事，孙家栋谦虚地说："可能是咱们说的还没有口语化，用词的习惯也不太一样，与苏联教官在一起的日子里，我也有过尴尬，体会太深了，不过没关系，很快就会适应的。"

到了莫斯科后，孙家栋他们立刻感觉到苏联是一个伟大的社会主义国家，从市政设施、房屋建筑到公路交通、工厂规模都是那么宏伟有序。虽然在国内见过苏联和莫斯科的简介，出国教育时也听过莫斯科的轶闻趣事，但百闻不如一见。克里姆林宫对面那个外形像宫殿一样的建筑很是特别，一打听，原来竟是一座百货商场。来苏联前只是听说过地下铁路，却从未见过。来到很深的地下，他们被庞大的地下工程所折服，尤其是红场下面上下三层的地铁站像迷宫一样纵横交错，这些所见所闻让他们感到了科学技术的神奇。乘坐地铁，他们还闹过一个笑话。初到莫斯科，孙家栋等几人一起坐着长长的滚梯，伴随着轰隆隆的声响，瞬间就从阳光明媚的地面下到了地下十几米的站台。虽然是地下，但也是灯火辉煌，站台上那些光彩夺目的彩色壁画令人顾盼不暇，正在这时，一辆地下火车风驰电掣地驶入站台，车厢门在他们面前“哧”的一声打开了，几个同学绅士般地互相谦让，“你先上，你先上”，没想到还没有谦让完，车厢门却“哐”地一声关上了，等他们醒过神来，火车已经离开了他们的视线。孙家栋和同学们你望着我、我望着你，面面相觑、茫然不解，后来才知道，车厢门是自动开关的。20 世纪 50 年代，苏联就已经使用了自动开关车门技术，这怎能不使初来乍到的中国留学生们大开眼界？

孙家栋和同学们心里暗想，绝不能浪费光阴，要在莫斯科刻苦学习先进技术，利用好这个机会，实现报效祖国的美好愿望。

人们常用“过五关斩六将”来形容做成一件大事的难度，学习又何尝不是如此。孙家栋他们入学以后也要过三关：第一是学习关，第二是生活关，第三是身体关。茹柯夫斯基空军工程学院是军校，大家过着纪律严格的集体生活，学校共青团组织还专门指定苏联学生帮助中国同学。比如，在中国留学生课堂笔记记不下来的时候，苏联学生会很主动地把笔记整理好送来，这些都使孙家栋体会到苏联同学的淳朴热情。另外，他们感到苏联的生活福利比国内好得多，不要说是军校的学员，就是普通老百姓的供应包括公费医疗制度，在当时的中国都是不可想象的。经过半年多的磨练，他们不仅很快对周围的情况熟悉起来，而且很快与当地同学打成一片。

在苏联读书时的孙家栋

为了日后学业的顺利进行，校方非常重视这批中国留学生的语言训练和基础知识学习，孙家栋在茹柯夫斯基空军工程学院又读了第三次“预科”，这便是孙家栋一生三闯“预科”关的由来。孙家栋他们这 30 名学员属于军官学员，但由于文化基础的差别，学校按数理化水平，将他们分成了三个班，孙家栋被编入高班。学校同时还抽调了最好的高中教师，为他们教授数学、化学、物理和俄文。孙家栋的文化基础本来就比较扎实，利用这次预科机会，他又进行了一次巩固和提高，整整一年的预科，使他和他的同学们系统完成了基础理论的学业，1952 年 9 月，正式进入本科学业。

3　留苏的中国军官学生

国家的关怀、部队的重托、学院良好的学习条件以及在当时可算为优厚的生活待遇，激励着孙家栋刻苦学习。学校所开设的课程种类繁多，仅飞机发动机理论课程就有发动机理论、飞行动力学、空气动力学、飞机结构力学、液体火箭发动机原理、流体力学、热力学、理论力学等。苏联对军事院校的政治教育抓得很紧，对政治课程要求也很严格。比如，所开设的联共党史课，总共有 14 章课文，第一年进行前 7 章的学习，第二年进行后 7 章的学习。政治课老师授课极其认真，他们早已准备好标注得清清楚楚的教案，照本宣科，绝不超越雷池半步，所以课堂显得极其呆板、枯燥。虽然大家对政治课不像学专业课那样有精神，但谁也不敢放松对政治课的学习。因为联共党史课的考试成绩非常重要，如果不及格，就会被戴上“政治不合格”的帽子，因此不管你是死记也好、硬背也罢，都必须机械地达到政治课要求的分数标准。孙家栋虽然对政治课也发憷，但通过努力，仍然拿到了政治课满分的好成绩。

在学习上，孙家栋总是不断地自己给自己加码，每天白天除了上课以外，晚上基本都在做练习，巩固当天学习的知识、预习明天的功课，直到第二天凌晨一两点钟。所以，伴随着他学习的灯光总是亮着。

无论是在莫斯科大学，还是在其他学院，起床最早的基本都是来自中国的学生，自习课学到最晚也是他们，熄灯最迟还是他们。孙家栋他们这批学生对学习抱有非常大的兴趣，他们觉得能够来到这个在苏联、在军界首屈一指的世界知名的学校深造，心中有莫大的荣誉感。

中国军官学员在学习上不示弱，军体、绘图、军事地理样样领先。学校每周有一个下午的军体课，四个小时，所有器械、田径等科目都要全部做一个来回，活动量非常大。尽管这样，军体教官对他们仍然高标准、严要求，比如双杠运动，上杠要挺拔利索，杠上收腹抬腿必须达到标准的 90 度，否则军体教官会对着你的大腿或胳膊给一巴掌，被拍过的地方立刻红肿起来，但孙家栋从来没有受过如此“待遇”。他的身体素质本来就很不错，为了保持旺盛的精力和更强壮的体魄，夏天，在田径场、篮球场、排球场或体操器械旁总能看到他的身影；冬天，滑冰场、滑雪场也少不了他。严冬季节，茹柯夫斯基空军工程学院附近的浩渺森林一片白雪皑皑，平地滑雪是非常耗费体力的一项运动，有人偷懒不按规定路线完成科目而抄近道回到目的地，但孙家栋从来都是按照规定不折不扣地完成。他那活泼向上、朝气蓬勃的精神头，显现出了年轻人报效祖国的雄心壮志。

留学苏联期间在学院实验室做试验

由于孙家栋刻苦好学、反应敏捷，许多老师都对孙家栋比较偏爱。孙家栋认为是学校的良好环境将他带入了知识的海洋，老师给他充填了极为丰富的知识。在他的印象中，预科班主任茹可娃老师、讲授通用物理学的卡拉普托夫老师、讲授实用几何学的犹太人老师卡耳贝尔，还有力学老师、动力学老师以及体育课老师、教官、辅导员，他们既有丰富的实践经验，又有典型的学者风度，他们以身作则、为人师表的点点滴滴，都给孙家栋留下了深刻的印象。

孙家栋凭着良好的记忆力，将每门功课的内容在短时间内背得滚瓜烂熟，基本上每次都有把握应对考试。每逢大的考试，学院都会组成考试委员会。面对诸多考官的提问，孙家栋胸有成竹，沉着应对，在报上自己的姓名后，他会冷静地说："请允许我回答……"于是，一个个考官们提出的稀奇古怪的问题，在他流利的回答面前迎刃而解。

一次，三年级的航空发动机理论考试，担任主考官的涅卡耶夫是苏联科学院院士，也是苏联赫赫有名的大学者。涅卡耶夫采取一个一个分别进行的考试方法，轮到孙家栋上场时，恰好涅卡耶夫拿错了考卷，将从未学过的“航空发动机静态下主要性能的推导”问题提给了孙家栋。这明明是强人所难，应当怎么办呢？孙家栋平时好学、好奇、好动脑的习惯此时派上了用场，他毫不慌张地引经据典做出了正确回答。正当陪考官们惊诧不解时，涅卡耶夫也突然醒悟到自己拿错了考卷，他奇怪孙家栋怎么对没有学过的课程也能做出正确的回答，由此，涅卡耶夫院士和众多陪考官纷纷对孙家栋投去赞赏的目光。他们为孙家栋博学多识而高兴，为中国学生的勤奋学习精神而赞叹，为学院拥有这样的学生而自豪。

1956 年 2 月的一天，对孙家栋他们这个中国班的学员来说，是一个值得纪念的日子，这一天，他们被授予中国人民解放军军衔。孙家栋一行奉命从学校来到中国驻苏联大使馆，此时大礼堂前已经聚集了许多学员，他们都是中国军校的留学生，有从军医大学来的，有从炮兵学院来的，还有像孙家栋这样从空军学院来的。他们列队依次进入礼堂，礼堂内播放着昂扬的进行曲，主席台正中央坐着中国人民解放军总司令朱德元帅。学员们 5 人一组被点到名字后，来到主席台侧面的台阶前，登上 6 级台阶，迈着标准的军人正步来到主席台正中，由聂荣臻元帅亲自为他们逐一颁发领章和军衔肩章，孙家栋在中国人民解放军首次实行军衔制时被授予中尉军衔。英俊潇洒的小伙子配以裤线笔直合体的军服，此时又佩戴了耀眼的肩章，威武挺拔意气风发。从那一天起，孙家栋他们穿上了统一制式、配戴军衔的中国式军装，中国军人以新的形象出现在苏联大地上。授军衔庄严的场面，个别学员对此感到异常紧张，有个学员在主席台上接受军衔，听到“向左转”、“正步走”的口令后，竟一反平日熟练的步伐，手脚一顺且非常认真地从台上走了下来。台下的学员对这一幕看得真切，但在那个庄严的场合里没有人敢笑出声来，可苏联教官很是生气，悄悄举起拳头对这位学员来了个咬牙切齿的表情：平时我是怎么训练你们的，你竟然在这么庄严的场合给我开这样的低等玩笑，哼！当然这只是严肃场景中的一个小插曲。

1956 年 8 月 6 日，是孙家栋又一个忘不了的日子，由于他在各方面严格要求自己，学习拔尖，政治上进，军体优秀，留学生支部批准他光荣地加入中国共产党。

1957 年 11 月 17 日，更是一个非同寻常的日子。时逢莫斯科的初冬，地上已经积了很厚的雪，正在莫斯科访问的毛泽东主席这天将要与中国在苏联的留学生会面。毛泽东这次来苏联，是率领中国庞大的代表团到莫斯科参加十月革命胜利40年庆祝活动并出席各国共产党和工人党代表大会。毛泽东一生只跨出国门两次，两次出国都去的是苏联，这次是第二次。

前来参加毛泽东接见的地方院校的中国留学生，大多由学校统一组织乘坐大轿车前往，而孙家栋他们这些茹柯夫斯基空军工程学院的军官学员则可以自行前往。从学校出发前，他们将皮鞋擦得锃亮，裤线压得笔直，军服上的黄铜扣子也擦得闪闪发光。他们一行人乘坐地铁倒了几次车，来到莫斯科大学的礼堂前，其他学校的留学生也都早早地从四面八方赶到了莫斯科大学，参加会见的学生大约有3000多人。莫斯科大学的大礼堂没有多余的座位，坐不下的同学就挤在过道上，而孙家栋他们这些军官学员被安排在礼堂主席台最前方的位置，大家都在焦急而兴奋地等待着共和国领袖毛泽东主席的接见。

下午6时许，毛泽东迈着稳健的步伐走进了礼堂。后面紧跟着国务院副总理兼国防部长彭德怀、中共中央书记处总书记邓小平、国务院副总理乌兰夫以及杨尚昆、胡乔木等领导，这时全场沸腾，欢声雷动。毛泽东高兴地走到主席台的前沿和两端，频频地向大家招手致意。

毛泽东主席接见中国留苏学生

这一刻，孙家栋近距离地见到了祖国的亲人，见到了敬仰已久的伟大领袖毛泽东。毛泽东向大家招手致意后，亲切地发表了演说。他用浓重的湖南口音讲到："世界是你们的，也是我们的，但是归根结底是你们的。你们青年人朝气蓬勃，正在兴旺时机，好像早上八九点钟的太阳，希望寄托在你们身上。"他还教导同学们说：青年人应具备两点，一是朝气蓬勃，二是谦虚谨慎。讲话中，毛泽东纵论天下，旁征博引，还说出了“世界上怕就怕‘认真’二字，共产党就最讲认真”的名言。毛泽东的讲话亲切和蔼，风趣幽默。台上台下，有问有答，其乐融融，大厅内充满了欢声笑语。

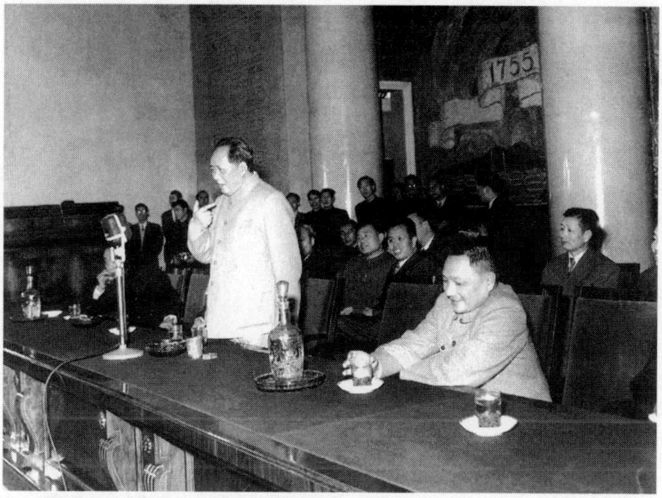

毛泽东主席发表演说

为了满足更多同学亲睹领袖风采、聆听领袖教诲的愿望，毛泽东又特地从大礼堂来到学生俱乐部。当他看到那么多的中国留学生，看到学生们热切的表情，又兴致勃勃地即席对早已聚集在那里等候的数百名留学生说：“第一，青年人既要勇敢又要谦虚；第二，祝你们身体好、学习好、工作好；第三，和苏联朋友要亲密团结。”

毛泽东还察看了留学生们的宿舍，询问留学生的学习生活情况，勉励大家“要努力学习，建设祖国，加强与苏联师生的友谊”。毛泽东近一个半小时的会见和讲话，使留学生沉浸在无比激动和幸福之中，“为党奋斗 50 年”、“为祖国工作 50 年”的口号声响彻天空。

毛泽东的这个讲话，不仅鼓舞着孙家栋他们这些留学生，而且一直鼓舞着中国当时的整个一代人。

新中国刚刚建立，百废待兴，百业待举。为迅速改变中国贫穷落后的面貌，党中央、毛泽东高瞻远瞩，决定向苏联、东欧社会主义国家派出大批留学生，学习他们先进的科学文化和管理经验，并把这项工作纳入国家科学教育发展十年规划。中央设立了由聂荣臻、李富春、陆定一组成的留学生领导小组，每年的选派人数、专业都由周恩来总理亲自审批。从20世纪50年代到60年代，中国共向苏联派出了近万名留学生，向东欧等社会主义国家派出了1000多名留学生，1956年后又向与中国建交的西方国家和周边国家派遣了留学生。

4 榜上有名获金奖

孙家栋在沈阳空军第四航校时，经常能听到苏联教官讲解专业定理提到一些陌生的名字，在谈到航空领域的事情时，常常会说出某某教授是怎么讲的，某某定义在茹柯夫斯基空军工程学院的教科书是如何写的。到了茹柯夫斯基空军工程学院后他才慢慢了解到，苏联空军元帅K·A·韦尔希宁、П·Ф·日加列夫、Ф·A·阿斯塔霍夫、Г·A·沃罗热伊金、C·Ф·扎沃龙科夫，著名飞机设计师A·И·米高扬、A·C·雅科夫列夫等都是从茹柯夫斯基空军工程学院毕业的。赫赫有名的战斗机专家、中国空军副司令员常乾坤也是从茹柯夫斯基空军工程学院毕业的，常乾坤不仅能够驾驶飞机，而且会领航，懂航空工程，是中国空军出色的专家型指挥员。茹柯夫斯基空军工程学院培养出那么多优秀人才，是那么地令人敬佩和向往，如今，攀登科学技术高峰的愿望竟就在眼前……

苏联茹柯夫斯基空军工程学院的校址在莫斯科，它是苏联武装力量培养空军各类航空专业工程师的高等军事学院，也是研究航空技术装备及其技术维护与战斗使用方面问题的科研中心。学院的前身是1919年根据俄国著名学者H·E·茹柯夫斯基倡议建立的莫斯科航空技术学校。1920年9月航空技术学校移交给军事主管部门，改为红色空军工程师学院。H·E·茹柯夫斯基教授被选为该院院长，他参加组织教学工作并亲自授课。1922年9月，学院改为茹柯夫斯基空军工程学院，1925年4月2日举行了第一期工程师毕业典礼。毕业典礼后不久，学院又根据苏联革命军事委员会的命令，改名为工农红军茹柯夫斯基空军工程学院。1940年，学院以指挥系、战役系、领航系和首长进修班为基础，成立了指挥员和领航员学院（1961年，加加林作为首飞航天员完成世界第一次太空飞行后，改名为加加林空军学院）。

茹柯夫斯基空军工程学院拥有配套先进的教学设备和科研实验室，其中包括：装有亚音速风洞和超音速风洞设备的大型空气动力学教学实验室，供研究涡轮喷气式发动机、空气压缩机、涡轮机及其他航空动力装置部件的完备的实验训练机场基地，供停放现代化战斗机和军用运输机的大型停机坪。实验室装备有现代化的电子计算设备、各种实验装置、练习器材和供进行飞机结构构件静力和动力试验及其他多种研究项目的整套试验设备。学院有一座教学实验工厂，供学员进行生产实习和进行各种设备的操作演练。

孙家栋在茹柯夫斯基空军工程学院读书期间的院长是 B · И · 沃尔科夫将军。沃尔科夫将军从 1947 年开始担任院长，一直干到 1969 年，任院长职务长达 22 年。沃尔科夫 1947 年担任院长时是一名航空工程勤务少将，1949 年 5 月 11 日晋升为中将，1958 年 2 月 18 日晋升为上将。学院培养了大批的优秀专业人才，孙家栋能够在这所学校深造，确实是一个机遇，他十分珍惜。

孙家栋不仅学习成绩名列前茅，在体育运动、学校组织的社会活动方面也都表现得很出色，随着时间的推移，孙家栋不知不觉在学院中已小有名气。

在苏联的高等院校里，有一种类似国内各单位光荣榜的橱窗。

那一年，在茹柯夫斯基空军工程学院一进大门最显眼的“明星榜”上，出现了孙家栋的大照片。原来，茹柯夫斯基空军工程学院有一个激励学生上进的传统做法，就是把每年年终考试获得全优的学生照片放入“明星榜”，如果这个学生年年都能保持全优，他的照片便会一年往上挪一次，并且照片一年比一年大。随着照片越来越大，能在“明星榜”上出现的照片数量也就越来越少，排到顶尖的照片所剩无几。照片到了顶尖，也该毕业了。此时，顶尖照片的获得者将会获得一枚纯金质的“斯大林奖章”，这枚奖章对学生来讲可以说是梦寐以求的，因为毕业时如果能获得这种奖章，不仅可以比普通学生的军衔高一级，而且可以优先选择自己满意的工作，还可以带双份工资享受 3 个月的休假。

孙家栋在茹柯夫斯基空军工程学院的学习中，不仅学业有成，而且年年全优，所以年年榜上有他的“明星照”。孙家栋的同窗刘从军曾对笔者说：“孙家栋就是聪明，自进入茹柯夫斯基空军工程学院读预科开始，一直到本科毕业的 7 年里，他的各科考试成绩从来没有得过 4 分、3 分，各科门门是 5 分，年年是 5 分，是真正全部 5 分的全优生。那时候我就说过，孙家栋学一天够我刘从军学一个礼拜呀。”孙家栋的刻苦好学和聪明才智，得到了老师与同学们的赞赏和钦佩。

1958 年 3 月 10 日，孙家栋以留学苏联期间的优秀成绩，荣获了最高苏维埃颁发的“斯大林奖章”。他登上苏联红军俱乐部的领奖台，郑重接受了颁发

斯大林金质奖章

给他的那枚值得纪念和来之不易的纯金奖章。在那一年全苏联军队院校毕业的学员中，总共只有13名学生获得“斯大林奖章”，中国留学生在当时能够得到最高苏维埃颁发的“斯大林奖章”，可真是来之不易，孙家栋又一次赢得了众多老师、同学的赞赏，又一次成为众人羡慕眼光的聚焦点，当然也有一些漂亮女孩向孙家栋投去了爱慕的眼神。但此时的孙家栋心中只有一个念头：毕业后立即回国，祖国急需人才，用学到的知识，报效祖国和建设祖国！

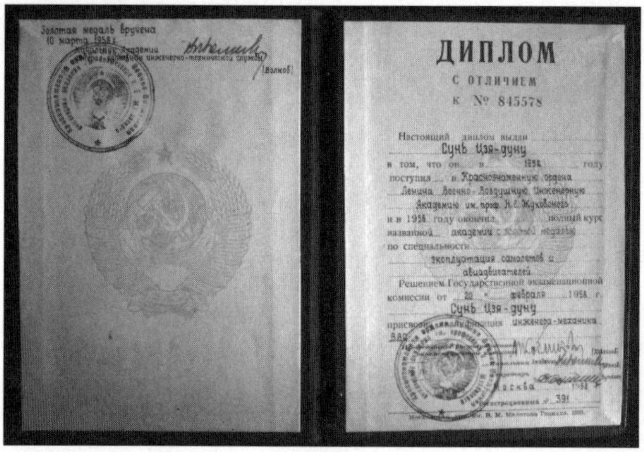

毕业证书

1958年初春4月，西伯利亚的阵阵寒风虽然在呼啸，但祖国社会主义建设的高潮正如火如荼。孙家栋与22名同窗战友，结束了在苏联6年零8个月的苦读苦练，怀揣着真知学识，练就了强健体魄，迈着坚定的步伐，在新一年春暖花开、万物复苏、阳光明媚的日子里，登上了归国的列车。

在隆隆的火车声中，孙家栋告别了异国的老师、同学、战友，谢绝了众人的思恋与挽留之情，归心似箭地踏上了返回祖国的路程。他深情地望着车窗外：祖国啊，我回来了！我终于要回到祖国的怀抱了！

第三章　一门心思造导弹

1　情缘中国导弹事业

“时势造英雄，英雄造时势”，这是孙家栋以后经常说的一句口头语。事业需要学有所成的孙家栋，事业也给孙家栋提供了施展才华的环境。孙家栋等 23 位留学生回国前夕，新组建的国防部五院急需技术人才，聂荣臻元帅向空军司令员刘亚楼提出要人，刘亚楼上将心疼地诉苦说：“聂帅，你提出要人，我怎么也不敢不给，但给你三分之二，给我留 8 个行不行?”聂帅真就给刘亚楼司令员留了 8 个人，孙家栋的名字被圈点到了国防部第五研究院的名单里。国家需要搞导弹，孙家栋带着他近 7 年寒窗积累的航空发动机理论，开始了新中国导弹发动机的研究。

与孙家栋一起分配到国防部五院的同窗战友来到用武之地后，立即投入紧张的工作。他们这些同窗好友，日后大都成为中国航天领域的知名专家。

孙敬良，液体火箭发动机与运载火箭设计的著名专家，受命统领中国三个卫星工程总设计师，1995 年当选为中国工程院院士。

李伯勇，曾任中国运载火箭技术研究院院长。以后担任过四川省省委副书记、副省长，劳动部部长和全国人大常委会常委、法律委员会副主任委员等职务。

于龙淮，1961 年担任东风二号导弹发动机主任设计师，后从设计部调到火箭研究院科技部，主要从事火箭型号研制的指挥、计划、生产、调度等工作。曾任中国运载火箭技术研究院副院长，长征二号 E 捆绑式运载火箭总指挥。

刘从军，曾担任国防部五院火箭总体技术部副主任，第二研究院副院长、院长。

……

1958 年 4 月 20 日，孙家栋拿着一纸调令来到国防部五院一分院导弹总体设计部。此时，中国的高层领导正在谋划中国导弹武器的发展战略。

早在 1956 年年初，毛泽东主席在国家最高国务会议上就豪迈地提出：我国人民应该有一个远大的规划，要在几十年内，努力改变我国在经济上和科学文化上的落后状况，迅速达到世界先进水平。

中国导弹事业的发展已正式列入国家发展计划，导弹武器的研制已正式起步。人才，人才是事业发展第一宝贵的财富！

在那个年代，人们对所谓的导弹还很陌生，拿来外文资料后，就连有丰富外语经验的翻译也不知该如何翻译 guided missile 这个名词。因为在当时的英汉词典里还没有这个名词。有人将这个词译作“飞弹”，有人将它译作“带引导的弹”，但都不标准也不形象，最后还是由钱学森给以定义，确定译作“导弹”。

后来，中国的辞典里就有了“导弹”一词：依靠自身发动机喷射工质产生反作用推进、能控制其飞行弹道、将弹头导向并毁伤目标的武器。它既可以在地球大气层中飞行，也可以在没有氧气的外层空间飞行。

要实现导弹脱离地球引力飞出大气层，就必须达到 7.9 千米/秒的第一宇宙速度。导弹或运载火箭的加速度是利用高空大气层逐渐稀薄，其推进剂的消耗使自身质量不断减轻而产生的。导弹与火箭的原理基本相同，采取制导功能用于投送弹头的运载工具称之为导弹；运送人造卫星、载人飞船或其他有效载荷的运载工具称之为火箭。

火箭起源于中国，火药是中国古代四大发明之一。导弹的起源与火药和火箭的发明密切相关。世界上第一枚用火药推进的火箭，是中国宋朝人在公元970年发明的，它的基本原理是利用火药在竹筒或纸筒内燃烧产生迅速膨胀的高压气体，气体高速喷射后所产生的推力，便是它的推进系统。大约13世纪时，中国的火箭技术开始传入阿拉伯地区及欧洲国家。到了20世纪初，俄国的齐奥尔科夫斯基提出了制造液体火箭的构想及火箭的基本原理，使火箭技术无论是在理论上还是在工程应用方面，都有了很大的突破。1926年，美国的戈达德发射成功了世界上第一枚液体火箭。之后，德国的布劳恩开始了导弹研制工作。20世纪30年代的工业革命，促进了电子技术、材料技术、化学技术等领域的发展，极大地推动了火箭武器的应用。那时，德国建立了较大规模的生产基地，加大了火箭导弹技术的研究力度，于1939年率先发射了A－1、A－2、A－3导弹。

20世纪50年代的中国，经济和技术都比较落后，在一无设备、二无资料的条件下，建立和发展导弹事业可谓是一张白纸，两手空空。新中国的领导人从党和国家的最高利益出发，高瞻远瞩地制定了一系列战略决策，把导弹武器的研制列为国家的重点工程，缺资金给资金，缺人才立即调配。在创业之初的短短几年，国内比较知名的技术专家云集研究院，国家还调集了数以千计的大、中、专毕业生，充实到科研生产的第一线。

北京沿紫禁城中轴向南延伸的京城南郊，曾经是封建帝王跑马骑射的猎场，后来还曾是北洋军阀的兵营。20世纪50年代，这里除了散落着几处零零落落的破旧平房外，是一片未开垦的荒凉之地。而在很短的几年之后，一个初具规模的科研生产基地便拔地而起，一座座大楼如林耸立，一排排厂房坐落有序，与之配套的试验室也一个接一个地投入了使用。当时正是三年自然灾害、国民经济严重困难时期，国家被迫下令停建、缓建或下马了许多工程，唯独导弹研制工作没有受影响，相反，还在加快进度。难怪当时有外电猜测，在北京的南郊有一个神秘的大院，白天车水马龙，夜晚灯光闪亮，也不知道新中国在搞什么大的行动？

是的，新中国在搞大行动！在搞一场让世人震惊的大行动！

在一次国务会议上，当研究到我国搞尖端武器的议题时，毛泽东主席习惯性地将大手一挥，深思熟虑斩钉截铁地说：我们要下决心搞尖端！这个决心不能动摇！

外交部部长陈毅元帅昂起发亮的大脑门，瞪着眼睛，用浓重的四川口音一字一顿道：一定要搞尖端技术！就是当了裤子，也要把尖端技术搞上去！我这个外交部长的腰杆还不太硬，你们把导弹、原子弹搞出来，我的腰杆就硬了。

自从第二次世界大战导弹问世以来，它在军事、政治和经济等各方面产生了巨大和深远的影响，已成为影响世界政治格局、决定战场态势、左右战争胜负的很重要的因素之一。导弹技术的发展既依赖于科学研究和工业技术的进步，反过来又可以促进和推动科学技术的发展。导弹技术的集中体现是现代科学技术，它成为一个国家综合国力、综合科学技术水平和国防现代化程度的重要标志。

那时候，研制导弹的单位对外严格保密，孙家栋回忆当年国防部五院对保密工作要求的情景时说："我们的单位对外称呼叫0038部队，入伍的人不能对父母和妻儿泄漏任何有关单位性质和驻地的情况。那时候还没有打电话的习惯，何况像我们这样的年轻人也根本不可能那么随便接触到电话。见到过去的同学朋友，他们肯定都要问问你到哪儿去了？我就编，有时候第二次再见到那个同学，自己也忘了上次编的话，就又编一个，人家感觉你这人很奇怪。那也没办法，这种事情很多。有的同志写信时不小心说出去了，就受处分了。有的同志出去谈女朋友，一谈起做什么工作的，经常吞吞吐吐地把女方弄得莫名其妙，最后不少人都吹了。50年代，空军部队的保密工作很严格，在苏联学习的时候，保密要求也很严，到国防部五院以后更严格。每人都有个保密包，单位专门做了一个绿色帆布的大口袋，再给你发个保密本，你领的时候要签字。保密包的封口有两根细绳，有块橡皮泥把两根绳按上。按上以后你自己盖个戳，交到保密室。下班后只要你离开这个楼，你文件包里所有的文件都要交到保密室，保密室一天24小时都有人值班。第二天你上班的时候，要办个签字手续，才能领出包来。领包时还得看一下，我昨天盖的那个戳有没有人动过，证明没人动过，再领出来。"

2 良师益友钱学森

孙家栋经常说："我从苏联回来搞导弹，得益于当时许多开创我国导弹事业的师长，他们对新中国导弹事业的执著追求、精益求精的工作作风、为人师表的刻苦攻关精神，不仅给了我们很大的帮助，而且为我们树立了很好的榜样。钱学森更是我尊敬的领导和良师益友。”

孙家栋在苏联学习时就曾听说过“钱学森”的名字，当时钱学森在国际上已经是知名的科学家，没想到回国才这么短时间就可以在钱学森的身边工作。孙家栋心中暗想，这可是个好机会，有这样的老师在身边，如果学不成，一定是自己不用功，遇到不明白的问题一定要及时请教。

1955 年 9 月 17 日，钱学森冲破美国设置的重重障碍，乘坐克利斯兰总统号邮船经美国夏威夷、日本横滨、菲律宾马尼拉等地，历经辛劳，辗转抵达香港，然后换乘火车经广州于 10 月 12 日回到上海。

10 月 28 日，钱学森一家到达北京，中国科学院吴有训副院长和在京的著名科学家华罗庚、周培源、钱伟长、赵忠尧等 20 多人到火车站迎接。当天晚上，中国科学院院长郭沫若主持盛大欢迎宴会，热烈欢迎钱学森胜利归来。

11 月 5 日，副总理陈毅元帅也隆重设宴接见了钱学森，他代表毛泽东主席和党中央，对钱学森的归来表示热烈欢迎。陈毅与钱学森一见面就谈了起来，他们从新中国成立后的面貌谈到国家建设，从中国的历史发展谈到国家对人才的需要和报效国家匹夫有责，又谈到国家应该通过外交途径，尽快争取使更多拥有一技之长的海外留学生回归祖国，参加新中国的建设。钱学森向陈毅副总理提了很多建设性的建议，陈毅副总理非常高兴，表示了赞同。

1956 年 1 月 30 日至 2 月 7 日，回国仅 3 个月的钱学森，应邀出席了中国人民政治协商会议第二届全国委员会第二次全体会议，在此次会议上，钱学森被增补为全国政协委员。2 月 1 日，毛泽东主席设宴招待全体政协委员，钱学森收到了一份由毛泽东亲自签名的大红请柬。那天，当钱学森进入宴会厅后，工作人员按照已经印制好的名单，引领钱学森来到预先安排的第 17 桌，却没有找到钱学森的座位签。原来，当宴会座次安排送呈毛泽东时，毛泽东用红铅笔在第 17 桌钱学森的名字上画了个圆圈，一个弧线箭头就把钱学森安排到了第一桌紧挨着毛泽东右手边的位置，宴会上，毛泽东与钱学森进行了亲切交谈，并留下了几十年来人们熟悉的毛泽东与钱学森亲切交谈的照片。

1956 年 2 月 4 日是一个周末，中共中央军委副主席叶剑英元帅在北京西

毛泽东与钱学森亲切交谈

海之滨的住宅设宴，招待钱学森和夫人蒋英，陈赓大将作陪。席间，他们热烈谈论了中国自行研制导弹武器的问题。宴会结束后，叶剑英元帅和钱学森、陈赓三人专门驱车来到景山西侧三座门的中央军委办公厅找到周恩来，由钱学森专题汇报中国发展导弹武器的设想。周总理极为重视，提议由钱学森写一份关于发展导弹武器设想的书面报告，安排提交中央讨论。

2 月 17 日，钱学森根据周恩来的意见，给国务院写了关于《建立我国国防航空工业意见书》，在《意见书》中明确指出，健全的航空工业（当时为了保密起见，用国防航空工业代表导弹）除了制造工厂之外，还应该有一个强大的为设计服务的研究及试验单位，应该有一个做长远及基本研究的单位。这几个部门应该有一个统一领导的机构，作全面规划及安排的工作。《意见书》还开列了一份可以调来做高级技术工作的 21 名专家的名单，包括任新民、罗沛霖、梁守槃、屠守锷、胡海昌、庄逢甘、罗时钧、林同骥等人。这份意见书，进一步引起了中共中央和中央军委对发展中国导弹事业的高度重视。

3 月 14 日上午，周恩来在解放军总参谋部的方楼会议室亲自主持了一次具有特殊意义的中央军委会议。总理用他那浓黑眉毛下炯炯有神的眼睛，环视着他面前的共和国元帅、将军们，对他们点头示意，然后用亲切的口吻宣布开会，他说今天的军委会议只有一个议题，就是请钱学森同志来谈谈我国发展导弹技术的设想和规划。

总理的话音刚落，参加会议的元帅、将军们纷纷把目光投向坐在会议桌一端的钱学森。

钱学森从座位上站起来，按照深思熟虑的思路从导弹的发展历史讲到了目前的现状，从军事应用讲到国家的综合实力，他以科学家的远见卓识，深入浅出地提出了中国导弹事业发展的具体建议。

在这次会议上，决定组建导弹航空科学研究的领导机构——航空工业委员会，直属国防部，尔后任命聂荣臻为主任，钱学森等为委员。之后不久，中央军委又决定由航委负责，组建导弹管理局（国防部五局）和导弹研究院（国防部五院，钱学森为院长）负责中国导弹事业的发展建设，下设三个机构：设计机构、科研机构和生产机构。

1956 年 10 月 8 日，在中国航天发展史上这是一个值得纪念的日子。中国第一个火箭、导弹研究机构——国防部第五研究院正式宣布成立，聂荣臻元帅亲自主持研究院成立仪式，钱学森被任命为院长。

1957 年 10 月 4 日，苏联将世界上第一颗人造地球卫星成功地送入太空，它集中体现了一个国家科学技术的实力水平，在国际上引起了一场不小的震动。

1957 年 11 月 16 日，中央正式批准成立国防部第五研究院一分院，即现在的中国运载火箭技术研究院。周恩来总理任命钱学森兼任一分院院长。5 个月后，孙家栋来到一分院下辖的导弹总体设计部，开始了他的导弹研制生涯。

在国家的高度重视下，中国的导弹事业有规划、有步骤、有机构、有组织地全面展开。

2005 年 9 月，孙家栋在参加钱学森归国 50 周年座谈会上，对采访他的记者恳切地谈了许多感想。他说，钱学森在他的心目中是一位非常伟大的人物，自己能在钱学森的直接领导下工作，感到十分幸运。他接着说，纪念钱学森归国 50 周年，不仅是表达对这位耄耋老人的敬意和祝福，更重要的是以回顾这位爱国赤子、科学巨匠走过的光辉道路，来激励广大科技工作者特别是青年同志，立志为祖国科技事业的发展，为祖国的繁荣富强作出更大贡献。

孙家栋回忆说，1958 年从苏联留学刚回国，跟着钱学森搞火箭、搞导弹，真是又高兴又担心。高兴的是，能在新中国刚刚创立两年的国防尖端科技部门工作，可以为国家干一番事业。担心的是，自己学的是航空专业，导弹是什么样子，怎么设计，怎么制造，心里一点底也没有。当时周围的同志，有学力学、数学、化学、纺织、文史的，就是没有学导弹理论的，孙家栋所学的航空理论还算与导弹专业离得最近的专业。那时候，钱学森编制课程大纲，亲自讲授导弹概论，并请庄逢甘教授讲空气动力学，梁守槃教授讲火箭发动机，朱正教授讲制导……

在实际工作中，孙家栋先后担任了工程总体组长、总体室主任、总体部副主任，直接在钱学森的领导下从事导弹设计、研制、试验工作，可以说是耳提面命，感触颇多，受益匪浅。

孙家栋回忆中国航天走过的历程，感到钱学森在中国航天初创时建立在科学思考基础上的决策建议和为国家、民族不怕担风险的大无畏精神，对孙家栋以至那一代人都具有非常大的影响。

中国航天之所以能取得比别的行业更突出的成绩，很重要的一条就是有钱学森这样的技术权威抓科研、抓试验、抓试产。钱学森以他的远见卓识，制定了正确的发展规划，走出一条多快好省的路，避免了许多弯路。孙家栋参加了钱学森主持制定导弹火箭发展的12年规划，制定“八年四弹”规划等工作。这些规划的实施，使中国的导弹火箭研制生产一步越了几个台阶。中国空间技术研究院建立后，孙家栋又参与了钱学森主持制定的“三星规划”（东方红一号、返回式卫星和同步轨道通信卫星）工作，这些规划为中国空间技术的发展奠定了基础。孙家栋作为空间技术研究院的院长，体会更加深刻。钱学森在技术发展途径中所起的作用是别人无可替代的，但钱学森却非常谦虚，每当讲到成绩，他从来都是把周恩来总理、聂荣臻元帅等党和国家领导人的具体指导放到前面，把广大科研人员的辛勤创造放到前面。钱学森高尚的科研道德和人格魅力，无时无刻不影响着孙家栋。

钱学森平易近人，对青年人关怀爱护。他在很长一段时间里坚持每周都要抽出时间，与孙家栋他们这样的设计人员讨论技术问题，若有什么不妥，他会耐心引导、解释，很少直接批评，总是给以启发式的教育。即使在一些小节上也不例外。记得有一次开会，时间是年底，那个季节，北京的天气比较冷，门窗都关着，因为有人抽烟，钱学森看到有些人被呛得咳嗽，便起身走到窗前，打开一扇窗户散气，抽烟的同志感到自己的不妥，立即把烟给熄灭了。

钱学森严谨的工作作风，令孙家栋终生难忘。20世纪60年代后期，中国自行研制的一种新型火箭即将运往发射基地，按惯例，产品出厂前要完成装配、测试工作。其中，惯性制导系统平台上的4个陀螺测试时要精确地装好，测试完后再拆开、包装好运往发射基地。由于时间紧，车间师傅跟孙家栋说，4个陀螺是同一批次生产的，第一个能装上，其他3个应该没问题，因时间紧，是不是可以不再装了？孙家栋觉得师傅说的有一定道理，便同意了。可万万没想到在发射场装配时却出现了问题，怎么也装不上，他只好立即向钱学森院长报告。钱学森听了汇报后并没有批评孙家栋，而是出主意进行仔细研磨后再试装。加工研磨时，钱学森亲自来到现场仔细察看排除故障的情况。那种精密部件的研磨很费时间，钱学森不说话，背着手走来走去。孙家栋和工人师傅从下午1点一直干到第二天凌晨4点才装好，钱学森在现场就一直陪到凌晨4点。大家几次劝他回去休息，但他就是不走。钱学森虽然没有直接讲出任何批评的话，但那种无声的力量让人感到比批评更严厉。从此，大家从点滴小事做起，不敢有丝毫的马虎。后来，孙家栋把这种严格要求的作风带到了空间技术研究院，有人说孙家栋太严厉了，孙家栋便解释说，钱学森为我们树立了严谨的好作风，我们必须认真办好每件事。

钱学森敢于负责、勇于替下属和青年同志承担责任的作风，也为孙家栋树立了榜样的作用。1962年，一次导弹发射失败了，搞总体设计的人压力非常大。在故障原因分析时，钱学森看到孙家栋他们灰溜溜的，就主动以自己承担责任的方法为大家减压。钱学森说："如果要有考虑不周的原因，首先是我考虑不周，责任在我，不在你们。你们只管研究怎样改进结构和试验方法，大胆工作，你们所提的建议如果成功了，功劳是大家的；如果失败了，大家一起来总结教训，责任由我来承担。"钱学森一席话，一下子把设计人员的顾虑都打消了。孙家栋当了领导后，看到年轻人工作上有什么差错，也常常像钱学森那样，替他们担责任，鼓励他们放下包袱，把事情办好。

2004年12月10日，钱学森93岁生日前，孙家栋去钱学森家中看望。由于钱学森年事已高，大家都很不容易见到钱学森，当孙家栋看到钱学森的精神相当不错时，打心里高兴，钱学森问这问那，也显得很兴奋。钱学森曾经说过："我作为一名中国的科技工作者，活着的目的就是为人民服务。如果人民最后对我的一生所做的工作表示满意的话，那才是最高的奖赏。"这段简短的人生座右铭，就是他为祖国为人民鞠躬尽瘁，一生以科学态度追求真理的真实写照。此时，孙家栋对钱学森的内心世界一定比别人有不同的理解，因为孙家栋与钱学森有过别人所没有的工作和交往经历，孙家栋更能理解钱学森的人生追求和思想境界。

孙家栋与夫人魏素萍（右一）看望钱学森和夫人蒋英（左一）

2009 年 3 月 5 日，孙家栋的秘书李钢面带喜色，兴奋地递给孙家栋一封贺信，那是钱学森祝福孙家栋 80 岁生日的签名信。

孙家栋院士：

您是我当年十分欣赏的一位年轻人，听说您今年都 80 大寿了，我要向您表示衷心地祝贺！

您是在中国航天事业发展历程中成长起来的优秀科学家，也是中国航天事业的见证人。自第一颗人造地球卫星首战告捷起，到绕月探测工程的圆满成功，您几十年来为中国航天的发展作出了突出贡献，共和国不会忘记，人民不会忘记。我为您取得的成就感到骄傲。

希望您今后要保重身体，健康生活，做一名百岁航天老人。

谨祝生日快乐！夫人面前代致问候！

钱学森

二〇〇九年三月三日

孙家栋一字一句地看着信，心里涌动着阵阵激情，孙家栋深为几近百岁老师的赞赏和祝福所感动。他的思绪一下子回到了钱学森带领大家搞航天的那个年代，几十年过去了，孙家栋忘不了钱学森在中国航天开创的那个年代带领大家艰苦创业的日日夜夜。同样，中国航天取得的巨大成就也鼓舞着两位航天科学家。

孙家栋即刻给钱学森家里去了电话："对老师的祝福我从内心表示深深的感谢，更为钱老在信中 7 次出现'您'这个称呼所感动，钱老称我 80 岁为大寿更是不敢当。钱老对待科学、对待事物都是那么谦虚，几十年过去了对我这学生仍然是关怀备至，他严谨认真的一贯作风，值得我们一生受用。"

钱老办公室的人员说："信拟好后，又给钱老读了一遍，钱老一字一句认真听完后，签上了自己的名字，然后颇有感触地说，家栋都快 80 岁了，在我的眼里，他还是一位 28 岁的年轻人呢。"

他们都是中国航天发展的见证者，生命不熄，奋斗不止，为了中国航天再创辉煌，为了国家的强大，他们仍然在默默地作着奉献。孙家栋的内心陷入了沉思，他衷心祝愿钱学森这位"国家杰出贡献科学家"健康长寿……

3　中国第一个导弹试验场

孙家栋加入到了中国导弹研制大军的行列，但导弹从研制到装备部队使用，是需要诸多环节的配套才能实现的。导弹综合试验靶场是完成导弹武器试验非常重要且必不可少的设施。导弹研制与导弹试验场的建设密切相关，孙家栋作为导弹总体组的设计负责人，积极参与导弹综合试验靶场的协调配套，依据导弹的总体技术要求，提出导弹综合试验靶场建设一系列配套指标。殊不知，导弹综合试验靶场的建设也同导弹研制一样，饱含着神秘色彩……

中国研制导弹武器必须要建立导弹武器发射试验场。中央军委作出决定，导弹武器发射试验场绝不拖后腿，立即组织强有力的班子展开导弹武器发射试验场建设。

1958 年 1 月 18 日，由解放军炮兵司令员陈锡联上将组织率领的导弹试验靶场勘察队整装出发。参加这个勘察队的很多人都是身经百战、拥有赫赫战功的将军，他们有总参谋部作战部部长王尚荣中将、中国人民志愿军第 20 兵团副司令员孙继先中将、军械试验场场长张贻祥少将和总参谋部、总后勤部、有关军兵种的人员以及苏联专家组负责人盖杜柯夫少将等50多人。当日，靶场勘察队人员的专机抵达兰州，以兰州军区司令部作为大本营。经过数次大规模、小范围空中勘察、地面实际勘察，对预定的各种条件因素与实际情况进行比对权衡后，大家倾向于将导弹综合试验靶场设立在内蒙古西北部的额济纳地区。

2月14日，中央军委副主席彭德怀元帅主持会议，听取了陈锡联、钱学森和苏联专家关于导弹试验靶场勘察结果的汇报。聂荣臻元帅、军委秘书长黄克诚大将、海军司令员肖劲光大将、空军司令员刘亚楼上将、总参装备部部长万毅中将等总部和军兵种领导，以及内蒙古自治区主席兼内蒙古军区司令员乌兰夫上将等30多位领导一起听取了汇报。会议最后决定，在地势平坦，地质、气象、水源情况较好，远离人口密集的甘肃与内蒙古交界的额济纳地区建设导弹综合试验靶场。

2月26日，毛泽东主席在中央军委的报告上批示："小平同志，此件请书记处处理。"

3月3日，中共中央书记处总书记邓小平在勘察报告上签署："书记处已同意。"

至此，中国第一个导弹综合试验靶场的位置宣告确立。

中央正式批准建立导弹试验靶场后，中央军委又立即组织了一个工程勘察委员会，负责靶场各点和弹着区的定点勘察。解放军工程兵司令员陈士榘上将当主任，成员有孙继先中将、总后勤部副部长张令彬中将、铁道兵第一副司令员李寿轩中将，以及张贻祥、赵东寰、高万祥、唐凯将军等。

动用了我军这么多高级将领，足以显示国家对加快导弹武器的发展的高度重视和坚定决心。

3月7日，陈士榘上将率领由中苏双方组成的勘察组乘飞机到酒泉，然后又乘飞机、坐汽车穿越戈壁沙漠，从内蒙古西部的额济纳旗，到甘肃、新疆部分地区进行详细勘察，获取了第一手资料。工程勘察委员会回到北京向国务院、中央军委汇报后，确定了中国第一个导弹综合试验靶场建设在内蒙古额济纳旗，具体位置在当时额济纳旗政府所在地的宝日乌拉。

额济纳旗当时属于内蒙古自治区巴彦淖尔盟所辖，是内蒙古自治区最西部的一个旗，总面积11.46万平方千米，95%以上是戈壁。导弹综合试验靶场建到这里后，将意味着数万平方千米的地区被划为军事禁区，禁区所涉及的人口占全旗的四分之一，有一半以上的牲畜需要迁移，原来额济纳旗与外界往来的便捷交通要道——酒泉市至额济纳旗的公路也将改道绕行。为了国家大局的需要，自治区政府主席乌兰夫下达命令，无条件、无代价地服从国家的决定，要为国家导弹综合试验靶场的建设创造条件，要做好当地人民群众的工作。

额济纳旗的弱水河美景

巴彦淖尔盟盟委立即组成了相应的工作组，具体组织实施移民搬迁工作。工作组成员大都富有工作热情又富有民族事务经验，他们深入额济纳旗最基层的搬迁现场，顶烈日、抗风沙，乘汽车，骑马、骑骆驼，步行，在当地辗转行程数千千米，进行耐心、细致地宣传动员和协调工作。为迁移300多户牧民和喇嘛，在新址建造住房750间、喇嘛寺庙用房80间以及大量牲畜圈、暖棚等。牧民和喇嘛也深明大义，为了国防建设，于9月底从世代生息繁衍的额济纳河上游水草肥美的牧场，赶着牛羊骆驼和勒勒车，远离家园，搬迁到150千米之外的沙漠腹地。据统计，当年搬迁的牧民占全旗人口的四分之一，牲畜头数占全旗牲畜总头数的一半。巴彦淖尔盟盟委书记巴图巴根、盟委统战部王守玉，额济纳旗旗长塔旺嘉布等见证了这项工作。如今他们都已过了耄耋之年，但亲身参与建设导弹尖端武器试验基地的工作，在他们心中留下了难以忘怀的永久记忆。之后，旗政府又搬迁到建国营，最后搬到现在的达来呼布镇，这个“三易旗府”的故事，成为额济纳旗人民支援国防事业的动人佳话。这段历史，祖国不会忘记！中国航天不会忘记！中央军委副主席、国防科学技术委员会主任聂荣臻元帅生前十分感慨地说：“额济纳旗人民为祖国的国防事业作出了巨大的牺牲，我们一定要记住他们，一定要在适当的时候回报他们。”

1958年10月20日，中华人民共和国国防部正式授予导弹试验基地部队番号，任命孙继先为部队司令员，栗在山为政委，李福泽、孙贻祥为副司令员。经总参谋部批准，基地使用“东风”为代号。接着，军民联合投入基地基本建设，由额济纳旗旗委、政府负责筹备砖瓦、石灰、草席、土坯等建材，由部队解决钢筋、水泥、木材等建材并组织施工。到 1959 年 11 月 14 日，完成了砖木结构、砖土结构、砖土木结构、土木结构的房屋共计 10000 多平方米，并正式交付使用。先后有 10 万建设大军开进额济纳旗，在全国 26 个省市自治区的 715 个厂矿企业和各军兵种通力协作下，到 1960 年 8 月，仅用两年半的时间，就完成了基地建设。总参谋部和国防科委考核验收认为基地“工程不仅速度快，而且质量好”，所有工程被评为优质工程，并批准投入使用。

中国第一个导弹综合试验靶场矗立在了人烟稀少的荒漠戈壁上，这个靶场就是后来闻名于世的“中国酒泉卫星发射中心”。

4 国产导弹飞上天

孙家栋自 1958 年 4 月 20 日来到国防部五院一分院总体设计部从事导弹研究，至 1967 年 7 月 29 日离开一分院开始人造卫星的总体研究，整整 9 年时间。9 年弹指一挥间，我国导弹事业从无到有，发生了翻天覆地的变化，中国的导弹武器不仅自主研制成功，而且还成功地进行了导弹、原子弹“两弹结合”的飞行试验。中国拥有导弹核武器这一重大事件轰动了世界，长志气、扬国威，大大提高了中国在国际上的地位。孙家栋参加了这期间的导弹研制工作，并且由导弹总体设计员、总体组长、总体设计室主任一直升任为总体部副主任。

中国最初的导弹研制是从仿制苏联送给中国两枚“P－2”型近程导弹开始的。历史如此具有戏剧性：200 年前，中国的康熙皇帝曾送给俄沙皇两箱中国古代的火箭，200 年后，苏联“老大哥”回赠了两枚“现代火箭”，就是这两枚火箭与孙家栋的命运联系在了一起。

然而，仅仅 1 年多时间，1959 年 7 月 16 日，苏联突然照会我国，单方面决定撤回在中国工作的全部专家和顾问。从 7 月 28 日起，不等中方回复，苏方在不到一个月的时间里，就撤走了 1390 名苏联专家，撕毁了中苏两国政府签订的 12 个协定、两国科学院签订的 1 个议定书和 300 多个援助合同，废除了 200 多个科学技术合作项目，使我国的经济建设蒙受了巨大损失。

孙家栋对中苏关系从亲密到分裂，赫鲁晓夫突然下令撤走全部苏联专家，带走所有资料，停运所有设备感到震惊。多年后，孙家栋回忆说：“研制导弹这么大的工作，你给搞到半截，什么也不说，第二天早上拍拍屁股就走了，这叫人特别不可理解，这对我们工作造成的损失确实是太大了。就从这一点来讲，我们辛辛苦苦地向你们学习，你扔下我们就走，这不是坑人是干什么呢？所以，苏联撤走专家，反倒激起了我们一股干劲，一鼓作气自己把导弹干起来。”

孙家栋一到导弹总体设计部，就参加到了苏联“P－2”导弹的仿制和改型设计的工作行列。当时的导弹总体设计部主任是中国导弹与航天事业开创人之一的屠守锷，孙家栋来到屠守锷领导下的导弹总体部直接开始了仿制导弹的研究。

屠守锷，火箭技术和结构强度技术专家，中国科学院院士。1940 年毕业于西南联合大学，1941 年赴美国麻省理工学院航空工程系留学获硕士学位。1957 年 9 月，他作为技术顾问之一，随聂荣臻副总理率领的中国政府代表团赴苏联谈判，促成了中国导弹与航天事业起步唯一的一次导弹引进。1958 年调任国防部五院一分院第二设计部主任，领导地空导弹的仿制与研制工作。1961 年任一分院副院长，1962 年任一分院副院长兼任总体设计部主任，先后领导和参加了中国多种型号液体弹道导弹与运载火箭，以及洲际导弹、大型捆绑式运载火箭的研制试验工作。

在屠守锷的带领下，孙家栋他们这些年轻的科技人员昼夜加班加点，以最快的速度完成了图纸描红、原理研究、仿制消化、吸收反设计、改进创新的艰苦历程。当时屠守锷是导弹总体工作的负责人，孙家栋是工程总体设计员，他凭着在苏联学习扎实的基础理论知识，很快就初露头角。

新中国的航天事业刚刚起步，犹如一张白纸没有积累。孙家栋从苏联学成归来踌躇满志，风华正茂，他日夜不停地趴在摞得像小山一样高的资料堆上翻译资料，资料翻译出来还要系统地归类，尤其是对总体技术指标和总体技术数据还要进行验算，通过模仿设计，把导弹技术吃透，力争掌握苏联的导弹设计思路。聂荣臻元帅曾把仿制形象地比喻为“爬楼梯”，意思是要通过仿制把导弹技术研究透，为以后的自行研制奠定基础。孙家栋他们这些总体人员在翻译资料的同时，还以引进苏联导弹给定的技术指标为基础，用正常的设计程序进行反设计。这样，利用每一阶段的实际计算结果与苏联提供的资料数据进行比对，以此验证计算方法和计算公式的正确性，为以后的自行研制摸索经验。

1960 年 8 月，孙家栋被任命为导弹型号总体设计室主任，他随东风一号导弹试验队赴酒泉发射基地参加发射任务。11 月 5 日，中国第一枚仿制的近程地地导弹发射上天，获得圆满成功。国家航空委员会主任聂荣臻元帅亲临导弹发射现场。当导弹点火升空，按预定计划圆满完成飞行试验后，坐在指挥台旁的聂帅激动地站起来说："在祖国的地平线上，飞起了我国自己制造的第一枚导弹，这是毛泽东思想的胜利，是工人、技术人员、干部以及解放军指战员辛勤劳动的结果，也是我军装备史上一个重要的转折点！"确实像聂帅所说，中国没有洋拐棍，依然可以昂首挺立，中国导弹的发射成功，把一个饱受欺凌的民族尊严和志气书写到了浩瀚无边的太空。

中国从此拥有了自己制造的导弹，填补了尖端武器的空白。孙家栋此时的心情异常激动，这成功的背后同样也有他的心血。与此同时，中国自行设计的中近程导弹也进入了紧张的组装阶段。

1962 年 3 月 21 日，我国自行设计、研制的第一枚中近程导弹首次发射，由于控制系统失稳，导弹刚刚起飞就坠毁在导弹发射台附近。孙家栋立即投入到故障查找、故障分析和方案设计改进的紧张工作中。他们从总体方案设计入手，使用剥竹笋一样的方法，一层一层地对各个分系统的技术状态以及可靠性进行分析试验，并且根据故障现象反复进行模拟验证试验，很快找出并确定了导致失败的原因。失败的原因虽然找到了，但改进设计的处置办法又成为难题，尤其是导弹飞行产生的弹性振动对控制系统的影响，涉及到要在许多方面进行试验验证和改进。他们从失败中找出教训，认真修改设计，经过改进后的导弹，先后完成了发动机性能试验，发动机可靠性试车，控制系统仿真与综合试验，控制系统与遥测系统匹配、模拟试验，导弹全弹振动试验等 17 项大型地面试验。

虽然当时孙家栋在导弹研制队伍里还是一个年轻小伙子，但在安排工作时，领导却不断地给他"加码"，实际上是在有意培养他。

孙家栋留学苏联的同窗刘从军回忆说，在中国研制导弹武器的初期，他与孙家栋同在总体部从事导弹总体工作，为了加快中国导弹事业的发展速度，上级抽调了 4 名技术骨干进行地 - 地导弹发展规划的编制，刘从军和孙家栋都被抽调过去，刘从军担任总体部副主任，孙家栋担任总体室主任。在发展规划编制过程中，孙家栋思路开阔，出了许多好主意。比如，导弹外径尺寸的确定，导弹推进剂使用可贮存化学燃料，导弹控制系统采用惯导，遥测加大数据量，导弹结构强度的桁条薄壳理论，以及导弹中程、远程、洲际射程的距离界定，多级导弹的级数，导弹发动机推力等，都是孙家栋最早提出建议的。时过境迁，历史车轮转过近50年，但这些基础方案却一直发挥着实用价值。刘从军说，他作为当时规划编制报告的执笔人，对孙家栋所起的作用和功绩最清楚。当报告上报到钱学森那里后，钱学森将报告定名为《弹道导弹发展技术途径》，之后上报国防部五院批准实施，对我国导弹、火箭的后续发展起到了重要作用。

刘从军说："那时候，国家导弹武器研究刚刚开始，由于初次接触新事物，大家都没有经验，在许多方面都是空白，谁的脑子好使，谁的点子多，谁就是发明者，孙家栋的聪明度就是胜别人一筹，他首先提出新颖的设想，有了这样一个基本的点子后，大家再在一起讨论，常常就萌发出了思路，然后一步步循序渐进就出了成果。当点子变为现实，方案成为成果后，却大多都没有孙家栋的名字，几十年来，从来没有见过孙家栋居功自傲，没有听过他有任何埋怨。"

1964年6月29日，孙家栋在发射基地参与了东风二号导弹的发射试验任务。经过修改设计后的导弹在酒泉导弹发射台点火起飞，飞行试验获得圆满成功。这次成功，对于中国导弹事业的发展具有非常重要的里程碑意义，中国科技工作者不仅掌握了导弹研制的关键技术，并且系统地摸索总结出了导弹研制的科学规律，提出了强化总体设计的概念，认识到必须在可行性论证和地面试验的基础上，以可靠性为出发点进行方案设计。就是从这时起，导弹总体设计队伍的建设趋于成熟，总体设计的模式趋于合理。7月，孙家栋被任命为中国第一枚自行设计的中程导弹的总体主任设计师，并且挑起了导弹总体设计部总体设计室主任的重任。之后，孙家栋又升任为导弹总体设计部副主任，总体设计部主任是屠守锷。在短短的几年内，孙家栋由设计员升任为导弹总体部副主任，除了他钻研好学外，充分说明了他在工作中的突出表现和在领导、同事们心目中的地位。

孙家栋对航天总体工作深明要意，他说："所谓总体，就是要用最可靠的技术、最少的代价、最短的时间、最有利的配合、最有效的适应性和最有远见的前瞻性，制订出最可行的方案，保证获得最好结果的一种方法和体制。工程总体主要解决总体集成，根据国情进行切实可行的总体编制和总体设计，总体要建立在已有基础和现有条件的基础上，还要为后续发展留有充分余地。新产品、新技术要提前安排攻关、研制计划，要与整个总体计划相吻合，中国航天几十年来走过的成功历程充分说明了总体工作的重要性。”孙家栋还解释道：“比如航天产品在研制过程中，某系统出现的问题影响到了其他系统的工作，就要立即进行协调。有时候，某分系统或子系统出现的问题看似很小，而与其他系统进行总体匹配后，就有可能出现理论上想象不到的复杂问题。如同桌子与椅子的配合，如果在桌子太高而椅子虽矮但属于正常尺寸的情况下，一般处置方法是降低桌子的高度，可如果降低桌子高度所花费的时间过长、实现的难度过大时，就要从总体角度出发满足最后的目标，所以就有可能用不降桌子而升椅子高度的办法来实现桌椅之间的协调。”那时，各级领导都非常重视总体工作，钱学森不论工作多么繁忙，每周都要到孙家栋这个总体组来了解情况，孙家栋遇到问题也经常随时敲门直接找钱学森，那种融洽的上下级关系，很令孙家栋感怀。

随着国家整体科学技术水平的提高，中国依靠独立自主、自力更生的建国方针，大胆采用新技术、新工艺、新材料，很快就具备了将自行设计制造的导弹发射上天的能力。

1965 年 2 月，中央专委决定对中近程地地导弹进行改进，以增大射程。孙家栋领导的一院总体设计部与有关分系统设计的单位用了半年多时间，完成了中近程地地导弹的改型工作。经过改进设计，减轻了全弹的结构重量，增加了氧化剂自动补加装置，将惯性和无线电混合的制导体制改为全惯性制导体制等，使导弹射程增大了 20%，战术技术性能也有所改善。

1965 年 3 月，中央专委批准并下达研制液体中程地地导弹的任务，孙家栋作为导弹总体设计部技术负责人，主持了总体方案论证和总体设计工作。

从 1965 年 11 月起，改进后的中近程地地导弹在导弹试验基地连续进行多次飞行试验，均获成功。

1966 年 10 月 27 日上午 9 时整，中国用改型的中近程地地导弹运载着真正的核弹头拔地而起，核导弹伴随着轰鸣的火焰直刺苍穹，消逝在人们的视野中。从仪器显示的数据分析，导弹飞行正常。9 分 14 秒后，罗布泊落区传来了“在预定高度实现核爆炸、核弹头精确命中目标”的报告。这一刻，发射场沸腾了，人们拥抱、跳跃，欢声雷动。“两弹结合”飞行试验成功的当天下午，《人民日报》发出了套红号外，向全世界公告：中国成功地试验了导弹核武器！

人民日报 号外

我国发射导弹核武器試驗成功

导弹飞行正常，核弹头在预定的距离，精确地命中目标，实现核爆炸

中共中央、国务院和中央军委向参加核试验的解放军指战员、工人和科技人员等热烈祝贺，高度赞扬他们活学活用毛主席著作取得的新成就

导弹核武器发射成功

至此，中国不仅掌握了导弹核武器，而且走完了中近程地地导弹研制的全过程，闯出了自行研制地地导弹的路子，为尖端武器科研组织管理积累了经验。这种“两弹结合”的飞行试验是在我国本土进行的，迄今还没有哪个国家进行过这样的试验。从第一次核爆炸到小型化核弹头，美国用了 13 年，苏联用了 6 年，我国仅仅用了 2 年时间。而运载核弹头的导弹在这么短的时间内，实现了挖潜、改型、可靠性验证等诸多设计和试验，这其中的艰辛与欢乐，孙家栋他们这些亲临导弹研制第一线的科研人员的体会可能会更加深刻……

中程地地导弹是我国独立进行研制的液体导弹，运用了与中近程地地导弹全然不同的设计方案，集中应用了中国 20 世纪 60 年代前期进行预先研究取得的最新技术成果，在科研人员对设计方案进行反复论证后，最后确定了动力系统采用可贮存推进剂液体火箭发动机的方案，制导系统采用捷联式双补偿惯性制导方案，从而简化了发射前的准备工作，提高了制导精度，地面设备实现了机动化，使导弹具备了区域机动发射能力。

孙家栋回忆起当时研制导弹的情景时说：“其实早在任务下达之前，就已开展了有关预先研究，并陆续取得了重要技术突破。任新民主持研制出了采用可贮存推进剂的火箭发动机；郝复俭主持研制成功了高精度陀螺、加速度表；在姚桐斌主持下与北京、上海、沈阳有关单位协同攻关，研究解决了不锈钢高温钎焊、铝合金化学铣切等工艺难关，试制成功了弹头烧蚀防热、燃气舵等所需的新材料。同时，在控制系统、遥测系统、地面设备、结构强度与环境工程等方面，也取得了许多研究成果。这些都为中程地地导弹研制打下了坚实的技术基础。”回忆起这段历史，孙家栋感慨地说：“小时候最大的愿望是将来能成为一名土木建筑师，幻想将来可以建造大桥。在哈工大读书时，听说学校将要增设汽车专业，我觉得汽车更神秘，可能比造大桥更富有挑战性，没承想最终到苏联学的却是飞机制造，而从苏联回国后却又没有搞过一天的飞机制造，从毕业后的第一天开始就加入了中国导弹研制大军。我当时心里暗暗发誓，这辈子要在中国导弹事业上发挥自己的作用，所以一门心思投入最初的仿制导弹和东风导弹的研制工作。但更没有料想到的是，搞了近 10 年的导弹研制，却又与卫星结下了终身的情缘。”

第四章　一生结缘放卫星

1 开创中国卫星事业

人生之路如同九曲黄河，可能因某种机缘就会发生大转弯。走上工作岗位就从事导弹研制的孙家栋，被独具慧眼的钱学森点将，负责中国第一颗人造卫星的总体设计工作，从此开始走上研制卫星的道路。

孙家栋曾在《奔向空间的历程》的文章里，针对我国开展人造卫星工作写到：这是党中央发出的向空间进军的动员令。毛泽东主席的号召是在世界上第一颗人造地球卫星发射成功半年后发出的，表明中国人民有信心、有能力登上空间技术的舞台，表达了中华民族有独立于世界民族之林的勇气和决心。从此，拉开了中国空间活动的序幕。

早在1957年苏联发射第一颗人造地球卫星开始，中国科学院与国防部五院就对中国发射人造卫星有过考虑，认为研究人造卫星虽然工作艰苦复杂，但必须及早开展有关研究，早日制定研究方案，列入国家总体计划。

1958年5月17日，在中国共产党八大二次会议上，毛泽东发出号召“我们也要搞人造卫星!”

此后，聂荣臻元帅亲自领导，中国科学院和国防部五院负责人张劲夫、钱学森、王诤等组织有关专家研究制定了中国人造地球卫星发展规划。一些著名科学家，如钱学森、赵九章、钱三强、陈芳允、陆元九、杨嘉墀等也发表了许多发射人造地球卫星的意义及实现途径的论文。但由于种种原因，中国第一颗人造卫星和其他航天器的研制，是分散在中国科学院和其他一些部门进行的，这给组织领导和指挥调度带来很多困难。所以，解决体制问题，是我国人造卫星工程研制初期的一个关键问题。

1965年元旦过后，钱学森向聂荣臻又一次提到了中国的人造卫星事情，钱学森说：“我们在卫星技术方面已经开展了许多研究，现在看来，应该提到日程上来了。搞卫星是一件很复杂的事情，只有及早准备，到时候才不会误事。”

聂荣臻说：“人造卫星的事，我和总理也经常议论。前几年我们在这方面的条件还不太成熟，做了一些基础性工作。去年国庆节的时候，毛主席还专门向我问过这方面的情况。”

钱学森接着说：“人造卫星的作用还不光在军事方面，还可以搞测地卫星、广播通信卫星、气象卫星等，尤其是载人卫星，前景很广阔。从我们现在所具备的条件看，发射10千克的卫星是可以实现的。”

钱学森阐述了人造卫星的用途，一个国家要搞人造卫星，首先应当开展航天领域的研究，而航天领域的成果是国家综合国力的体现。

在当时那个年代，中国的基础科学还相当薄弱，人们并不知道什么是航天。

孙家栋为国防科工委科学技术部1991年公开出版发行的《中国军事百科全书——军事航天技术分册》所撰写的条目内容时，对“航天”和“航天学”作了如下叙述。

航天，狭义指人类在太空的航行活动，又称空间飞行或宇宙航行。广义指人类探索、开发和利用太空以及地球以外的天体的活动。这一活动借助航天器来实现。包括环绕地球的运行、飞往月球或各大行星的航行（包括环绕天体运行、从近旁飞过或在其上着陆）、行星际空间的航行和飞出太阳系的航行。航天的基本条件是航天器达到足够的速度，克服摆脱地球引力或太阳引力。宇宙速度是航天所需的特征速度。在相当长的时期内，航天基本上是在太阳系以内的航行活动。航天是20世纪科学技术进步和社会生产发展的结果，其作用远远超出科学技术领域。人们通常把太阳系内的航行活动称为航天，把太阳系以外的航天活动称为航宇。航天有时也泛指航天工程或航天技术。

航天学是研究航天基本原理和指导航天工程实践的综合性技术科学，又称星际航行学。航天学是航天系统，特别是航天器和航天运输系统的设计、制造、试验、发射、运行、返回、控制、管理和使用等航天技术的理论基础。主要分支学科有航天动力学、空气动力学、火箭结构分析、航天器结构分析、航天热物理学、火箭推进原理、燃烧学、航天材料学、火箭制造工艺学、航天器制造工艺学、飞行控制和导航理论、空间电子学、飞行器环境模拟理论、航天医学、航天系统工程学等。航天学是多种基础科学和技术科学在航天应用中发展起来的，航天工程实践以航天学的理论作指导，它又丰富和发展了航天学的内容，使之成为一门自成体系的现代综合性技术科学。

涉及到这么多的学科，牵扯到如此繁多的部门，在当时的历史条件下要做成这件事，需要攻克各个方面的难关，其难度是可想而知的。但是，中国只要下决心做这件事情，就一定能做成这件事情！中国人的力量是不可低估的。新中国建立短短几年里向世人宣告了一个事实，正如毛泽东在《论联合政府》中讲到的："我们正在做我们的前人从来没有做过的事情。我们的目的一定要达到，我们的目的一定能够达到！"

1965 年初，中国科学院地球物理研究所赵九章所长和自动化研究所吕强所长联名向中国科学院提出了研制卫星的建议，中国科学院组织力量拟制了发展卫星的规划纲要。与此同时，国防部五院钱学森副院长也向国防科委提出了将卫星及其运载火箭的研制列入国家计划，及早开展研制工作的建议："自苏联 1957 年 10 月 4 日发射第一颗人造卫星以来，中国科学院和国防部第五研究院对这些技术都有过一些考虑，但未作为一项研制任务。现在看来，弹道导弹已有一定基础，如进一步发展，即能发射携带仪器的卫星，计划中的洲际导弹也有发射人造卫星的能力。工作是艰苦复杂的，必须及早开展有关研究，才能到时拿出东西。因此，建议早日主持制定研究计划，列入国家计划，促其发展。"

聂荣臻非常赞同这个建议。1965 年 2 月，聂荣臻针对钱学森的报告，作了如下具体批示：

"我国导弹必须有步骤地向远程、洲际和人造卫星发展，这点我一直很明确。人造卫星早就有过考虑，但过去由于中程弹道式导弹还未搞出来，技术力量安排上有困难，所以一直未正式提出这个问题。钱的这个建议，我意请张爱萍邀请钱学森、张劲夫等有关同志及部门座谈一下，只要力量上有可能，就要积极去搞。步骤上，还是先把中程导弹搞出来，作为运载工具。头部（卫星）要与中国科学院结合起来，充分利用地球物理所及搞探空技术的力量。如何分工，请在座谈会上研究一下。可考虑卫星以中国科学院为主进行研制。”

根据聂荣臻的批示意见，张爱萍受委托即邀请中国科学院党组书记、副院长张劲夫、主管航天工业的七机部副部长钱学森、主管电子工业的四机部副部长孙俊人等，对发展卫星的必要性和可行性进行了论证。张爱萍组织有关部门进行具体研究后，大家一致认为，进行卫星工程研制的技术基础已经基本具备，应该统一规划，有计划按步骤地开展研究工作。据此，国防科委于1965年3月提出了《关于人造卫星研制工作的报告》。当时中央军委负责这项工作的罗瑞卿组织研究后，认为这个报告切实可行，立即转报了中央专委。

1965年4月10日，国防科委副主任罗舜初召集钱学森、张劲夫、张震寰、赵九章、钱骥等人，又对卫星发展规划方案的有关问题进行了详细研究。

报告送上不到一个月的时间，就得到中央专委第十二次会议的正式批准。中央专委批准将卫星工程研制计划列入国家计划，由国防科委对人造卫星工程具体组织协调。会议明确了工程技术抓总和卫星、运载火箭、测量、跟踪、遥测以及设备研制和组织协调、任务分工。

1965年8月，中央专委原则批准了中国科学院提出的卫星发展规划纲要，同意第一颗卫星争取在1970年左右发射。

然而，一场对党和人民造成巨大灾难的“文化大革命”爆发了，文革冲击着全国每一个地方，也必然冲击到航天科研部门，冲击到卫星研制的每个角落。

聂荣臻元帅面对现实，为了将混乱限制到最低程度，保证东方红一号卫星工程按计划顺利进行，向周恩来总理作了汇报，决定给中央起草一个报告。

1967年3月，中央专委向中共中央正式上报了《关于军事接管和调整改组国防科研机构的请示报告》，周恩来总理非常同意报告中的意见，为了加大稳定局面的力度，还提出应当对6个国防工业部实施军事管制的建议。

报告修改后即报毛泽东主席，他即日便圈阅：请总理照办。

于是，中共中央、国务院、中央军委联合发布了对6个国防工业部实施军事管制的决定，并且组成了由粟裕任组长，王树声、向仲华任副组长的国防工业军事管制小组，在国务院和中央军委的领导下，对6个国防工业部实行全面领导。国防工业军事管制小组向各单位明确提出以正面教育为主，不开展大鸣、大放、大字报、大辩论。与此同时，还采取了其他一系列的组织措施，从机构和管理方面保证卫星研制工作的正常进行。

1967年6月，中央军委常委会议专题研究了组建空间技术研究院的问题，确定由国防科委具体负责空间技术研究院组建工作。

2 太空翱翔中国星

1967年7月29日午后，正是北京最炎热的盛夏，骄阳似火。孙家栋在伏案进行导弹设计，汗流浃背的他为了不让头上的汗水流下来，用一条毛巾围在脖子上，趴在图板上画图。

这时，国防科委一位同志在没有打任何招呼的情况下，驱车直接来到位于北京城南的孙家栋办公室，简单明了地对他说："我是国防科委的汪永肃参谋，组织上派我来向你传达上级的指示。国家将要开展人造卫星方面的研究，为了保证人造卫星研制工作能够顺利进行，中央已确定组建空间技术研究院，由钱学森担任院长，专门负责人造卫星方面的研究。钱学森向聂荣臻元帅推荐了你，根据聂老总的指示，上级决定调你去负责我国第一颗人造地球卫星的总体设计工作。"

当时造反派夺权，行政领导干部靠边站，汪永肃参谋只好直接找到孙家栋本人谈了上级的安排，谈完后当即就用吉普车拉着孙家栋从北京的南苑来到位于北京西北部的友谊宾馆。宾馆北馆是空间技术研究院的临时办公地点。到这里后，有关领导与孙家栋又详细谈了组建卫星总体技术部的具体意图。17年前，孙家栋当日决定、当日入伍，17年后又是当日由搞导弹转入搞卫星，人生的转折来得如此迅速。

卫星总体设计工作，就是要将概念性的卫星从理论变为现实，要从概念研究变为工程实施。作为实施的途径，首先要提出并解决卫星从地面研制到空中运行全过程的技术问题，明确每个环节的技术指标要求以及系统与系统之间、分系统与子系统相互间错综复杂的技术接口。

孙家栋想，组建卫星总体研究设计部，必须按照工程研制的科学规律扎实地展开工作。当时正是“文化大革命”的混乱时期，行政机构已基本被“砸烂”，派仗正闹得激烈。如何建立并组成卫星总体设计队伍，是摆在孙家栋面前非常棘手的问题，可以说，孙家栋受命于卫星研制的关键时刻。

为了尽快启动卫星总体工作，孙家栋向钱学森提出建议由火箭技术研究院推荐几个搞总体方面的技术人员。钱学森经考虑后答复说，从火箭技术研究院抽人可以，但在当前“文化大革命”两派正在闹腾的局面下，推荐来的人能不能保证质量？所以，在这种特殊情况下不能依靠研究院推荐，由你孙家栋提个名单后再研究确定。

搞卫星总体，要先选人，而要选的人却在不同的派系中，在“无限忠于毛泽东的年代”，搞卫星是人人都想争的事情。当时的孙家栋只有 38 岁，虽然年轻，但各方面的工作出色，在人们眼中已是有影响的人物，像这样的中层领导干部，稍微不注意就会“引火烧身”。所以选人才若处理不当，自己被“上纲上线”倒是小事，关键是卫星研制工作肯定会受到影响。

孙家栋心一横，既然领导交办了这个重任，就要敢做敢为，要抛弃一切顾虑、一门心思从搞卫星的需要出发，不怕别人说三道四。被选中的人只要条件优越、技术水平高超，就不管他是这派、那派的。

经过一段时间紧张的考察、挑选，从不同的专业角度和技术特长出发，孙家栋最后选定了 18 人。当这 18 人的名单提交给钱学森后，钱学森点头赞同，很快又得到了聂荣臻元帅的批准。

这便是中国卫星发展史上有名的“十八勇士”，他们是：

戚发轫　沈振金　韦德森　张福田　彭成荣　尹昌隆

朱福荣　孔祥才　王　壮　杨长庚　王大礼　张荣远

刘泽光　郑忠琪　林殷定　鲁　力　王一方　洪玉林

孙家栋回忆起当年“十八勇士”时，浮想联翩，他说：“形成一个队伍是非常难办的一件事情。大家来自不同的单位，单就人事关系方面冒出来的问题就比较复杂，实现真正的技术配套，要把各自的思想统一起来，使大家真正融合在一起，也确实不是一件容易的事情。比如搞卫星研制，应该设立几个实验室？卫星总体方案如何制定？需要几个分系统？每个分系统的技术指标如何确定？应当怎么组织？这些都涉及到卫星总体，必须有一个负责顶层设计的卫星总体设计部门，这是系统工程的特点。在这方面，科学院的同志确实给了很大的支持，因为火箭技术研究院过来的人终归还是少数，许多工作要依靠科学院的同志。最后大家团结到了一块儿，用两年多的时间把卫星搞起来了。我到空间研究院的时候也是接近 40 岁的人了，在现在看来已经不年轻了，但在那时候还是很年轻的。把造卫星这么大的事情交给你去负责，那感觉确实是既有压力也有动力。”

这“十八勇士”由于系统、专业分配合理，对每个人的基本素质大家有目共睹，所以无可争议地得到了认同。1967 年 10 月，当“十八勇士”离开火箭技术研究院时，两派人员高举彩旗、各站一方，敲锣打鼓，热烈欢送，这在两派矛盾势不两立之时也实属罕见之事。难怪当时的领导和群众一致评价说，孙家栋这活儿干得漂亮，开了一个好头。

上任伊始，孙家栋即着手主持了第一颗卫星总体和分系统技术方案的论证工作，从系统工程的观点出发，重新制定了东方红一号卫星的总体技术方案和研制任务书。由于总体技术队伍得到了组织落实，卫星研制工作快马加鞭。当时外面是轰轰烈烈的“文化大革命”，是“如火如荼、造反有理”的情形，卫星研制却坚持按照军队秩序，摆脱“文化大革命”的冲击和干扰，尽量为技术人员营造一个相对“安宁”的环境。这段时间，科研人员加班加点做设计、搞试验，努力攻关，解决了一系列技术问题，制定了卫星总体新指标，确定了卫星研制新方案。

1967 年 12 月，国防科委组织召开东方红一号卫星方案论证协调会，各有关单位和有关系统 200 多人参加了会议。会议确定了第一颗人造卫星的总体技术参数和各分系统技术方案，确定这颗卫星的技术水平要高于苏联、美国第一颗卫星；三级运载火箭的前两级用正在研制的中远程地地导弹改制，第三级为固体火箭；将这颗卫星命名为“东方红一号”；卫星总体技术方案通俗地概括为“上得去、抓得住、听得清、看得见”，这 12 字便是卫星要实现的目标。

东方红一号卫星

技术目标确定以后，需要对大量没有论证清楚的问

东方红一号卫星未展开的反光观察环

题进行逐一落实，比如空间的环境状况和温度参数全无，需要什么样的试验设施和指标参数也都不掌握，尤其是理论的设想方案如何在实际中实现，地面的东西如何满足空间的条件。当时，航天系统还没有建立总设计师制度，技术总负责人就相当于现在的总设计师。作为卫星技术总负责人的孙家栋，大胆地提出对原来的卫星方案进行简化，充分发挥技术人员的聪明才智和积极性，并说服了一些老专家，把卫星研制计划分为两步走，即先用最短的时间实现卫星上天，在解决了有无问题的基础上，再研制带有探测功能的应用卫星。孙家栋的大胆设想立即得到了大多数人的赞成和认可。在简化方案这一创造性的原则下，技术人员立即对卫星原方案展开了修改和简化设计。能源系统只采用银锌化学电池组供电方案，去掉太阳能电池加镉镍电池供电部分和姿态控制部分，只保留姿态测量用的红外地平仪和太阳角计。最后确定东方红一号卫星由结构、热控、电源、短波遥测、跟踪、无线电和《东方红》乐音装置以及姿态测量部件组成，总质量控制在173千克左右，直径1米，外形为近似圆球的72面体，采用自旋稳定方式在空间运行。另外，在末级火箭上设置“观测裙”，以提高其在空间运行时的亮度，使人们不仅在地面上能听到卫星发送的《东方红》乐曲，还能看到卫星在空间运行的轨迹。

时任国防科委副主任的刘华清在回忆录中写道：

我不懂卫星，也不管这项工作。到了1968年，东方红一号卫星的研制遇到了问题，各分系统文齐武不齐，不协调不配套。为了保证1970年发射，空间技术研究院领导和设计人员在原方案基础上进行了合理的修改，但这一修改方案却找不到拍板的人。五院总体主任设计师孙家栋拿着方案找到我，孙家栋说话很直率，“你懂也得管，不懂也得管。你们定了，拍个板，我们就可以往前走”。

听了他们的汇报，问了有关情况，我心想，这事不能拖，总得有人承担这责任，便对他说，技术上你负责，其他问题我负责，我拍板。

这个时期，七机部也没有什么人管事了。关于“东方红”卫星的事，后来我又听过一次机关汇报，也到现场看了看。卫星方案的若干修改和简化，我就拍板定了。我当时强调，最后总体决策还要向党中央、周恩来总理和聂帅报告。我把卫星方案修改和简化情况报告了聂帅，聂帅也批准了。卫星计划才得以进行下去。回想起来，当时这么干，除了有一种强烈的责任感外，也有一点傻大胆的味道。

在“文化大革命”那种极端的政治环境下，正确的陈言也是要承担很大政治风险的。作为一个正直的科学工作者，为了国家利益，为了国家的事业，孙家栋毅然抛掉许多个人顾虑，敢于担风险的勇气便油然而升。强烈的责任感驱使孙家栋数次大胆陈言，在“文化大革命”的混乱状态下，孙家栋完全把对个人的影响置之度外，一门心思就是要保证让中国的人造卫星按计划发射成功。他的无私无畏得到了领导的支持，也正是领导的支持使卫星总体技术指标能够及时确定，卫星研制计划能够在特殊环境下得以顺利进行。

太空奏响东方红，听似简单，但在当时的技术基础条件下，实现起来还是有很大难度的。《东方红》乐音装置及短波遥测系统，采用一个发射机交替播送《东方红》乐曲和发送卫星各种工程遥测参数。为了实现这一较为先进、难度较大的技术方案，采用了电子线路产生的复合音来模拟铝板琴演奏乐曲，以高稳定度音源振荡器代替音键，用程序控制线路产生的节拍来控制音源振荡器发音，从而保证了乐音嘹亮悦耳。

卫星的热控系统采用自然平衡方法，通过对星体结构各组件表面分别采取阳极化、喷涂有机绝热涂层、镀金、包覆绝热层等措施，改变其热吸收和热辐射性能，使仪器舱内的温度长时间保持在5～40℃之间，以满足仪器正常工作的要求。在热控系统研制过程中，需要进行卫星热真空模拟试验来检验设计的合理性。但当时国内还没有模拟太阳和地球对卫星辐射的大型模拟器，如何进行这项试验是亟需解决的一个课题。这时，热控系统技术负责人闵桂荣提出用轨道周期积分平均热流代替交变热流，来确定卫星内部仪器温度的平均值。据此，研制人员采用远红外电加热笼的模拟方法，成功地攻克了这个技术难关。

孙家栋在过去很多年后回忆起这段历史时仍然动情地说：“在当时那种技术条件、物质生活、工作环境下，用那么短的时间做成这样一件大事，是大力协同、无私奉献的航天精神起了关键性的作用。”

20世纪六七十年代，中国的基础工业非常薄弱，仅以小小的电信号连接插头为例，当时国内能够制造有20几个插针的合格插头的企业几乎没有。为了解决这个插头问题，孙家栋他们不得不怀揣着总理办公室的介绍信，通过当时上海市的主要负责人，找到上海无线电五厂，与几位有经验的老师傅具体切磋探讨，制定了初步方案后又经过反复试验，终于将这种卫星上专用的也是非常特殊的插头造了出来。

东方红一号卫星上的短波天线是用来发送《东方红》乐曲信号和遥测参数的。运载火箭点火起飞离开地面将卫星送入太空预定位置并与卫星分离后，拉杆式结构的短波天线必须展开，这是保证播放《东方红》乐曲的关键。卫星上共有4根短波天线，每根长3米，由3节组成，用铰链与卫星腰带相连接。卫星发射前将每根天线收缩成1米长折起，与卫星自旋轴平行套在顶级火箭外壁上的卡环中。火箭飞行结束前，顶级火箭起旋，以180转/分的速度带着卫星自旋转。卫星与火箭分离后，短波天线的自由端离开卡环，在卫星高速旋转产生的离心力作用下，收缩状态的4根短波天线迅速展开。然而，天线在地面展开比较容易实现，但要在太空高速旋转状态下展开，则是一项较为复杂的运动过程。

在第一次模拟卫星自旋天线展开释放试验中，出现最后一节天线被折断甩出去的问题，试验没有成功。接着做2次、3次、4次……一直做了10次仍然没有成功。一次次的失败，使大家不得不冷静下来仔细分析。经过初步分析认为，这是由于天线展开后，两节天线间连接部分太短，强度不够，管子的直径也较大，由于质量大，在高速旋转时的离心力也大，因而末节天线容易折断。为了做到“稳妥可靠、万无一失”，孙家栋经过反复思考，并与技术人员们探讨后提出天线释放和展开的运动形式是个复杂的运动合成，要作为专题来研究，并且还要考虑在地面做试验时重量的影响。天线组的人员进一步分析、试验后认为，天线与卫星之间由于只有一个铰链的设计，使每根天线相对卫星只有一个方向的转动，这与卫星自旋时，依靠旋转和离心力使天线展开和释放的实际运动是不一致的。孙家栋统一了大家的意见后，修改了天线结构设计，重新进行了几次试验，均获成功。这个技术难关终于被攻克了。

紧接着，他们又攻克了测量卫星姿态的红外地平仪。为了增强地面观测效果，他们又在顶级火箭加装“观测裙”，仪器舱大面积镀金，制作《东方红》乐音装置等。

1969 年 9 月，第一颗东方红一号卫星完成了初样卫星全部环境模拟试验，卫星各系统符合指标要求，技术状态正常。

1969 年 10 月，东方红一号正样卫星，即发射上天的卫星，完成了各系统的研制工作。

3 面对总理斗胆讲真话

中国第一颗人造地球卫星的研制与发射，是中国迈向宇宙空间的第一步，无论在国内还是在国际都具有非常大的政治影响。卫星研制进程，同样牵动着周恩来总理的心，周恩来和中央专委领导在百忙之中多次听取了卫星研制工作的汇报。

10 月下旬的一天晚上，孙家栋作为卫星总体技术总负责人和钱学森的助手，与钱学森一同来到人民大会堂江苏厅，孙家栋的心情无比振奋也非常激动。他们刚把卫星初样匆匆忙忙摆放好，周恩来、李先念、余秋里等中央领导和参加会议的有关部委负责人就来到了会议大厅。

当孙家栋近距离看到周恩来总理时，鼻子阵阵有些发酸。周总理日理万机，夜以继日，鞠躬尽瘁，为国家、为人民耗尽了精力，他的脸上出现了很多黑斑，布满血丝的眼睛凹下后显得脸庞清癯、疲惫，与几年前所见到的样子相比竟消瘦、苍老了许多。

孙家栋想起 1962 年周恩来总理在人民大会堂宴请招待科学技术界知识分子时的情节。当时正值自然灾害困难时期，周恩来总理非常体谅这些年轻知识分子的身体状况，特意上了一道“红烧肉”，一寸见方的肉块人人有份，年仅 30 岁出头的孙家栋许久没有享受这样的口福了。要知道，在那个饥饿的年代，毛泽东，拒绝吃肉；周恩来，停掉了茶；邓小平，戒掉了烟……

周恩来步入会议大厅后迎着大家的目光匆匆来到会议桌旁，举起双臂招手让站立鼓掌的众人坐下后，自己才坐了下来。

钱学森首先将孙家栋介绍给了周恩来。周恩来亲切地拉着孙家栋的手，向他询问了一些简单情况，高兴地说：“这么年轻的小伙子就是卫星专家，这很好嘛，今年多大年龄？”

孙家栋有些羞怯地回答：“今年 40 岁。”

周恩来风趣地说道：“哦，还是小伙子嘛，学森同志的年轻弟子满多的嘛！”

本来浑身紧绷、大脑高度紧张的孙家栋，顿时被总理几句风趣的话和朗朗的笑声给调整得松弛下来。

周恩来和其他领导人看过卫星初样后，周恩来说："学森同志，是不是你先谈？"

钱学森点点头说："好。"于是，他将东方红一号卫星和长征一号运载火箭的研制以及目前发射准备的总体情况作了全面汇报。

接着由孙家栋对卫星的初样进行讲解和说明，对主要技术参数和研制中的重要情况作了具体汇报。

周恩来对钱学森和孙家栋的汇报听得很认真，还不时提出一些问题，尤其是对卫星上每一个环节的质量和质量保障措施，问得很详细。

孙家栋汇报结束时，周恩来突然像考场里的考官那样问孙家栋："卫星上总共有多少根电缆呀？"

孙家栋如数作了回答。

周恩来又问："卫星上总共有多少个插头呢？"

这下可难住了孙家栋，他一时有些语塞。要知道卫星上有许多分系统，系统与系统之间、卫星与地面测试设备之间、卫星与火箭之间，有电源连接插头，有无线电信号插头，还有机械配合插头，孙家栋只顾总体把关和严格要求各分系统完成指标，却没有将全部插头进行准确的统计。

孙家栋红着脸有些不好意思地说："总理，我回去认真统计好后向您汇报。"

周恩来笑了笑，和蔼地说道："这些数字对我来说没有什么用处，但对你们来说应该是重要的。你们搞卫星工作首先要仔细认真，应该像外科医生那样，对病人的每一根神经、每一条血管都很熟悉，才能保证卫星的万无一失。"

镶有毛主席像章的《东方红》音乐装置

其实，孙家栋在得到他将参加汇报的通知后，就在反复考虑几个问题，该不该向总理提出在卫星许多仪器上镶嵌的毛泽东金属像章对卫星部件的影响，如何处理尊重科学与突出政治的矛盾，会前准备的方案是否能将问题汇报清楚，怎样才能既解决问题，又不至于使领导为难。

那个时期正是“文化大革命”对个人崇拜的鼎盛期间，佩戴毛主席像章成为社会的时尚，在那个历史年代，人们对领袖的崇拜是可以理解的。当时，各系统的卫星仪器做出来后，在很多卫星仪器上都认真地镶嵌了一个毛主席像章，有的像章还很大，因为像章越大越漂亮，就越能显示出对毛主席的热爱。岂不知加上去的这些像章给仪器带来很多问题。首先就是比原定的总体重量超了许多，比如某件仪器的额定设计重量是 3 千克，但往星上安装时却成了 3.5 千克，这个系统的研制人员会名正言顺地告诉总体设计人员这超重的 0.5 千克是毛主席像章，这在当时是没人敢站出来反对的。但那么多仪器综合在一起，将会使火箭的运载余量减小，必然会降低火箭的可靠性。另外，每台仪器都有特定的散热条件，仪器所涂的颜色不同，结构材料的厚度不同，散热的情况也不同。仪器上增加毛主席像章，有可能带来许多没有想到的技术问题。但如果肯定地说在仪器上加个毛主席像章就会把仪器弄坏，从技术角度来讲还没有经过充分论证，也没有完整的计算和试验数据对此加以说明，所以谁也不敢贸然说这话，惟恐多了这句话招致什么政治帽子落到自己的头上。一边是政治崇拜，一边是卫星的质量保障，虽然大家对这件事情的本质是心知肚明的，可搞技术的人心里再明白也没人敢说。在卫星即将出厂前要向总理汇报卫星质量情况，孙家栋头天想了一晚上都没睡好觉。这件事情到底应该怎么办？要不要坦诚报告？因为事关重大，在这次会上不说将错失良机，况且这也是总理非常关心的质量隐患呀。

此时，孙家栋感觉到这件事情如果再不汇报就没有机会了。于是，他很郑重地说：“从政治感情上来说，大家出于对毛主席的热爱，在卫星仪器上装了毛主席像章，这是完全可以理解的。但是从技术角度讲，一是重量超限，二是卫星上天后将会对质量产生影响。”

孙家栋简单明了地提出了毛主席像章问题，马上引起了周恩来总理的重视，周恩来当时并没有正面叙说这件事情的对与错，他说：“大家对毛主席热爱是对的，但是大家看看我们人民大会堂这个政治上这么严肃的地方，也不是什么地方都要挂满毛主席的像，有的地方是写了主席的字，但是放在什么地方都是非常严肃的，得认真考虑什么地方能挂什么，你看咱们这个会议室就并没有挂毛主席的像嘛，政治挂帅的目的是要把工作做好，而不是要把政治挂帅庸俗化，搞卫星一定要讲科学，要有科学态度。你们回去以后好好考虑一下，只要把道理给群众讲清楚，我想就不会有什么问题嘛。”

周恩来一字一句、句句在理的话语，不仅使孙家栋心中豁然开朗，而且使在座的人放下了悬在心里的一块石头。会后传达了周恩来总理的原话，大家马上按总理说的作了安排，使这件棘手的难题得到了解决。

1970 年 2 月初，东方红一号卫星成功地通过了整星状态下的自旋试验，火箭和卫星的质量全部合格，完成了出厂前的各项准备工作。

3 月 26 日，周恩来批准火箭、卫星正式出厂，技术人员接到通知，将火箭、卫星装上了前往西北发射场的专列火车。4 月 1 日，长征一号运载火箭和东方红一号卫星在“文化大革命”的一片喧闹声中，仍如期运抵了酒泉卫星发射中心。孙家栋参加研制的中国第一枚导弹、第一颗东方红一号卫星、实践一号卫星、返回式卫星等，都是从这里发射升空的，孙家栋与这块浩瀚的戈壁也结下了不解之缘。而这个“中国酒泉卫星发射中心”在我国航天史上更是创造了许多个第一。

酒泉卫星发射中心如画的美景

钱学森随同专列一起前往，但孙家栋没有一起去发射场。当时的“造反派”借口孙家栋的爷爷是富农出身而大做文章，使他在政治上受到一定的冲击，不得不在许多方面“靠边站”。孙家栋心想：我是一个科学工作者，卫星发射的成败涉及到国家利益，关系到国际影响，我只要做到对得起国家、对得起党、对得起人民，群众终究是会理解的，和卫星发射相比，我个人的事情实在是微不足道。我要从主观上尽自己的力量想办法多做一些工作，即便由于“革命群众”的原因在客观上开展不了工作，我也要做到问心无愧。

在孙家栋的一生中，富农爷爷起码使他受过五次影响。第一次是由学生踏入中国人民解放军队伍成为一名空军，第二次是被选入苏联茹柯夫斯基空军工程学院，第三次是加入中国共产党，第四次是从苏联回来参加高度机密的导弹研制，第五次便是这次“文化大革命”。这五关都是孙家栋人生关键的转折点，在中国当时的特定环境下，在那个讲出身、讲阶级成分的时代，能够通过层层政治审查的确也是一件不容易的事情，但孙家栋却做到了“连过五关”。他毕竟是新中国的科学家，他在每个时期的优异业绩都得到了一致认可。回忆起这段情形时，孙家栋感慨地说：“这五次我都基本是顺利过了关，要说有什么好办法，其实也没有。要说靠什么，其实靠的是自己一贯勤勤恳恳、任劳任怨的工作表现和工作成绩。运动中，群众以我的家庭出身提出这样、那样的问题，说我是臭鸡蛋也好、说我是走白专道路的典型也罢，我都没有太往心里去，而且说实在的，我也还真的从来没有抱怨过家里，因为那是历史，是不容我选择的历史嘛。要真得认真起来，其实我并没有与我爷爷在一起生活过，要说我的父亲，他也只是一个教师嘛。”

1970 年 4 月 2 日晚 7 时，也就是运载火箭和卫星到达发射场的第二天，钱学森、李福泽、任新民等领导和专家从卫星发射场乘坐专机又一次来到北京，在人民大会堂福建厅向周恩来总理等中央专委领导同志汇报火箭、卫星到达发射场后第一线的实际情况。孙家栋这次未能参加会议，他表面上看似平静，可从事多年尖端科学研究养成以国家大事为己任的习惯，却使他不由自主地焦急等待着，等待着会议的决策。

中国首次发射卫星，牵动全国，影响全球，责任重大呀！

按照预先确定的发射场工作计划，运载火箭和卫星完成了单元仪器测试、分系统测试、系统间匹配检查。4 月 8 日，卫星配合火箭完成了第一次总检查；4 月 9 日火箭与卫星完成了对接测试；4 月 10 日，经过十几个昼夜的紧张工作，火箭和卫星完成了第二次、第三次总检查，结果均正常。孙家栋虽然人在北京，但心与星紧密相连，他的心情与所有参加试验人员一样，测试工作的顺利完成，给他带来了心头的喜悦。

1970 年 4 月 14 日，卫星测试各项工作已基本就绪，周恩来总理和中央专委领导要求再次听取发射场人员对火箭、卫星情况的汇报。当日午后，钱学森、李福泽、任新民、杨国宇、杨南生、戚发轫等领导和专家又登上了前往北京的军用专机。孙家栋虽然没有在发射场，但要求他也一同参加汇报会。

已经有一段时间没有参加这种汇报会了，孙家栋随大家来到人民大会堂福建厅后，发现国防科委和七机部的有关领导都已经到了，他们与孙家栋交换着眼神。不一会儿，李先念、余秋里、李德生等中央领导人陆续进入会议厅。

傍晚7时整，周恩来总理弯曲着一支胳膊，迈着大家熟悉的稳健步伐走了进来，一到会议厅便热情地向大家挥手致意，参加会议的所有人员激动得使劲鼓掌。这时，周总理招手点着前排的位置说："从发射场赶来的同志请到前面，到前面来坐。"

周总理看到后面的人不好意思过来，他环视了一圈又亲切地招呼大家说："过来、过来，到前面来。"

孙家栋再次近距离看到周总理，看到总理微突的颧骨使眼睛显得更大，看到总理浓浓的眉毛添了寿眉加了白眉，看到他脸上的老年斑更加明显……

这时，周恩来拿起来自发射场的人员名单，边点名边与本人对号，并亲切地与点到名的同志交谈，多大年龄？哪个大学毕业？什么地方人？当问到有些从苏联毕业回来的人时，周恩来幽默地说："俄文忘没忘呀？一定不能忘，多掌握一门知识是有用的。"

参加汇报的人员中恰巧有几位是辽宁人，他们有金县的，有复县的，有海城的，还有盖平的。总理风趣地说："很巧嘛，今天来开会的同志是金、复、海、盖，很齐全，那个地方我去过。"会议就这样在活跃而轻松的气氛中开始了。

会议按照事先的议程进行。钱学森按照事先准备的材料，一五一十地汇报了火箭和卫星进入发射场后的情况。钱学森说："发射卫星的火箭是一枚大型三级火箭，其复杂程度较之人体的五脏六腑、血脉经络有过之而无不及。"这时他以内疚的心情谈道："总装时，尽管大家做了反复的检查，但在总检查时还是发现了火箭舱内有遗留下的焊渣和钳子等多余物。"

周恩来的眉头紧锁了一下，立即插话说："这可不行！这等于外科医生开刀把刀子、钳子丢在了病人的肚子里嘛！你们的产品是允许拆开、再组装的，找一遍不行再找一遍，总可以搞干净嘛！无非是晚两天出厂。把焊渣和钳子丢在火箭里头，这是不能原谅的！"

总理的批评很严厉，切中要害又令大家服气，大家打心眼里感到内疚，感到确实不能原谅。

接下来，各系统的负责人作了更为具体的汇报。当一些图纸、原理表格被铺在总理面前的地毯上时，总理拿着铅笔和一个蓝色的小笔记本，半跪在地毯前，一边仔细听汇报、一边在本上记着，还一边提出一些问题。

汇报中，遇到专业技术术语听不明白的地方，总理就请钱学森来做通俗的“翻译”。

总理对提出的每个问题的解答，都一一谈了自己的看法。

在汇报到安全方案时，总理认真地看着地图上标着的卫星发射后的理论飞行轨迹，又提出了一些类似问题，比如：火箭发生什么故障必须按照安全预案处置？安全预案实施后会产生多大的影响？同时要求对有可能出现的各种情况，都要在目前所掌握的能力范围内多动脑筋，把问题尽可能地想周到。

为了鼓舞大家的信心，总理说：“那就这样吧，同志们大胆地去干，搞科学试验嘛，成功和失败的可能性都存在，你们大家要尽量把工作做细、做好，万一失败了也没有什么，继续努力就是了。失败是成功之母嘛!”

会议中，周恩来在听到“文化大革命”的派性矛盾时，点到了孙家栋旁边的一位同志，问道：

“你们那儿闹派性吗?”

说着指了指坐在一旁的孙家栋，问道：

“你俩是一派的吗?”

那位同志说：“不是。”

周恩来又问：“那你俩打派仗吗?”

这时与他们一起来开会的领导赶忙代替说：“总理，他俩的工作能搞在一起。”

周恩来这时说：“好！不闹派性就好!”

在这种时而紧张时而轻松的气氛中，会议从傍晚 7 时一直开到深夜 12 时，中间没有休息。就在会议快要结束时，大家想，劳累了这么长时间的总理也该早点休息了，没想到，正当大家依依不舍准备离开会议厅时，听到总理跟李德生说：“现在马上去京西宾馆，那个会可以开始了。”

听到这话，大家的心头不禁一热，敬爱的总理就是这样为国家、为人民不顾疲倦，不分昼夜地忙碌着。

15 日凌晨 1 时许，周恩来办公室打来电话，传达周恩来的指示：“从今天起一直到卫星上天，发射场的情况要逐日向周恩来办公室电话汇报。”

1970年4月24日下午3时50分，钱学森在酒泉卫星发射场接到周恩来总理从北京打来的电话。周恩来在电话中说：“毛主席已经批准了这次发射。希望大家鼓足干劲，细致地工作。要一次成功，为祖国争光！”

东方红一号卫星发射动员誓师大会会场

4月24日，位于中国西北部的酒泉卫星发射中心蔚蓝的天空万里无云，随着发射警报从高音喇叭里一次次地响起，发射场坪的人员按照发射程序逐步撤离，太阳已经落下，傍晚的天色已经黑暗，但发射场四周的照明灯将发射场照得如同白昼，当最后一次急促的撤离警报声拉响后，发射场坪已经空无一人，地下控制室的潜望镜伸向地面，人们屏住呼吸，等待火箭点火的最后一刹那……

21时35分，高音喇叭里传出指挥员那洪亮的“点火”口令，地下控制室发射控制台前的胡世祥（日后升任为解放军总装备部中将副部长）按下火箭“点火”的按扭，瞬间，载有东方红一号卫星的运载火箭喷射出烈焰，火箭伴随着轰鸣声腾空而起刺向天空。

控制室监测仪器灯光闪烁，不断显示着飞行正常的数据。

仅仅几分钟时间，火箭按预定轨迹就飞出了人们的视线，但人们的目光仍然停留在火箭消失的地方不肯收回……

15 分钟后，高音喇叭里传出测控系统报告“星箭分离”、“卫星入轨”的消息。

东方红一号卫星发射成功了!

《东方红》乐曲环绕太空、响彻全球!

大家欢欣跳跃，相互拥抱祝贺，泪水和汗水交织在了一起。

欢腾的民众庆贺东方红一号卫星成功发射

孙家栋的工作得到了各级领导的充分肯定，钱学森曾满意地对大家说:“看来，把孙家栋找来还是对的，他确实敢干事，他也的确会干事。”

这是中国自行研制的长征一号三级运载火箭发射成功的第一颗自行设计制造的人造卫星。卫星初始运行轨道距离地球表面最近点（技术术语称之为近地点）高度 439 千米，距离地球表面最远点（技术术语称之为远地点）高度 2384 千米，轨道平面与地球赤道夹角（技术术语称之为轨道倾角）68. 5 度。卫星外形为直径 1 米的 72 面球体，卫星重量 173 千克，用 20. 009 兆赫的无线电频率播放《东方红》乐曲。这使我国成为继苏联、美国、法国和日本之后，世界上第五个能够独立研制和发射人造地球卫星的国家。

1957 年 10 月 4 日，苏联成功发射了世界上第一颗人造地球卫星“伴侣一号”，它的外形像一个大皮球，外径 0. 58 米，重 83. 6 千克，构造比较简单，由两个铝合金半球壳对接而成，壳外有 4 根鞭状天线。1958 年 2 月 1 日，美国发射了第一颗人造地球卫星“探险者一号”，卫星重 8. 22 千克，携带了很多仪器，它首次发现了地球辐射带。1965 年 11 月 26 日，法国发射了第一颗“试验卫星一号”，它是一个双截头锥体，重 42 千克。“大隅号”是日本 1970 年 2 月 11 日发射的第一颗卫星，外形呈球形，直径 0. 45 米，重量只有 9. 4 千克，这颗卫星的发射比中国的第一颗卫星仅早两个多月。

中国发射的东方红一号卫星的质量，比上述四个国家第一颗卫星的质量总和还要多，其跟踪手段、信号传递方式、星上温度控制系统也都超过上述四个国家第一颗卫星的水平。

中国第一颗人造地球卫星发射成功，在国际上引起了强烈反响，各国报纸纷纷发表评论指出：

中国第一颗人造卫星的发射成功，表明中国科学技术突飞猛进达到了新的高度，已经当之无愧地加入了国际空间俱乐部……

中国第一颗人造卫星发射之神速，完全超过了西方专家的预料……

中国已经拥有了原子弹和氢弹。必须把这次卫星发射的成功看作是宣布能够把洲际导弹发射到地球上任何地方的公告……

成功之际方能体会成功过程的艰辛。孙家栋接手中国第一颗卫星，在确定总体设计指标时，矛盾接踵而至。体积要求、重量要求、功能要求、匹配要求，一个接一个的要求出现在孙家栋面前。比如功率消耗的分配与限制，首先对各系统提出了具体限制要求，要求各系统在设计分配指标时将功率消耗控制在所限定的要求内，各分系统、子系统必须层层照章办理。而各系统为了给本系统留有余地，都想方设法尽量多申请一点指标。东方红一号卫星上使用的是化学电池，从总体出发难以平衡和满足各系统的初始功率的消耗要求。当某些系统申请到了比较大的功率指标后，严格要求自己的分系统加以控制，不得突破，经过研制人员的“精雕细琢”，有些系统在实际研制中却又没有用完那么大的功率，这些功率消耗不掉，反过来又给整星的温度控制系统带来不必要的新问题。比如当时卫星上的应答机已经申请到了 10 瓦的热耗指标，可是设备研制出来验收交付时的实际功率却只有 8 瓦。此时，整星的热控计算早已完成，按照卫星的研制进度，热平衡也都已经安排完毕，如果这里少 2 瓦，那里少 1 瓦……卫星的整星温度就会变低，卫星的整体温度控制就会受影响。当时各系统的设备都已经做出来了，再改动已经来不及了，由于进度要求非常紧迫，任何细小的改动都可能牵一发而动全局，这个看似小的问题竟突出了起来。当这对矛盾反映到技术总负责人孙家栋那里时，孙家栋也感到很头疼。经过认真思考，孙家栋用逆向思维的方法提出了一个解决方案：为了不影响卫星的整体热平衡，哪个系统出现了余量，就在哪个系统串联一个功耗电阻，富余多少就串联多少，把富余的功率由电阻消耗掉。这样既不影响设备的工作状态，又可以保持原设计的平衡状态，问题就这样得到了解决。后来的卫星出现了重量富余后，由于动平衡试验已经完成，也采用这种办法，在重量不够的仪器设备处加配重来解决，这不能不说也是一个发明。

孙家栋的信念就是要绞尽脑汁把可能出现的问题考虑足，要想尽一切办法寻求解决问题的方案，做到心中有数。不在发射现场的孙家栋，坚守在北京卫星总体设计部设立的临时卫星接收站，及时将汇集来的信息进行比对，验证卫星信息的可靠性。

卫星成功了！卫星真的成功了！

孙家栋抑制着发自内心的无比喜悦，眼里涌满了激动的泪花。

掩饰不住攻克难关的喜悦

他也想欢呼、想跳跃，但他多日高度紧张的大脑一经放松，顿时感到浑身疲惫无力，他坐在椅子上伸直双腿，将头靠在椅背上，任凭眼泪涌流。昔日的汗水，此时的泪水，表达了孙家栋对祖国第一颗人造地球卫星的无限深情。

卫星发射成功后，国防科委推荐出了以钱学森为首的17位功臣组成的观礼团，在天安门城楼上与毛泽东主席、周恩来总理共同欢度“五一”国际劳动节，但这17人中却没有技术总负责人孙家栋。此时的孙家栋会有什么感想？他的心里会不会感到委屈和难受？几十年后，当有记者采访他，谈到这件事情时，孙家栋心态依然很平静。“那个年代能有机会上天安门，并且能见到毛主席和那么多中央领导，是一件非常荣耀的事。但坦率地讲，在‘文化大革命’那种特殊的政治环境里，追求个人荣誉的念头似乎不是那么强烈，所以没有那么大的失落感。”

但不管怎么说，也不管孙家栋怎么想，不知道是由于留学苏联的原因，还是由于他那被定为富农成分爷爷的原因，反正他是没有享受到上天安门与毛泽东、周恩来共同欢度“五一”国际劳动节的殊荣。“五一”节那天，与孙家栋一起研制人造卫星的人都提前坐车走了。他难得有一天的清闲，反倒不知道怎么打发了。于是，他自己一人坐公交车去了久违的天安门广场。当溜达到前门大栅栏时，看到商场门口有许多人在排队，一打听是在卖出口转内销的毛衣。那个年月商品紧俏，他便也排到抢购的队列里，给夫人买了件大红毛衣。他手里拿着红毛衣，心里得意洋洋地想，这件喜庆的大红毛衣也算是给夫人多年来劳累的一点物质补偿。

当时的《人民日报》整版刊登了卫星运行时间表，几点几分过天津，几点几分过广州，几点几分过北京、过上海、过西安……都标得清清楚楚，还特别解释什么时间能够看见。因为白天看不见，如果你正好在晚上经过这个城市，你就能看见了。

由于是第一次搞卫星，所有参与研制的人全部都是第一次，每个环节会出现什么问题，事先完全没有经验可依，经常是完成了前一项工作，马上就不由自主地想到后面将会出现什么事情。当然，那时候技术基础比较薄弱，最为担心的还是卫星的稳定性，特别害怕星上有什么仪器状态不稳定，牵一发而动全局，就是一个微小的问题也会导致全盘皆输。孙家栋脑子所想的全部是这方面的事情，所以要说费心思的话，他在担心出问题方面所费的心思，远比上天安门费的心思多得多。

现在已经是应用卫星时代了，卫星在天上的工作寿命已达 5 年、8 年、10 多年了，搞航天的人还总有个习惯，总担心卫星会突然出问题，时刻想着用什么办法来解决。航天界的领导同志平常老爱讲一句话，卫星发射上天以后是“天不怕，地不怕，就怕指挥所来电话”。指挥所来电话干什么？好事不找你，发现天上有点小毛病，半夜打电话告诉你星上出了毛病，你就会自觉地立即赶到现场组织相关人员研究、解决。在中国第一颗东方红一号卫星发射成功 35 周年前夕，2005 年 4 月 21 日，中国空间技术研究院在北京隆重举行了“我国第一颗人造地球卫星——东方红一号卫星诞生地”纪念碑揭幕仪式。孙家栋来到了纪念碑揭幕仪式现场，他与闵桂荣、王希季、屠善澄、戚发轫以及当年参加过东方红一号卫星设计、研制、生产和管理的几十位老领导、老专家、老工人站在北京卫星制造厂 3 号厂房前，思绪不禁回到 35 年前那段美好的激情岁月。百余名投身航天事业不久的青年科技工作者代表与老一代航天人在一起，共同见证了这一具有历史意义的时刻。时任中国空间技术研究院院长袁家军满怀深情地致辞，与孙家栋等一起将覆盖在纪念碑上鲜红的幕布揭开，一座一人多高的岩石雕刻纪念碑呈现在人们眼前，它见证着中国航天的历史，仿佛是中国航天进军太空的一座永恒的里程碑。当孙家栋与袁家军的手紧紧握在一起时，俩人目光交汇在一起，情感交融在一起，老院长与新院长对中国航天的热爱之情饱含其中。孙家栋非常赞赏袁家军，中国航天事业后继有人，新一代年轻的航天人成长起来了……

孙家栋与袁家军

与中国空间技术研究院杨保华院长、刘方副院长探讨问题

袁家军，1962 年 9 月出生，曾任中国空间技术研究院院长，现任中国航天科技集团公司副总经理，第十七届中共中央委员会候补委员，中国科协副主席，国际宇航联合会副主席。曾任神舟一号飞船副总指挥，神舟二号至神舟五号飞船总指挥。2000 年获国防科学技术一等奖，2003 年获国家科技进步特等奖，2004 年获中国载人航天工程突出贡献者奖章和第八届中国青年科技奖。2006 年 3 月获博士学位。

35 年前，中国以东方红一号卫星为起点，迈出了征服太空的第一步；35 年后的今天，中国航天成就令世人瞩目。放眼未来，中国航天人必将创造新的更伟大的辉煌。

有记者就东方红一号卫星的研制过程，采访了当年东方红一号卫星总体技术负责人孙家栋，孙家栋满怀豪情地说："是中国航天精神铸造了中国第一星。"

历史的车轮进入到 2009 年，孙家栋又一次与中国空间技术研究院领导坐在一起。杨保华院长、李开民书记、刘方副院长等院领导与孙家栋，就研究院卫星研制情况及确保卫星质量深入地交换了意见。如今，中国空间技术研究院卫星型号总指挥、总设计师平均年龄不到 45 岁，35 岁以下的青年科技人员占到总数的 66%。中国空间技术研究院先后自主研制并成功发射了 90 余颗人造地球卫星、7 艘神舟飞船和 1 个月球探测器，在人造卫星、载人航天和深空探测三个航天技术领域实现了新跨越，实现了中国卫星整星出口零的突破，创造了中国航天史上的多项第一，在各类航天器的设计、研制和开发应用上，走出了一条中国特色的空间事业发展道路。研究院始终以"用成功报效祖国，用卓越铸就辉煌"为使命，以和平利用开发空间资源、造福祖国人民为宗旨，坚持自力更生、自主创新，积极参与国际市场竞争，实现了空间技术的大跨越，为国民经济建设、国防现代化建设和社会主义和谐社会建设作出了重大贡献。

嫦娥一号卫星发射前，与中国空间技术研究院李开民书记合影

第五章　应用卫星游苍穹

1 “实践一号”虽曲折却长寿命

中国第一颗卫星发射成功后，孙家栋不负众望，挑起了更重的担子。

早在1965年前后，科学院及有关单位就对研制卫星开展了许多预先研究。比如电源系统中太阳能电池片，镉镍电池的可靠组合，热控系统中百叶窗机构的真空冷焊等关键技术。

如何将科研成果运用于工程应用，是孙家栋思考比较多的问题。1970年5月，孙家栋主持制定了中国第二颗人造卫星实践一号卫星总体技术方案，方案设计充分继承了东方红一号卫星的技术和经验，充分应用了已有预研成果的新技术、新工艺和新设备，同时简化了卫星研制程序。

重新制定的卫星总体技术方案和技术指标，使研制人员对卫星的用途更加清晰，对工程指标更加明了。

实践一号卫星是一颗自旋稳定卫星，卫星重225千克，卫星主体直径约1米，由结构、天线、跟踪、电源、遥测和

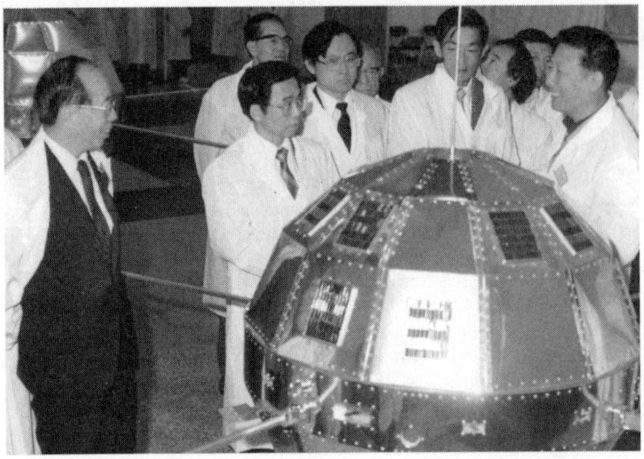

向参观者介绍实践一号卫星情况

热控6个系统以及空间科学探测仪器组成。

1971年1月19日，实践一号卫星和长征一号运载火箭由北京运到酒泉卫星发射中心。1月19日是农历腊月二十三，距离中国农历新年只有一周时间，但航天人心中对事业的热情远远超越了对传统节日的关注。参加试验的技术人员如同上战场一般，纷纷写表决心、保证书，放弃与家人过团圆年而请求去千里之外天寒地冻的塞外戈壁。

卫星从北京运抵酒泉卫星发射中心后，发射中心和航天试验队的技术人员就按测试计划，对卫星和火箭展开了测试。测试设备刚刚准备就绪，大家就迎来了一年一度的新春佳节，参加发射任务的人员仅仅在大年初一热热闹闹地吃了一顿饺子就又回到了火箭、卫星的旁边。当火箭按照正常程序进行模拟飞行试验时，运载火箭控制系统计算装置的关机指令却出现了异常，大家通力合作，迅速查明了这是由程序配电器转动产生的电火花造成的。另外，连接陀螺加速度表的工艺电缆过长也是其中的隐患。孙家栋参加了故障分析总结会，并在会后召集卫星有关人员开会，要求以火箭的故障为案例，在卫星的各个系统举一反三查找隐患，彻底消灭不安全因素，确保卫星发射成功。

之后，孙家栋组织相关人员对卫星与火箭进行了11个状态的发射机与应答机的无线电干扰试验，不仅掌握了无线电设备之间的相互干扰因素，而且摸清了干扰程度，为电子仪器的设计和改进提供了有益的经验。在此基础上，为了确保卫星发射时跟踪测量的准确性，渭南卫星测控中心又组织进行了卫星、火箭与地面测控设备的匹配模拟飞行试验，还用飞机装载上火箭和卫星的遥测、外测设备与地面设备进行校正飞行。

1971年3月3日，在内地这已是初春季节，但位于西北大漠的酒泉卫星发射场却依然寒风凛冽，一望无际的戈壁滩在寒风的伴随下泛起黄色的沙尘。傍晚时分，天边的太阳缓缓落山，唯有发射场上人们在紧张有序地进行卫星发射的最后准备。20 时整，发射场坪已空无一人，高大的火箭矗立在发射台上待命升空。这时，发射场的高音喇叭里传来地下控制室调度指挥员的口令："一分钟准备！"

20 时 03 分，随着"点火"口令的下达，火箭腾空而起！

20 时 12 分，测控系统报告卫星准确入轨的消息，实践一号卫星进入近地点 266 千米，远地点 1826 千米的预定椭圆轨道，卫星倾角 69.9 度，周期 106 分钟，完全符合预定指标。

然而，天有不测风云，卫星正常运行后，设立在全国各地的测量台站竟都接收不到卫星上发送的遥测信号，入轨后的卫星成为无法向地面发送信号的哑巴星。这一情况令孙家栋焦急万分，他与他的同事们立即分析原因，期望尽快找到故障所在。

3 月 4 日晚 7 时，孙家栋带领几位同志驱车来到北京京西宾馆，参加国防科委主持召开的紧急会议，专题研究讨论实践一号卫星出现的问题和解决方案。经过分析，初步认为故障原因是由于末级火箭与卫星没有实现成功分离，遥测天线不能正常伸张，致使遥测信号无法正常发送。实践一号卫星在浩瀚的太空中漫游，地面人员却不知道它的具体位置和工作状况，几天时间里，卫星曾经几十次飞过中国上空，但因为接收不到星上遥测信号，地面人员只能在心中默默祈祷、静静等待卫星信号的出现。

3 月 11 日，奇迹出现了！正当地面人员仔细监听时，突然在嘈杂的无线电信号中出现了一个大家亲切而熟悉的信号，而且这个信号越来越强，越来越趋于正常。经过判断，这个信号果然就是几天来大家期盼等待的卫星所发出的信号。

3 月 20 日，天文台观测到卫星与运载火箭三子级分离的确切情况。

至此，实践一号卫星投入了正常运行。

向王震同志介绍实践一号卫星情况

卫星发射成功了，但在卫星研制过程中有件趣事，对卫星的正常使用起着决定性的作用。实践一号卫星继承了东方红一号卫星的外形方案，也采用72面的棱球体，不同的是当你稍加注意会发现卫星球体表面除了28块太阳能电池外，还多出了两片亮闪闪的“耳朵”。

原来，这也是孙家栋解决技术难题的又一个绝招。按照研制阶段，卫星在模拟太阳光照射卫星北极进行热真空试验时发现，附舱Ⅰ的温度比计算结果低了15℃，仅为－25～23.5℃。附舱Ⅰ的遥测设备如果长期在这个温度范围将会影响正常工作，但此时按照发射的总体进度对整星的热控设计进行更改已经来不及。有人提出是不是可以采用孙家栋在东方红一号卫星时采用的串联电阻方式来解决，可太阳能电池的总供电功率还不到10瓦，况且已经被各系统分配无余，显然这是不可能的。但如果不解决这个问题，整个发射计划就有可能被拖后腿。

这又是一个关键时刻。孙家栋逆向思维的总体技巧又派上了用场。他眉头一皱，计上心来，提出设法把太阳的热量多吸收一点进入卫星，可以在卫星的外壳体上以适当角度安装两片镀金板。因为在诸多金属材料中，黄金具有吸收热量多、挥发热量少的特性，这两片“耳朵”便可以将太阳的热量吸收进入卫星内部，使卫星舱内的温度变化范围控制在设计要求之内。

实践一号卫星发射后，多项预研成果得到了验证和成功应用，使用太阳能电池与镉镍电池联合供电系统，突破了卫星长期供电的技术，成功实现了百叶窗机构的主动无源热控系统和低功耗的小型遥测系统，探测了空间磁场和空间带电粒子的空间分布，获得了我国地区上空及其附近区域内辐射带下边缘区域的位置和特征。

实践一号卫星是中国第一颗长寿命卫星。原计划在轨道工作一年，实际上工作却长达8年，大大超过了设计指标。这项成果在国内和国际曾引起了广泛注意，为我国研制长寿命卫星奠定了基础。

2 遥感卫星天外返人间

孙家栋经常说，“我能够主持卫星总体设计工作，得益于中国航天事业的稳步发展。是中国航天事业的发展为自己提供了‘平台’，是中国航天事业的发展成就了自己”。

1965年4月29日，当时的国防科委根据中国航天技术的总体规划进展，在向中央专委提交研制和发射我国人造卫星的情况报告中，已经将返回式遥感卫星列入航天技术10年奋斗目标。中央第十三次专委会明确指出："我国发展人造卫星以应用卫星为主，应用卫星以返回式遥感卫星为主。"这一决策，加速了返回式遥感卫星的发展。

尖端技术从来是买不来的，当时封闭的中国也不可能与国外开展技术合作。所以，中国开展返回式遥感卫星研制时，一无资料，二无经验，难度之大可想而知。

试验型返回式遥感卫星的研制始于1966年年初，当时七机部第八设计院的研制人员在总工程师王希季的主持下进行了总体方案探讨，于1967年9月提出了初步方案论证报告。1968年2月，返回式遥感卫星的总体研究任务转到空间技术研究院后，此项任务正式落到了孙家栋的肩上。

此时，孙家栋还在主持研制东方红一号卫星，他同时担任了中国第一颗返回式遥感卫星技术总负责人。

返回式卫星的研制经历了四个阶段：1966年年初至1967年9月，为方案的论证阶段；1967年9月至1970年3月，为方案的设计阶段；1970年3月至1973年1月，为初样研制阶段；1973年1月转入正样研制阶段。

返回式遥感卫星正样星从1973年4月开始，进行了为期8个月的噪声、分离冲击、热真空和整星振动试验，获得了大量的试验数据，孙家栋组织研制人员，针对暴露出来的问题又制定了若干改进措施。

返回式遥感卫星是一种用于国土普查的遥感卫星，被广泛应用于大地测量、资源勘探、资源普查、交通建设、城市规划等很多领域。尽快将返回式遥感卫星发射上天投入使用，必将在我国国民经济建设中发挥重要作用。

返回式遥感卫星最主要的作用是有较强的对地观测能力，其最主要的技术指标是对地观测的分辨率。卫星的观测能力表现在卫星所携带的相机质量和胶片数量。卫星上所使用的电源是锌银蓄电池组，卫星飞行的时间完全取决于锌银蓄电池组的容量。卫星在空中飞行拍摄，受地球天气的影响比较严重，其中云层的影响约占40%～60%，如果能够增加飞行时间，不仅可以增加拍摄区域，而且在观测区域的安排上可以根据气象情况进行拍摄调整，充分提高胶片的利用率。卫星所携带的胶片量不仅涉及火箭的运载能力，也涉及星载遥感相机和卫星返回舱的综合布局。

除了要完成卫星本身的研制，还要完成星上有效载荷的研制。星上全景扫描相机光学设备、胶片的厚薄及质量等，这些问题会直接涉及卫星的总体方案，常常会牵一发而动全局。因此，不仅大的方案，就是很多具体细节，都需要孙家栋全面考虑，综合协调。

在卫星测试厂房中工作

孙家栋组织总体部门将任务分配到各个系统，由各个系统按照总体技术、质量指标开始了研制。第一颗返回式遥感卫星的形状为羽毛球状的钝头截锥体，最大直径 2.2 米，总长度 3.144 米，头部半锥角为 10 度，由仪器舱和返回舱两个舱段组成。卫星由有效载荷、结构、电源、控制、热控、程控、遥控、遥测、跟踪、天线、返回共 11 个系统组成。

有效载荷为胶片型可见光遥感相机，卫星完成全部摄影任务后由返回舱带着胶片返回地面。

结构系统主要是仪器舱和返回舱两个舱段，仪器舱具有良好的密闭性，以满足遥感相机在太空工作的压力环境。仪器舱壳体为铝合金结构，舱内主要安装遥感相机和在轨道上工作的仪器。回收舱内衬为铝合金，外部为耐高温的抗烧蚀材料。

电源系统包括锌银蓄电池组、电源变换器、配电器及其电缆等设备。其功能是为卫星上的设备供、配电，保证星上设备正常工作。

控制系统包括姿态控制和轨道维持两部分功能。姿态控制是对地定向三轴稳定系统，以满足有效载荷对地摄影的姿态要求，用陀螺和红外线地球敏感器作为姿态测量部件，用冷气喷气系统作为执行机构来完成控制功能，正确完成运行及返回前的姿态基准。

热控系统的功能是通过保温与散热等不同措施，保证卫星上设备所要求的环境温度。

程控系统的主要功能是产生程序控制指令，控制遥感相机和其他设备的定期开、关机。

遥控系统的功能是接收地面发送的指令信息，接收机收到指令后，向星上其他设备发出指令，控制星上设备的开关机以及状态变化。

遥测系统的功能是采集星上的数据，经过编码、调制后，由无线电射频传输到地面站，经地面站接收、解调和处理后得到所需要的卫星工程数据。

跟踪系统的功能是利用星上双频测速和雷达测距设备，由地面和星上设备相互配合测出卫星到地面站的方位和距离，经计算得到卫星的轨道数据，完成地面跟踪和轨道测量。

天线系统是为完成遥控、遥测、跟踪、回收标位等设备无线电信号发送和接收所配套的设备。

返回式遥感卫星总装现场

返回系统是当卫星完成在轨遥感摄影和科学试验任务后，由姿态控制系统调整好卫星姿态，保证返回舱与仪器舱分离后，执行卫星的回收程序，发出制动发动机点火、无线设备开机、降落伞开伞等一系列指令，使返回舱安全着陆返回地面。

1974 年 11 月 5 日 11 时，在一望无垠的茫茫戈壁上，完成了星箭对接的运载火箭矗立在发射台上，整装待发的第一颗返回式遥感卫星完成了各项检测，天空晴朗、万里无云，使乳白色的运载火箭更加醒目。发射场按程序完成了推进剂加注、功能测试、升空前的综合检查……

这时，调度指挥的扬声器里传出洪亮的口令：

“控制转内电！”

“遥测转内电！”

“外测转内电！”

这个紧张关头是卫星发射进入倒计时“一分钟准备”的紧张时刻，发射调度指挥员果断下达了“电缆摆杆摆开”的口令。

随着口令的下达，各系统的地面电缆与火箭和卫星连接的电信号接插件、气源连接器纷纷按程序依次脱落下来，它们连同发射塔架电缆摆杆那长长的臂膀一起摆向火箭的背后，火箭托举着卫星在刹那间就要点火起飞……

然而，这时的卫星却没有收到成功转内电的信号，发射指挥台上的倒计时指示表上的时间正一秒钟、一秒钟地递减，所有人员都屏住呼吸静等那火箭点火的轰鸣声，整个指挥控制室、发射场异常安静。此时，离火箭点火的时间只剩下几十秒钟。

卫星没有按照设定的程序转入卫星内部自供电即专业术语称为的“内供电”状态，这一突发现象意味着如果在不到一分钟内火箭点火，运载火箭将会带着不能正常供电的卫星起飞升空。若是那样，送入太空的将会是一个重达 2 吨的毫无用途的铁疙瘩。

就在这千钧一发的时刻，只听到孙家栋一声大喊，他不顾一切地果断命令“停止发射”！因为此时如果按照正常程序逐级上报，等待指挥员发布“停止发射程序”的命令根本已经来不及了。

发射程序戛然而止，而孙家栋却由于神经高度紧张昏厥了过去。

发布“停止发射”程序的命令需要一级一级申报批准，正常情况绝不该由孙家栋发布。如果孙家栋没有很高的威望，现场指挥员也不会执行他的命令。

要知道，在这紧急关头果断处置是需要何等的胆识！将承担多大的风险！在那个年代，不仅仅是技术风险，更可怕的是那无法承担的政治风险。孙家栋如果不把个人的一切私心杂念置之度外，怎能有如此的气魄！

正常的发射在一刹那间停止了，人们还没有从高度紧张中完全醒过神，整个发射指挥室里一片嘈杂声，许多人还不知道是怎么回事，有问情况的，有提供信息的，大多是在询问怎么办，如何处置目前的状况。这时昏厥过去的孙家栋已经清醒过来，他立即做了简单的布置，要求立即检查卫星的数据记录，结果发现外供电插头脱落引起星内电路的脉冲波峰干扰了卫星转内电的执行。故障原因找到了，卫星操作人员只要在电路上并联一个等值电容，就可以隔离供电插头脱落时产生的脉冲波峰。

然而，可供卫星发射的时间段仅为 11 时至 15 时 30 分，这个时间段称之为卫星“发射窗口”。此时的火箭早已是加满了燃料，加满燃料的火箭对停放时间是有严格要求的，将会引发其他许多相关连锁问题，显然已经来不及一项一项地罗列分析。

在发射指挥控制室里的人员都是指挥人员，操作人员随着工作的完成已分批撤离到距离发射台十几千米外的观测点，安装这个电容需要召回卫星电路设计人员和组装人员。那个时候还没有发达的移动电话之类的通信工具，只好采用最原始的高音喇叭，把有关人员呼喊了回来。操作人员回来后如何完成电容的安装仍然是一大难题，因为脱落插头的盖子是一次性使用闭锁的，首先是打不开，其次是即便打开也有可能闭不上。最后决定采取撬开返回舱头部稳定裙的壁板来安装。这个壁板是 12 块用化学胶脂粘合上的既具有一定强度，又可以减少阻力的波纹板和平面板。撬开壁板后可以伸进手去拨开脱落插头盖子的闭锁弹簧，打开插头盖。时间一分一秒地过去，操作人员排除了种种困难，终于完成了各项准备，重新将插头插好，卫星和火箭又重新进入发射程序，各系统也将状态恢复到了发射前“一小时准备”的状态。发射场的人员依次撤离，指挥人员重新在地下指挥控制室就位。

15 时 30 分，“各系统转内电”的口令再次发出，随着“点火”口令的下达，火箭在震耳欲聋的啸叫声中离开了发射台……

天有不测风云，没曾想到运载火箭在点火飞行 20 秒钟后出现了失控现象。由于火箭故障，迫使发射场安全控制指挥员不得不按照发射故障处置预案，对火箭实施了安全自毁指令。顿时，卫星连同火箭在一声巨响声中随着爆裂的火焰炸成碎片，散落在离发射台不远的地面。

几年来的心血瞬间化为灰烬，孙家栋和技术人员们为之操劳了上千个日日夜夜的成果，还没来得及亮相便永久性地消失了。大家悲痛交加，有人忍不住痛哭流涕，只有亲身经历了磨难的人才能体会到内心的痛楚。面对残酷的现实，孙家栋坚定地说：虽然事故是由于火箭的故障造成的，但也要找出带有共性的东西，以此总结经验教训，引以为戒，狠抓卫星质量。

几十年过后，每当大家提起这次事故，孙家栋总是情不自禁地流露出内心的惋惜和难过，他记忆犹新地说：“1974 年 11 月 5 日的那次发射，造成了非常严重的损失，给大家带来难忘的教训。后来查出了原因，原来是一件非常简单的小问题而引发的。失败缘于火箭里的一根导线，这根导线里头的铜丝质量不好，在里面有裂痕，可外头胶皮套没断。火箭发射的剧烈震动使导线恰巧断开了。看到火箭爆炸的现场，那真是一片火海，把半个天都映成了红色，那个惨劲，令人痛心不已。虽然过去严格强调必须质量第一，要求认真对待每一个螺丝钉，但终究没有经验，大家从来没有过失败的体会。当时，能把问题的原因找出来也不是那么简单的事情。那么大的一片沙漠里，大家基本把那块沙地翻了一尺多深，然后拿筛子把任何一个小块的东西都给筛了出来。炸得再碎，残骸块也都得挑出来。之后让大家来“认领”自己的东西，这一块小铜片是我这个仪器上的，那个螺钉是你那台仪器上的。大家分门别类，对照残骸一块一块认真检查，当拿起这根导线用光一照时，发现完整的外皮里面的导线却是断的！但是，只找着这个还不算是充分的证据，还要弄明白这根导线是哪个系统上的？是什么设备上的？这根导线是在什么时间断的？断了之后会出现什么样的现象？要做充分的理论分析，再到试验室进行模拟试验。一定要使试验结果与火箭事故情况完全一样，才能证明这个东西与故障的实际关系。”

火箭和卫星研制人员没有被失败吓倒，孙家栋鼓励大家不要灰心、不能丧气。一年后，新一枚运载火箭和一颗新的卫星完成了各项检测程序，又矗立在了发射台上。

1975 年 11 月 26 日，随着发射指挥员“牵动”、“开拍”、“点火”的口令，长征二号运载火箭携带着返回式遥感卫星离开地面、冲出大气层、飞向太空……

“火箭飞行正常！”

“遥测跟踪正常！”

“卫星飞行正常！”

“星箭分离正常！”

“卫星准确入轨！”

在卫星航区跟踪测量站一声接一声的报告口令中，调度中心传来了喜讯，返回式遥感卫星发射成功了。

这颗卫星按计划在太空运行 3 天，完成了对地探测任务后按预定方案返回了地球，在四川省中部成功地实施了回收，获得了大范围的遥感资料。

1975 年对于中国的卫星发射来讲，是个好年头，这一年中发射成功了 3 颗卫星。孙家栋回忆起当时的情

第一颗返回式遥感卫星成功发射

景，仍然抑制不住成功后的内心喜悦说：大家用辛勤汗水换来了卫星成功发射，我们个个都很兴奋，以前操心的是卫星能不能成功发射，入轨后又担心卫星能不能正常工作，现在又在为卫星能不能正常回来而紧张。

当卫星从九霄云外转够了圈，顺从地按地面发出的指令返回预定地点时，大家的高兴劲儿就没法形容了。记得从卫星回收现场传回来消息说，人们眼看着卫星拖着色彩醒目的巨大降落伞落到了农村灌着水的稻田，回收人员才发现对这个天外回来的宝贝疙瘩毫无办法回收，原来设计卫星时没有设计挂钩，所以干瞪眼，没有办法把这个硕大的圆疙瘩从稻田中弄出来。正在回收人员一筹莫展时，坐在山坡上看热闹的一个老大爷出了个奇招，用两根长木头杠子把卫星夹住，众人像抬轿子一样，硬是用人工把卫星抬到了汽车上。

返回式卫星成功回收

那个时候大家只有一个心思，就是千方百计要把卫星搞出来。孙家栋说："当时参加卫星研制的有我的学长、师长，有熟悉掌握第一线生产制造的老师傅，还有大批默默无闻工作在卫星旁边，到现在都很少出头露面、甚至没有露过面的无名英雄，我仅仅是这些人中很平常的一个，如果没有大家的共同努力，依靠几个人是根本不可能完成这种大型任务的。"

这次卫星顺利返回，孙家栋深深体会到发射入轨不容易，卫星返回更艰难。

返回式卫星技术，在当时堪称是世界最为复杂和尖端的技术之一。美国和苏联的返回式卫星有过多次的失败后，才获得成功回收的经历。美国 1959

年开始了“发现者”返回式卫星的研制工作，经过38次飞行试验，历经12次回收—失败—改进—再回收，最终才获得成功。苏联的航天器返回技术是为载人航天打基础的，所进行的试验次数更多。而中国的返回式遥感卫星则是首次飞行试验即获成功，中国成为继美国和苏联之后第三个掌握卫星返回技术的国家。

说起返回式卫星的返回技术，现在听起来都让人有些紧张。孙家栋回忆说：“虽然发射成功了，但能不能回来却让人心里没底，因为是第一次，压力很大。有一件很典型的事情，返回式卫星即便能够返回，还得让卫星落到指定的地方，要卫星从北往南进入中国上空后落在四川。假如落下来的速度慢了一点，卫星会不会还继续往南飞？再往南飞的话，搞不好就出国了。如果掉到海里还好办一点，要是落到国外，麻烦事就多了。所以当时有人提出在卫星上装个‘炸药包’，一旦发现轨道不正常，控制不了落点的，就下指令把返回舱在空中炸掉。‘炸药包’安置好了，卫星也进入发射场开始了电测，就在要临近发射的时候，忽然又有人提出如果卫星没有出毛病，而且也落到了指定范围，等回收后打开、分解、取出胶片盒时，这里面的‘炸药包’上天以后又跟着回来，它会不会出毛病？如果一开盖，里头的‘炸药包’崩了，那不就出大事了。这‘炸药包’到底装还是不装？原来说要装是有道理的，现在说怕出事要求不装了，也必须要讲出道理。我作为卫星技术负责人，当然压力就更大了。那几天，白天、晚上都在研究这个问题，精神上确实有点支撑不住了，曾经晕倒过好几次。经过正反两方面的反复权衡，大家统一了意见，认为卫星万一飞出国外，属于外交问题的处理范畴，如果卫星带着‘炸药包’从发射场点火起飞，在空中运行那么长时间，返回落到地面的很多环节都有危险。两者的风险权衡，前者的风险毕竟要小于‘炸药包’的风险，最后决定取消‘炸药包’方案。尽管卫星已经在发射场完成了各项测试，操作人员在接到方案修改的通知后，又制定了拆除‘炸药包’的程序，当操作人员小心翼翼地将‘炸药包’从卫星上拆除后，我这颗悬着的心才算落了地。这件事情虽然花费了很多精力，经过了几次反复，但最终能够使问题得出明确结论，感到还是值得的。”

孙家栋记得那次在返回式卫星回收指挥室里听到卫星安全落到地面的报告后，整个指挥室的人们激动得欢欣跳跃。在指挥室坐镇的张爱萍紧紧握着孙家栋的手，高兴地拥抱了孙家栋。这时，孙家栋即兴向张爱萍提出：“张主任，你不给大家写首诗庆贺一下？”张爱萍立即用浓厚的四川口音说道：“好哇，要得！”当工作人员拿来笔墨纸砚后，张爱萍一边润笔一边思考，仅过了片刻便挥洒写出：

欢呼“长征”火箭发射、“遥感”卫星首次回收成功

“长征”万里遣“尖兵”，
巡行太空战鬼神。
力争朝夕越艰险，
获锦归来举世惊。
神州昏，
妖风兴，
激群情。
风雨同舟济，
人鬼识伪真。
长剑在手，
待把妖擒。

此时的张爱萍还没有脱离“文化大革命”挨整的炼狱，但他竟然写出了那么犀利、那么尖锐的诗章，这就是老一辈革命家的雄才胆略和人生情怀。在那段时间里，张爱萍基本是半天接受批判、检查，半天到发射指挥室了解火箭、卫星测试以及发射场的准备情况。孙家栋看着“获锦归来举世惊”的诗句，眼中湿润了。他被张爱萍的胆略和情怀所感动，为卫星首次返回获得成功而激动。20 多年后的一次聚会，他回忆起这件事情时，非常遗憾地说：“当时大家的兴致都很高，诗写好后大家都在那里围着朗读，因为有事我走开了，不知道谁把诗作收起来了。那诗词本来是写给我的，我才仅仅欣赏了一眼，却没有得到。”后来，不知道张爱萍怎么听说了这件事情，在他 88 岁高龄的那年，又专门写了“遨游太空”四个大字送给孙家栋，以表对孙家栋这位当年卫星总设计师作出的杰出贡献的褒奖之意。

经过第一颗返回式遥感卫星积累的经验，孙家栋领导工程技术人员对卫星进行了相应的修改设计，第二颗返回式遥感卫星于 1976 年 12 月 7 日成功发射升空。卫星在太空运行 3 天后，按预定计划圆满地完成了任务，又一次准确返回，落到指定的回收地区。

卫星遥感技术具有接收信息面大、信息量丰富、分辨率高等特点，利用

孙家栋（左二）与宋健（右二）、聂力（左一）观看科研成果展

装有空间遥感器的对地观测卫星，可以实时对陆地和海洋进行周期性监测，按用户要求准确、及时地向有关部门提供详细资料，卫星应用的结果在许多相关领域改变了传统的工作方法和作业模式，为国家制定总体规划和宏观决策提供了大量科学依据。自 20 世纪 80 年代中期开始，中国已经将卫星遥感资料广泛应用到科研和工农业生产以及国民经济的诸多领域，包括国土普查、石油勘探、地震预报、铁路选线、海岸测量、地质调查、地图测绘、植被调查等方方面面。

传统测绘的效率与卫星遥感技术的应用无法比拟。1949 年新中国建立后，国家组织庞大的国土测绘队伍开始了国土的测绘工作。经过 30 多年的艰苦奋斗，直到 20 世纪 80 年代才完成了全国 20% 的国土测绘。而遥感卫星投入使用后，仅仅用了不到 5 年时间，就完成了过去 30 年工作量的 4 倍，并且效果好，精度高。遥感卫星为国民经济建设带来的高效益是轰动性的。

3 关键时刻的“大义凛然”

1978 年 3 月 18 日，时任中国空间技术研究院副院长的孙家栋在北京参加了全国第一次科学大会，他代表卫星研制单位在会上作了题为《关于人造卫星的成就及展望》的发言。全国科学大会隆重表彰了返回式遥感卫星的多项科学研究成果。

航天产品研制具有一定的特殊性，每一种新型号卫星不仅在研究、设计、试制、生产、试验等各个方面相互联系，而且总是以基础技术的研究成果作支撑，随着新技术的发展而发展。所以，中国航天产品的研制生产一般采取三段式的模式，即一种型号正在试制、试验，另一种型号便开始设计，还有一种型号正在探索或预先研究，这便是航天系统根据我国实际情况和多年实践经验制定的行之有效的“三步棋”研制模式。按照这种做法，每一种型号的航天器在研制过程中都要经过预先研究、型号研制，最后再进行批量生产这样三个步骤。

1975年3月31日，中央军委审议通过了国家计委、国防科委提出的《关于发展卫星通信问题的报告》，党中央和毛泽东主席很快批准了这个报告，代号“331工程”的中国通信卫星计划正式开始了工程实施。

通信卫星是使用无线电通信中继技术的应用卫星，也称为地球同步轨道通信卫星。由于卫星所停泊的轨道平面位置与赤道平面重合，卫星的轨道周期等于地球23小时56分04秒的自转周期，且运行的方向也与之一致，即卫星与地面的位置相对保持不变，故这种轨道又称为地球静止轨道通信卫星。由地面将通信卫星发射上天后，卫星定点在赤道上空的某个位置，便可以使卫星与地球某覆盖面保持相对静止不动。

利用卫星进行通信，具有通信距离远、容量大、覆盖面广、质量好、可靠性高和机动性强等许多优点。但通信卫星工程是一个技术复杂、学科繁多、涉及面广的系统工程。

20世纪70年代初，电视机在北京市民眼中还是一件稀罕的东西。1972年，美国总统尼克松来中国访问时，随同来的一大批电视记者守候在北京机场、天安门、长城的许多电视摄像点，把尼克松所到之处现场拍摄的影像传送到地球站，再通过距地球36000千米赤道上空的通信卫星实时转播给大洋彼岸的美国观众。当报纸等新闻媒体报道了这一消息后，北京市民议论纷纷，觉得不可思议，期盼着中国什么时候也能拥有这种技术。

其实，老百姓并不知道，中国的通信部门早在第一颗人造卫星发射成功后，就已经提出了利用卫星进行通信的要求，卫星研制部门也已展开了相应的预先研究，只是由于“文化大革命”的原因使通信卫星无法付诸于工程实施。

国家负责主抓这一工程的是曾任国防科委主任，后任中央军委副秘书长、国防部长的张爱萍将军，孙家栋对张爱萍尊敬有加，张爱萍对孙家栋信任有余。孙家栋记不清有多少次在卫星研制遇到困难时，是张爱萍运用他那独特的多向思维方式，使问题迎刃而解。在试验通信卫星的研制过程中，张爱萍狠抓问题不放手，不仅对孙家栋这个总设计师，而且对卫星各系统、各个环节的负责人员严肃、严格、严厉，但又不乏爱护、支持，这种态度让孙家栋记忆犹新。1983 年 7 月下旬，国务院有关部委、解放军三总部、国防科工委、航天工业部等单位的领导和一批航天专家们聚集在北京京西宾馆，参加中国通信卫星工程大总体协调会，专题研究中国第一颗地球通信卫星五大系统的技术问题。张爱萍非常重视这次会议。通信卫星是张爱萍继我国洲际导弹、潜艇水下发射导弹发射成功后“三抓”任务的最后一项大型尖端工程。会议期间，张爱萍专门召集孙家栋了解卫星研制情况，十分详细地询问总体技术状态、关键设备质量和重大问题的攻关结果。此时，孙家栋是航天工业部科学技术委员会主任、总工程师并担任东方红二号通信卫星总设计师，孙家栋对每个问题都一一作了解答。会议前，张爱萍曾多次深入到卫星研制现场察看卫星检测情况，每次张爱萍到现场，孙家栋都会事先将问题进行清晰的归纳，张爱萍在现场开会就地作出决断、就地解决问题的方法，给孙家栋留下了很深的印象。张爱萍以他的心血和智慧为卫星研制出谋划策，以自己的胆识和才能为卫星研制果断决策，为卫星研制扫除了许多障碍。

向杨尚昆、张爱萍、刘华清等领导汇报卫星研制情况

张爱萍对中国的通信卫星工程倾注了无数心血和汗水。他主抓通信卫星时的情景，他尊重人才、尊重科学、进度服从质量的决策方法，一幕幕浮现在孙家栋的眼前。孙家栋经常说："张爱萍老将军对我国通信卫星工程发展方面的贡献，不仅体现在对我本人的支持和关怀上，而且体现在他的领导和决策才能上，他常常在关键时刻提出解决问题的思路，敢于拍板定案，为工作的顺利开展创造一个有利的环境，我们在他的直接指挥和领导下心情舒畅。我对张爱萍老将军一直是十分崇敬和感激的。"

早在 1979 年 4 月 18 日，孙家栋就已经被任命为空间技术研究院副院长。同年 8 月 28 日，第七机械工业部党组任命孙家栋为第一颗地球静止轨道试验通信卫星东方红二号卫星的总设计师。

孙家栋上任后，立即主持制定了卫星总体技术方案，确定了中国研制通信卫星选择"两个一步走"的设计原则：第一，在卫星轨道选择上采取"一步走"，即不模仿国外试验通信卫星那种先完成中高轨道试验，再进行地球静止轨道试验的方法，而是将卫星直接发射至同步静止轨道；第二，在卫星技术方案上采取"一步走"，将卫星的研制指标直接定在当时具有第三代国际通信卫星的技术水平，同时，把卫星通信技术试验与实际应用结合起来一次完成。这样，通信卫星可以由试验、试用很快转入实用，将会尽快缩小中国通信卫星在技术方面与国外发达国家的差距，同时，也有利于减少我国卫星通信网络建设的成本费用。

总体方案的提出，仅是卫星总体设计的第一步。总体设计工作所要考虑和协调的内容繁多，既要分析落实卫星总体性能参数、整星质量、功耗分配、质量特性计算、各系统之间指标分配和接口，还要提出各系统的任务书，要拟制整星大型试验方案以及试验的途径，并且还必须整体考虑卫星与运载火箭、测控通信、发射场、通信应用地球站之间的大总体协调。研制卫星要考虑方方面面的因素，既要考虑对运载火箭入轨参数和精度要求、测控频率与通信频率的匹配选择及干扰协调、整星以及单元仪器力学环境试验条件指标等技术性的问题，也要考虑分系统仪器的尺寸和布局、功耗计算、产品验收、大型试验组织实施等协调性的工作。这些工作都是整星研制过程中非常重要的环节，是总体设计很重要的部分。总体协调的结果直接影响到卫星整星质量和研制进度，如果总体协调出现漏洞，要想将卫星发射上天那简直是天方夜谭。

1976 年 7 月 15 日，孙家栋参加了通信卫星第一期工程大总体论证工作会议。会议认为，在论证中既要考虑技术上的先进性，更要考虑可靠性，还要考虑经济性和合理性，为今后各种应用卫星的发展进一步明确了原则和方向。

按照“两个一步走”的设计原则，孙家栋严格按研制程序主持制定了卫星总体技术方案和大型试验方案，确定了各个分系统的技术要求、技术指标和各阶段的大型试验要求，提出了试验设备、设施配套、改造以及技术难点、攻克难关的途径。“两个一步走”的设计原则，虽然难度大，但能较快地缩短中国在卫星通信技术方面与世界先进国家的差距，缩短卫星通信工程的研制建设周期。

测试中的东方红二号通信卫星

按照孙家栋主持制定的设计原则，卫星设计尽量采用当时的各种新技术、新设备、新材料和新工艺。如采用双自旋稳定方式，既能保证卫星的稳定，又能使天线始终保持对地定向；具有接收高灵敏度、转发高增益和高稳定可靠的全球覆盖天线，具有宽、窄双通道的中频放大器的通信转发器，既能满足现代通信、广播、电视的技术要求，又能保证质量；微波统一载波体制大大减少了星上有关设备的功耗，增大了效益；高可靠的固体火箭发动机首次用作卫星空中远地点变轨发动机。这些新技术与结构、温控、能源、控制、遥测、遥控及跟踪等分系统一起组成了具有中国特色的新一代通信卫星。

试验通信卫星的主体为直径 2.1 米的圆形筒体，顶面装有各种天线，外表粘贴有太阳能电池片。从远地点发动机喷口到天线顶端的最大高度为 3.1 米，卫星起飞质量为 900 千克，进入地球静止轨道时为 420 千克，星上备有两套通信转发器，可以每天 24 小时对电视、广播、电话、电报、数传、传真等各种模拟和数字通信信息进行传输。

在孙家栋的主持下，试验通信卫星完成了整星大型试验。在制定大型试验方案时，除了充分论证各项试验的必要性、可行性以外，还要从经济效益方面考虑合理安排试验项目，做到一星多用，减少重复浪费。在孙家栋的具体组织下，大回路卫星试验方案、卫星力学试验方案以及整体卫星试验方案，都严格遵守了既满足试验技术指标要求，又节省费用的原则。也就是从这个时候开始，在卫星研制中重视了对技术、经济可行性的论证。

试验通信卫星的初样和正样研制按计划稳步进行。为了综合检验和测试卫星的性能，1979 年 8 月至 1983 年 7 月进行了整体卫星的电性能、力学环境、热真空、自旋试验，以及卫星对地面测量控制设备无线电大回路和正样发射卫星的验收试验等多项大型试验。这些试验取得了许多创造性的经验。比如大回路卫星试验，是模拟卫星在天上状态与地面无线电测量控制的一个过程，这个过程测控事件多、精度高、时间性强、作用距离远，相互之间关系复杂烦琐。如果不在地面完成这个模拟试验，则掌握不了卫星上天后的工作状况，因此是通信卫星研制必不可少的重要环节。这种试验在国外通常都是在三轴转台上进行的。而我国当时还不具备高精度、大载荷的三轴转台试验设施，孙家栋组织相关技术人员对方案进行比较后，采取“简易大回路星”的试验方案。经过试验结果的验证，这种方案不仅解决了在正常情况下“天上”、“地下”软件、硬件的接口问题，而且解决了误差轨道下的软件、硬件接口指标验证，减少了试验经费，缩短了研制周期。

1979 年 10 月 22 日中国宇航学会召开第一届理事会，会议选举孙家栋为副理事长。

1980 年 5 月 22 日，中国空间技术研究院成立了科学技术委员会，孙家栋担任主任委员。

1980 年 11 月 10 日，孙家栋被任命为第七机械工业部总工程师。

1983 年 5 月 23 日，孙家栋被任命为中国空间技术研究院院长，同时任命闵桂荣、戚发轫、陈永源为空间技术研究院副院长，王希季为科技委主任。

可以说，孙家栋的工作领域越来越广，肩上的担子越来越重，学术和管理工作越来越多。随着国家对航天工业的重视以及国家整体经济技术的高速发展，孙家栋充分发挥了聪明才智，从宏观、微观进行了卫星总体发展规划，将空间技术研究院的工作做得轰轰烈烈、热火朝天。

1983 年 8 月，通信卫星工程的五大系统即运载火箭、通信卫星、发射场、测控通信及地面应用站完成了配套建设，基本具备了通信卫星发射试验的条件，完成工厂总装测试的卫星和运载火箭相继运抵西昌卫星发射中心。

运往发射场的运载火箭

第一颗试验通信卫星运抵西昌卫星发射中心，技术人员按照技术区卫星检测流程对卫星进行测试后转往发射区。孙家栋与其他技术人员在西昌卫星发射中心度过了1984年的新年。1月5日清晨，他一大早便站在晨曦下的卫星发射场，看着运输卫星的特殊车稳稳地停靠在高高的发射塔架前，在发射人员的精心操作下，卫星被缓缓吊起，装配在运载火箭顶部。

晴空万里的发射场，眺望巨大发射塔旁耸立着乳白色火箭和与鲜红色卫星保护罩衬映的壮观景象，孙家栋比其他参试人员的心情更为激动。

1984年1月26日16时15分，卫星完成了发射场的各项检测任务，发射倒计时程序进入5小时准备。发射人员按照测试规定对火箭进行第二次功能检查时，突然发现火箭稳定系统偏航波道输出信号超出正常值，这一异常现象立即打乱了正常发射程序，不搞清楚问题的准确原因，发射程序是不能继续进行的。经判定，问题来自陀螺平台功能性故障。陀螺平台是火箭的心脏，发射指挥部决定中止当日发射，更换陀螺平台。为此，卫星被迫从火箭顶上卸了下来。

孙家栋立即组织卫星人员主动予以配合，切实对卫星做好监测和保护，绝不能由于卫星的原因影响整体计划。卫星试验队的全体人员对孙家栋作出的决定不仅坚决拥护，而且打心眼里佩服。

1984 年 1 月 29 日，3 天后即是中国传统的春节。第一枚长征三号运载火箭载着试验通信卫星从发射台上腾空而起，飞向太空。这是西昌卫星发射中心第一次卫星发射，火箭发动机喷射出的烈焰震动山谷，场面异常壮观。第一、二级发动机的工作和第三级氢氧发动机的第一次工作都正常，地面各测量站跟踪良好。但当火箭飞行到 940 秒时，第三级氢氧发动机第二次启动后，推力消失，未能将卫星送入预定的地球同步转移轨道。经对空中的卫星进行测试，卫星上各系统工作正常，但由于没有送入预定轨道，卫星无法正常工作。

在西昌卫星发射中心

孙家栋与所有卫星研制人员在痛惜之余立即调整思路，他们面对现实，组织技术人员制定出利用卫星每日飞越我国领土上空的有限时间进行各项测试。卫星在这样的低轨道运行存在许多问题。首先，卫星距离地球的近地环绕周期短，每圈都要经过太阳阴影区，星上镉镍电池的充放电与原来的设计状态有较大变化，出阴影区后的充电时间很短，根本不可能按设计完成充放电，这将导致卫星远地点发动机点火时，镉镍电池无法提供所需要的大电流脉冲功率。西安卫星测控中心根据远望号测量船从海上传来的数据，立即开始了抢救卫星工作。孙家栋与航天工业部副部长宋健、西安卫星测控中心副主任郝岩，立即组织主要技术负责人研究应急方案：换用近地卫星测控程序，迅速做出初步轨道预报；闽南、渭南两个测控站立即准备捕获卫星信息；为了减少功率消耗，关闭星上部分加热器；增加卫星自旋转速，稳定卫星姿态，择机实现远地点发动机点火，变换卫星运行轨道；调整卫星姿态，保证太阳入射角在设计指标范围内，以解决星上能源危机，延长卫星工作寿命，力争尽可能多地进行试验项目。

孙家栋坐镇西安卫星测控中心，决定卫星运行第 13 圈时实施星上远地点发动机点火。经过短时间的精心准备，成功地实施了上述方案，卫星远地点发动机准确点火，将卫星由近地轨道变为远地点6480千米、近地点358千米的大椭圆轨道，运行周期也从原来的1小时30分延长至2小时43分，使试验通信卫星成为一颗能长期工作的科学实验卫星。故障对策的成功运用，提高了卫星的运行寿命，利用这种条件，进行了卫星及其各系统的功能考核、性能指标测试和寿命试验，并且完成了通信、广播、彩色电视传输试验，取得了大量宝贵资料。这次发射试验任务，涉及全国20多个省、市、自治区，国务院30多个部、委，解放军各总部、有关军兵种、9个大军区以及所属的上千个单位。在从陆地到海洋长达7000多千米的航区内，设置有发射、测量跟踪控制、通信联络、水文、气象、运输保障、海上救援等系统。仅通信系统就配置了600多个台、站，2000多台（套）设备。虽然发射失利，但各系统得到了全面检验，为后续试验通信卫星的发射积累了经验。

卫星测试小憩之时，谈论的话题也离不开卫星数据

不松懈、不气馁、总结教训、再次发射的必胜信心，激励着参试人员。1984年4月，正是西昌的阴雨季节，4月8日这天，整个白天乌云笼罩，发射场西边的山头笼罩在云雾中。这天，第二枚长征三号运载火箭载着第二颗试验通信卫星再行组织发射。傍晚时分，正当大家怀疑气象条件能否适宜发射时，云层开始变薄，天空开始放晴。夜色降临，发射倒计时在一分一秒地推移。此时，发射场上空繁星点点在闪烁，空中已是一片晴朗。

19 时整，环抱运载火箭的发射塔活动平台徐徐展开，矗立在发射台上巨龙一般的乳白色长征三号运载火箭雄伟挺立，整装待发。

19 时 15 分，连接地面与卫星的脱落插头成功脱落，指挥控制室的显示屏上显示出卫星、运载火箭、发射设备以及测量控制系统全部正常。

19 时 20 分，火箭在震耳欲聋的轰鸣声中离开发射台，冲向天空，飞离地球。

19 时 40 分，运载火箭第三级准确入轨，成功地将卫星送入地球同步转移轨道，发射获得圆满成功。

发射成功的第二天，刚刚卸下卫星发射重任的孙家栋，还没来得及喘息休整好好地睡一觉，便又乘专用飞机，马不停蹄地从西昌卫星发射中心紧急赶往西安卫星测控中心。

4 月 10 日 8 时 47 分，西安卫星测控中心对卫星发出了远地点发动机点火的遥控指令，发动机准时点火，将卫星推入东经 142 度地球准同步轨道，接着又对卫星进行了姿态调整，使卫星建立了能够正常工作的自转轴垂直于地球赤道平面姿态，获得了利用红外信息长期跟踪控制的条件。

试验的征途总是不能一帆风顺。正当这颗卫星进入地球准同步轨道向预定位置漂移的时候，西安卫星测控中心发现，装在卫星上的镉镍电池温度超过设计指标的上限值，并且还有继续上升的趋势。遥测数据显示，卫星的外壳和其他部分仪器的温度也偏高，如果控制不住，温度继续升高，刚刚发射成功的卫星可能就要危在旦夕了……

地面技术人员测控几万千米高空发热的卫星，如同医生在治疗发高烧的病人，如果不能及时为病人退烧，则会危及到病人的生命。但是，“病人”并不在医生的面前，它远在 36000 千米高度的赤道上空快速飞行。刻不容缓，如果不立即让卫星退烧，将会引起卫星蓄电池损坏以至整个卫星失效。

此时的孙家栋心力交瘁、疲惫不堪，但他全然不顾这些，立刻投身到对卫星故障的应急处置中。他立即召集技术人员开会，大家群策群力，出主意想办法，孙家栋也简洁地谈了自己的想法，并很快形成了解决问题的思路。凭着对卫星及其飞行过程的分析，孙家栋初步判断卫星发热是由于卫星相对太阳姿态角的变化所引起的，于是果断地做出了对卫星进行大角度姿态调整，降低太阳能电池阵与蓄电池之间的电压差，减小充电电流，迫使蓄电池停止升温和降温的应急故障处置的决定。

在东方红二号通信卫星故障处理决策会上

西安卫星测控中心一接到对卫星的处置通知，便及时在地面对36000千米高空的卫星发出了应急指令：将星上所有功耗仪器设备全部打开，尽可能多地消耗电能，多次调整卫星姿态，改变太阳辐射角，以减少太阳能电池对卫星的供电，最大限度地增加镉镍电池放电量。在操作控制室只听指挥人员和操作人员紧张的口令声：

"发出开启指令！"

"指令发出！"

"星上接到指令，执行完毕！"

……

完成这些技术措施后，卫星的温度立即得到了控制，但卫星还不能正常工作。孙家栋与技术人员又经过几个昼夜的模拟试验发现，当太阳照射角为90度时，卫星能源系统保持平衡可以将温度控制在设计指标范围内。孙家栋果断命令对卫星姿态角再调整5度。此前，在返回式卫星发射时，孙家栋就曾在发射指挥室打破正常程序，不顾一切地果断命令"停止发射"！10年后的今天，孙家栋又一次发出打破常规的指令。按照正常情况，"再调5度"的指令，需要根据精确的运算结果后形成文件，按程序审批签字完毕才能执行。但在这种紧急情况下，各种审批手续都已经来不及了。这时，操作指挥员也感到压力巨大，尽管孙家栋的指令已经在录音设备中录了音，但毕竟没有经过指挥部会商签字。指挥现场的几个操作人员为慎重起见，临时拿出一张白

在卫星接插件试验现场研究解决问题

纸，在上面草草写下“孙家栋要求再调5度”的字据要孙家栋签名，孙家栋毅然拿起笔，在字据的下方签下“孙家栋”三个字。要知道这三个字的分量和风险，如同10年前发射卫星的情况一样，也需要把个人的一切顾虑抛到脑后，战争年代这叫做“生死置之度外”，在没有硝烟的卫星发射、测控现场，这难道不也是一种不顾个人安危的“大义凛然”吗！

执行了地面发去的指令后，卫星温度停止上升，一点一点地回落，蓄电池热失控的现象被制服了。

西安卫星测控中心对卫星姿态再次调整后，验证了这一措施的正确性，保证了卫星定点和长期稳定运行。卫星终于化险为夷，孙家栋这时也感到了精疲力竭。

对太空中“发烧”卫星的这种处理决策在世界航天界实属少有，同事们惊叹这一绝招。事后，对卫星故障处理的这种创造，引起了航天界人士的关注，人们纷纷说，这真为我国通信卫星工程立了一大功！

4月16日18时28分，卫星准确定点于东经125度赤道上空的地球静止轨道，中国拥有了自己的第一颗通信卫星。孙家栋虽然身心疲惫，但眼前的成果给他带来了无比的欢欣，今天，中国人终于依靠自己的技术和能力拥有了自主的通信卫星，孙家栋实现了心与星的同步。然而，科学试验屡经磨难，卫星在轨一波三折，经检测又发现卫星上的定向通信天线无法展开正常通信，原因是天线在同卫星一起旋转。这一情况报告到孙家栋那里，他果断决定立即启动星上消旋系统。测控中心向卫星发出消旋指令后，卫星工作趋于正常。4月17日18时，卫星通信试验正式开始。早已调试好的北京、南京、石家庄、昆明、乌鲁木齐通信站开展了通信、广播、彩色电视节目传输、报纸版

张爱萍在北京与远在乌鲁木齐的王恩茂通话

型传真和时间标准频率播发等工作，结果表明卫星工作正常，传输品质良好。孙家栋又马不停蹄地赶回北京验证在轨测试结果。

18 日 10 时，孙家栋看到张爱萍在北京通过试验卫星与远在新疆乌鲁木齐的王恩茂如同近在咫尺、清晰的电话通话声音时，发自内心地松了一口气，此时的喜悦也只有他自己才最清楚。几千个日日夜夜的拼搏，孙家栋总算从心底流露出了由衷的笑容。

中国通信卫星投入使用，是中国航天技术发展取得的又一个重大突破，标志着中国成为世界上第五个能发射地球静止轨道卫星的国家。

第一颗试验通信卫星定点成功后，国家有关部门开展了电视和广播节目的传送，进行了图片、文字传真和数据传输等多种应用。解放军通信兵部开通了北京至乌鲁木齐、拉萨、昆明三个方向的数字电话电路，大大提高了通话效果和信息传输的安全可靠性。中央电视台对新疆、西藏、云南等边远地区传送电视、广播节目，初步改变了我国边远地区通信落后的状态。

1984 年 4 月 18 日，中共中央、国务院、中央军委向全体从事试验通信卫星研制、试验的科学工作者，工程技术人员，工人，干部和解放军指战员发出了贺电，并于 4 月 30 日在人民大会堂隆重举行了庆祝我国试验通信卫星发射成功大会，党和国家领导人胡耀邦、赵紫阳、杨尚昆、余秋里等出席了大会。

我国试验通信卫星的发射成功，为我国航天事业的发展开创了新局面，为我国航天技术的应用奠定了新的基础。

通信卫星五大系统的研制试验总体任务归口于当时的国防科工委。2008 年新年过后的一天，曾任国防科工委主任的丁衡高上将，在谈到孙家栋组织通信卫星研制试验时说：“对于通信卫星研制、试验、发射那一段的艰苦努力，还应该再写得详细点，家栋同志在研制过程中是起了很重要作用的。在中国改革开放初期的那个轰轰烈烈的年代，国家制定的一系列方针、政策，缩短了中国通信卫星的研制周期，通信卫星的研制、应用，对中国高科技产业的发展起到了非常重要的促进作用，也对中国的经济发展起到了非常重要的牵引和拉动作用。记录中国通信卫星研制的那一段历史，还可以找国防科工委当时具体主抓这项工作的几个同志回忆一下，比如曾经担任过科技部主管卫星研制的邓述初局长、舒昌廉总师、武政副局长、艾长春副局长、倪方桂总师等，他们对中国通信卫星的研制既做了大量的协调、落实工作，也是中国通信卫星发展的历史见证人，与这些当事人谈一谈，将会使这一艰巨而有历史意义的事件描述得更生动，也会把家栋同志当时主抓卫星研制工作的情况讲述得更真实、具体，可以为中国通信卫星研制的这段历史留下许多宝贵资料。”丁衡高上将在说这段往事时极具感情，他是一位科学家型的院士将军，他的思维极具条理且谈吐温文而雅，他在国防科工委主任任期内，充分发挥一班人的作用，在国防科技发展方面完成了国家多项重大科研及产业项目。

作者（右一）与丁衡高上将（左二）、聂力中将（右二）

是的，中国通信卫星工程倾注了中国几代人的心血，通信卫星发射试验的成功具有重要里程碑意义，也是千千万万个参与者永远铭记的大事情。

通信卫星工程属于重大航天系统工程，孙家栋起初是卫星系统的总设计师，以后成为航天系统的工程总设计师。不论是系统总设计师还是工程总设计师，孙家栋在主持卫星研制中十分重视与其他学科专家的配合。同样也是“两弹一星”功勋奖获得者、已故我国著名电子学家和卫星测控专家陈芳允，在谈到自己从事通信卫星测量控制工作时，念念不忘地说：“孙家栋在航天领域的研究中，很重视在空间技术应用的同时与其他学科的发展协调配合，在多学科综合利用、综合促进的总体协调方面很有一套独特的方法，常常能够在轻松的学术环境下解决看起来很复杂的问题。孙家栋在年龄上虽然要比我们年轻许多，但他为人处事很谦虚、很低调，很注意用分析的态度倾听不同意见，所以在学术界经常能够获得大家的支持。”

陈芳允，中国卫星测量、控制技术奠基人之一，电子学家，中国科学院院士，国际宇航科学院院士，“两弹一星”功勋奖章获得者。1965 年担任卫星总体测量、控制系统的总体技术负责人，为中国第一颗人造卫星的准确测量、轨道预报，作出了重要贡献。他还参加了我国返回式遥感卫星测控方案的设计和制定工作，为我国返回式遥感卫星成功回收作出了重要贡献。他直接参与指导研制成功了微波统一测控系统，在我国通信卫星发射和运行中发挥了很高的效用。他提出并主持“双星定位系统”的研制工作，并在 1989 年演示成功，在国际上第一次实现地面目标利用两颗卫星快速定位、通信和定时一体化。1986 年 3 月，陈芳允与著名科学家王大珩、王淦昌、杨嘉墀联名

“863 计划”的倡议者：陈芳允、王淦昌、杨嘉墀、王大珩（左起）

向党中央建议发展高科技研究，得到了邓小平的高度评价，中国“863 计划”由此产生，经过 20 年的发展，取得了举世瞩目的成果。

在通信卫星上应用“微波统一测控系统”的尝试，在当时还属于一个新的设想，当陈芳允提出来在通信卫星上应用“微波统一测控系统”的建议后，孙家栋很慎重地表示会对这一研究给予支持与配合。孙家栋当时是中国空间技术研究院的院长，又是通信卫星的总设计师，担任着卫星研制的领导工作。他组织有关技术人员对“微波统一测控系统”在卫星上应用的有关问题进行分析后，很认真地提出许多建设性意见。孙家栋认为，卫星如果实现了“微波统一测控系统”方案，不仅对卫星测控切实可行，而且可以节省星上设备，能将各种信号统一通过收、发载波频率实现传递，实现一台设备多种用途，大大减少星上天线的数目，把原来所需要的几副天线合一使用，不但能降低卫星的功耗，减小卫星的质量，而且还能减少设备的故障环节，对提高卫星的可靠性大有好处。

在孙家栋的大力支持与积极配合下，通信卫星上采用“微波统一测控系统”方案获得了成功。当大家欢欣庆贺的时候，陈芳允很认真地对大家说：“孙家栋对这一系统的研制和成功应用是起了至关重要作用的。”

卫星研制是一个大的系统工程，需要方方面面的支持和配合，跨学科的互相支持、互相配合、互相促进极为重要。其他学科的新技术要在航天领域得到应用，是需要总体负责人认可和承担责任的，在这里，取得他们的支持不仅仅是知识范畴的认可，更重要的是要有科学求是、虚怀若谷的胸怀。

4　统领应用卫星的工程总师

随着中国改革开放和国民经济发展的需要，国家确定在地球静止轨道试验通信卫星发射、定点、应用成功的基础上，开始实施第二代应用卫星工程的研制计划。

第二代应用卫星工程主要为：东方红三号通信广播卫星工程、风云二号地球静止轨道气象卫星工程和中国与巴西合作研制的资源一号地球资源卫星工程。被任命为“总总师”的孙家栋，统领了这三项卫星工程的研制重任。

东方红三号通信广播卫星是我国中容量广播通信卫星。

1997 年 5 月 12 日，长征三号甲运载火箭托举着首颗东方红三号通信卫星发射升空，准确进入倾角28.4度，周期10小时39分，近地点为207千米，远地点为36194千米的大椭圆转移轨道。按预定飞行程序，卫星先后完成了南北太阳能电池阵展开，通信天线展开，远地点变轨发动机三次点火变轨，进入地球准同步轨道。5月20日16时，卫星成功定点于东经125度赤道上空。

东方红三号卫星是我国第一代三轴稳定中等容量的实用通信卫星，可承载170千克有效载荷，星上配置了24台C波段转发器，其中6台是16瓦中功率转发器，用于传输电视，其余18台是8瓦低功率转发器。服务区域包括中国大陆、台湾地区及近海岛屿，主要用于电视传输、电话、电报、传真、广播和数据传输等业务，可连续向全国同时传输6路彩色电视节目和8000门双工电话（采用频带压缩传输技术后能传送更多），设计寿命达8年，具有国际同类卫星的先进水平。它的研制成功，为我国其他通信卫星的研制和发展奠定了基础，标志着中国通信卫星技术跨上了一个新台阶。

卫星定点后于1998年年初正式向全国各地展开商业服务，在日常生活、经济活动、文化教育、外交领域、政治宣传等各方面发挥着显著的社会效益，对推进中国的信息化进程起到了重要作用。

孙家栋统领研制的东方红四号大容量通信卫星也取得了重大成果，这种新型卫星的技术指标已经达到了国际同类卫星的质量和水平。

1986年3月，国务院正式批准风云二号地球静止轨道气象卫星研制任务，该工程被列入航天重点工程。

风云二号卫星的研制工作，继承了我国成熟的空间技术成果。星上采用了主动章动控制、星载动平衡调整、远地点发动机在准同步轨道与卫星二次分离、大口径三通道扫描辐射计、多功能转发器等一系列高新技术，进一步提高了卫星的技术性能。卫星采用双自旋稳定姿态控制，具有较强的数据通信能力，可全天候对地球进行连续的气象监视。星上数据收集转发器有区域通道100个、国际通道33个。卫星可获取白天可见光云图、昼夜红外云图和水汽分布图；转发高分辨率

风云二号气象卫星

数字展宽云图、低分辨率云图，进行天气图传真广播；收集和转发气象、海洋、水文等观测数据；监测太阳 X 射线和空间粒子辐射数据。卫星设计工作寿命为 3 年。

风云二号卫星采用双同心圆筒式结构，内筒为承力筒，外筒为上、下太阳电池壳，中间用腰带连接，外部敷贴太阳电池片。卫星外形呈圆柱体，重 1369 千克，高 1.61 米，直径 2.1 米。

风云二号卫星有效载荷有可见光、红外和水汽三通道扫描辐射计，S 频段数传和云图广播转发器，UHF/S 频段数据收集转发器和空间环境监测器，其他为服务分系统。该卫星采用双自旋稳定姿态控制方案，保证扫描辐射计光学望远镜对地扫描和卫星天线定向对准地面。卫星定点于东经 105 度赤道上空，可以获取每小时对地观测圆盘图像。星下点分辨率，可见光 1.25 千米，红外及水汽为 5 千米。白天观测的可见光图像，可获得云顶及地表的反照率；昼夜观测的红外图像，可获得云顶及地表的红外辐射；水汽图像，可获得大气中的水汽含量。卫星的主要任务是获取可见光、红外云图和水汽分布图，收集和转发气象、海洋、水文等环境监测资料，转发数字展宽云图、广播天气图传真云图，监测空间环境。

1997 年 6 月 10 日，我国成功发射了风云二号 A 星，标志着中国气象卫星进入了一个新阶段，极大地改善了我国气象预报手段，提高了气象观测水平，对气象事业服务于人民生活、国防、工农业生产及其他行业产生了重要的影响。中国成为了世界上第三个同时拥有极轨气象卫星和静止轨道气象卫星的国家。

在风云二号气象卫星生产现场检查工作

风云系列气象卫星投入业务运行后，成为中国现代化气象业务系统中不可或缺的重要组成部分，被世界气象组织正式列为世界天气监视网全球观测系统的一个组成部分。我国是自然灾害种类较多、发生频繁的国家之一，风云系列气象卫星在台风、暴雨、冰雹、洪涝、火灾、沙尘暴、雪灾和海冰等监测中发挥了重要作用。例如，1998 年我国长江、嫩江流域等地区发生特大洪涝灾害，国家卫星气象中心利用卫星资料提供了大量洪涝监测信息。在三峡工程的气象保障服务中，气象卫星资料为大江截流作出了贡献。我国西部，尤其是青藏高原的气象观测站极其稀少，长期以来人们很难获得这个地域全面系统的气象资料。我国气象卫星获得的信息，不仅揭示出来自印度洋涌上高原的热带云系的发生、发展和演变，以及影响我国西南直至东部地区的天气系统，更重要的是填补了我国青藏高原地区气象观测资料的空白。我国亿万老百姓每天不管看不看其他电视节目，但天气预报是一定要看的，人们茶余饭后经常会说，今天的天气怎样怎样……殊不知，这是气象卫星给人民群众带来的实实在在的好处。

5 堪称楷模的中巴卫星合作

1982 年，时任航天工业部科学技术委员会副主任、总工程师的孙家栋，担任中国政府代表团副团长，出席了联合国第二次探索与和平利用外层空间大会。他在会上介绍了中国航天的发展成就。我国的积极合作态度得到了联合国及各国代表团的赞扬，此后他的眼光开始瞄向国际合作。

1987 年 6 月，孙家栋出席巴西驻华大使在北京举行的巴西国庆节招待会，会上，孙家栋与巴西空间研究院院长相识，他们相互交谈了自己国家的航天发展思路，两人都感到虽然两国地理位置相距

中巴资源卫星合作初期，孙家栋与巴西专家亲切交谈

遥远，但合作的机会和潜力还是很大的。人世间有许多机遇，抓住机遇就会成就一番事业。孙家栋与巴西空间研究院院长彼此相约，希望进一步加深了解，从而拉开了中巴空间合作的序幕。巴西空间研究院在对中国的空间计划进行了解后，提出希望中巴双方在地球资源卫星方面开展合作。

中国位于地球东半球的北部，巴西位于地球西半球的南部，两国相距遥远，分别是两个半球面积最大、人口最多的发展中大国。中国与巴西于1974年8月15日正式建立了外交关系，经历了从相互之间的逐渐了解到合作不断加深的过程。

出席中国与巴西航天科技合作签字仪式

1988年5月，刚刚就任中国航空航天工业部副部长的孙家栋，就接手了中国与巴西的航天实质性合作，同年7月6日，两国政府签署了《联合议定书》。议定书中明确，在已经进行中的中国资源卫星原设计方案的基础上，由中国空间技术研究院和巴西空间研究院共同联合研制中巴地球资源卫星，由中方承担总经费的70%，巴西承担30%，中巴地球资源卫星由中国运载火箭发射，卫星发射成功投入运行后由两国共同使用。1989年4月，孙家栋率代表团前往巴西，对两国合作的有关重大问题进行协调磋商。随后，两国技术人员对原有的资源卫星设计方案进行了讨论和修正，按照新的方案制定了工作计划，初步确定责任分工，项目的合作研制工作随之全面展开。

中巴地球资源卫星是中国首次在空间技术领域进行的全面国际合作，在合作中不可避免地会遇到许多新问题，比如研制经费的困难，巴西承制卫星项目的ESCA公司破产，两国技术人员往来、技术协调、语言障碍等，都使卫星研制进展缓慢，明显影响了当时确定的赶超世界先进水平的步伐。孙家栋及时组织有关人员对出现的问题进行分析，按照技术和行政两条指挥线将困难想透，将问题想细，将解决办法想足，制定出相应的处置措施，使项目在艰难中继续向前。随着项目的进展，两国政府又分别于1993年和1996年签订了补充协议，一再重申中巴地球资源卫星合作的重要意义，提出要克服困难，坚持合作下去。

国际上发展地球资源卫星是从20世纪70年代初期开始的，由于这种卫星具有较高的应用价值，不仅美国、俄罗斯这样的空间大国竞相发展，就连印度这样的发展中国家也不惜重金积极开展研制。当时已经在轨运行的地球资源卫星系列有美国的陆地卫星、法国的斯波特卫星、苏联的资源－F卫星和钻石卫星、日本的地球资源卫星和海洋观测卫星、印度的遥感卫星、欧洲空间局的欧洲遥感卫星、美法合作的海洋观测卫星、加拿大的雷达卫星等，其中，美国的陆地卫星和法国的斯波特卫星在技术与性能方面占有优势地位。

资源一号卫星是我国第一代传输型对地观测卫星，早在1987年进行可行性论证时就汲取了国际同类卫星的优点，以当时国际先进的地球资源卫星的技术指标作为设计依据，在遥感谱段设置上与美国陆地卫星相同，但其空间分辨率高于陆地卫星，与法国斯波特相当，且谱段要多于斯波特卫星。除此之外，在设计指导思想方面，资源一号卫星将按照高水平的卫星平台制定研制方案。

在两国研制任务分工方面，由中国承担卫星应用平台部分及其他两种有效载荷等星上重要部件的研制，由巴西主要负责卫星上的宽视场CCD相机的研制工作。

确定了这些设计依据和基本任务分工后，参加此项工作的人员很快就进行了技术指标的制定，大刀阔斧地开始了设计，使资源一号卫星的总体技术方案逐步趋于合理，研制工作快速走入正轨。

大家普遍认为这将是一颗为中国航天技术走向国际的“争气星”。为了造成这颗“争气星”，则必须改变以往某些关键部件依靠进口的受制于人的局面。这种研制思路获得成功，也为后续卫星采用国产部件开通了道路。

中巴地球资源卫星重1544千克，功率1100瓦，采用三轴稳定系统，卫星工作寿命2年，运行在高度778千米的太阳同步轨道，倾角98.5度，每天环绕地球14.3周，26天可将地球覆盖一遍。资源一号卫星包括有效载荷和服务系统两部分，共由15个分系统组成，星体为长方体，采用单翼太阳能电池阵。卫星分公用服务平台和载荷舱两个舱段，每个舱段内采用小舱段设计和

测试中的中巴资源卫星

布局。卫星公用服务平台所特有的模块化设计，使其适用于其他太阳同步轨道的各种卫星。平台包括结构、热控、电源、姿态和轨道控制、测控及星上数据管理等 7 个分系统。有效载荷包括宽视场 CCD 相机、红外扫描仪、宽视场相机、磁带机、宽视场 CCD 数据传输、红外数据传输、数据收集和空间环境监测 8 个子系统。

卫星的主要有效载荷是具有不同谱段、不同空间分辨率的遥感器，具有从可见光到热红外 11 个谱段以及 20 米、80 米、160 米和 256 米 4 种不同空间分辨率的应用特性。其中 5 谱段宽视场 CCD 相机、4 谱段红外扫描仪、高密度磁记录仪、X 波段高码速率数据传输系统等均为国内首次研制，是具有先进水平和技术难度较大的设备。星上还首次采用由 4 个偏置动量轮组成的整星零动量姿态三轴稳定的姿态控制系统。卫星采用单翼太阳能电池阵以及可调节的稳定电压母线的电源系统，由星载数据管理计算机来完成测控和整星的信息管理。姿轨控制计算机与各功能部件微机组成系统并与星载数据管理计算机联机。卫星采用整星大功率瞬变热流温度控制设计和试验技术。此外，一批关键性部件如太阳帆板驱动机构、动量轮、帆板展开机构等中国自行研制成功并首次在星上使用的设备，都表明我国卫星技术向前跨进了一大步。星上装载的数据采集系统，可以把散布在地面的数据采集平台所采集的气象、水文、海洋等实时观测数据转发到地面接收站，以提高地面观测的时效性。

资源卫星的技术相当于国际上 20 世纪 80 年代末、90 年代初的水平。资源卫星获取的遥感数据由地面接收站负责实时接收，卫星在接收站接收范围之外获取的其他地区的数据，可由星上存储器暂时储存，待卫星飞越中国上空时再传回地面站。接收站接收到的数据由中国资源卫星应用中心负责处理，加工成不同级别的图片和数据产品，供不同的用户使用。

经过中巴两国科技人员 13 年的艰苦努力，1999 年 10 月 14 日，长征四号运载火箭托举着中国和巴西联合研制的第一颗资源一号卫星，在太原卫星发射中心成功升空，将卫星准确送入了预定轨道。

中巴资源一号卫星在太原卫星发射中心点火起飞

火箭起飞后，发射台上还袅袅飘散着烧蚀的余烟，站在发射场坪的孙家栋，此刻心中思绪万千。他想到 13 年来科技人员艰辛的日日夜夜，想到攻克技术难关时所遇到的困惑，想到与技术没有关系的大量综合协调……

卫星虽然已经成功地进入预定轨道，但卫星上那么多系统、设备、元器件能否确保质量，能否保证卫星准确无误地工作，仍然紧紧牵动着孙家栋的心。

卫星入轨后的第二天，位于北京密云的遥感卫星地面站，首先报告获取了卫星宽视场 CCD 相机 5 个谱段的数据和红外扫描仪第 6 个谱段的数据，对这些数据进行处理后，证明图像质量很好，完全能够达到技术指标要求。

紧接着，基本每天都有好消息。

1999 年 10 月 21 日，卫星宽视场成像仪开始工作，巴西和中国均获得了满意的图像，所取得的各种遥测数据表明，星上各系统工作正常。

按照预定计划，卫星于 1999 年 11 月 5 ~ 9 日进行了 7 次变轨，其中半数以上在国外变轨，证明轨道设计和调整也达到了世界领先水平。与此同时，星载数据管理子系统进行了均匀校时和集中校时。经过校时，星地时差小于 3 毫秒，远远小于设计规定 20 毫秒的指标要求。

1999 年 11 月，星上红外扫描仪获取了良好的图像，其中，星上磁记录器在国外记录图像数据并在国内地面站作用范围内回放数据，获得了清晰的图像。其间还进行了宽视场 CCD 相机的侧摆镜功能试验、内定标和增益调整试验、北极太阳定标试验等。11 月 15 日，总装备部某试验基地、中国资源卫星应用中心及中国空间技术研究院三方面的代表举行会议，对在轨测试第一阶段的工作进行了总结，一致认为测试证明卫星各种功能正常，星上各设备性能参数均符合或优于规范要求。在轨测试的第二阶段（卫星发射后第 34 ~ 80 天），转入以中国资源卫星应用中心为主的图像质量评定阶段。

孙家栋的脸上露出了多日来难以见到的笑容，这个笑容是长时间来的担忧得到释放后的轻松，他那开怀大笑是一种发自内心由衷喜悦的表露。

至此，由孙家栋所负责主抓的“新三星”任务圆满完成。资源一号卫星的首战告捷，为后续任务打下了良好基础。

中巴地球资源卫星首发成功，首发即能有效地使用，表明中国卫星研制水平上了一个新台阶。与国外研制的资源卫星相比，资源一号卫星没有经过试验卫星阶段，而美国陆地卫星经过了 3 颗飞行试验星，直到“陆地卫星四号”才正式作为应用卫星投入使用。

2001 年 7 月，孙家栋与中国空间技术研究院专家又一次来到巴西，现场检查中国与巴西联合研制的“资源”第二颗星的总装测试情况。

2002 年 11 月，中国与巴西政府又签署了《关于继续开展资源卫星合作的相关协议》。根据新的协议规定，中巴将继续合作研制第三颗和第四颗地球资源探测卫星。在研制费用的投入上，双方各占 50%。这两颗卫星的各项性能指标将有较大提高，空间分辨率和图像质量有明显改善。第四颗资源卫星将由巴西完成总装、发射任务。中巴地球资源卫星下一步的发展目标将是扩大应用范围，加强应用领域的国际合作，为区域乃至全球的社会进步、经济发展作出贡献。

资源一号第二颗卫星在巴西完成全部总装测试后，装入大型运输飞机由巴西经近 30 个小时的远途飞行运抵中国。之后，按计划在太原卫星发射中心进行发射前的各项测试准备工作，于 2003 年 10 月 21 日在太原卫星发射中心成功发射，同时还成功地搭载发射了我国自行研制的创新一号小型科学试验卫星。

资源一号卫星在开展土地资源监测和管理、环境监测，特别是配合我国实施的中西部开发的战略决策，在对中西部的环境、生态和资源调查中，提供了有力的手段。截至 2005 年上半年，中国资源卫星应用中心已处理、归档卫星遥感数据 75 万余景。这些数据不仅成为我国用户，同时也成为我国周边国家与地区的重要遥感数据源。卫星数据已被广泛应用于农业资源调查与作物估产、森林资源调查与监测、地质、水资源调查与监测、能源与环境监测、城市规划、灾害调查、工程地质勘察、道路选址、生态环境调查、测绘，以及包括石油天然气、煤炭和地下煤层自燃监测等诸多领域。资源卫星在国民经济建设和可持续发展战略中已经起到了不可估量的巨大作用。

中国资源卫星应用中心曾在北京召开用户大会，交流应用经验，介绍后续卫星情况，听取用户意见，并向积极探索应用技术、拓展应用领域、取得丰硕应用成果和显著社会、经济效益的水利部遥感技术应用中心等 22 家用户颁发了“中巴地球资源卫星推广应用奖”。近 200 家用户及受益者的代表们汇聚一堂，与国家宏观管理部门、卫星研制者、卫星管理经营者零距离接触，共同促进卫星技术及其应用的发展。

中巴地球资源卫星发展的每一步，都凝聚了两国航天专家的心血，也得到两国政府高层领导的重视。时任国家主席江泽民和总理李鹏在访问巴西时，都曾专程到巴西空间研究院参观，高度评价了中巴在航天高科技领域的合作。1996 年 1 月，巴西总统卡多佐在访问我国时，也到中国空间技术研究院北京卫星总装厂，参观了中巴地球资源卫星的初样星。

胡锦涛主席也对中巴资源卫星合作给予了高度重视，他在巴西访问期间，专门参观了巴西空间研究院和卫星总装测试中心。此间，中国与巴西政府又签署了《中巴关于合作研制地球资源卫星02B星的补充议定书》和《中巴地球资源卫星应用系统合作的补充议定书》，为共同进军国际资源卫星数据市场创造了有利条件。

胡锦涛在巴西卫星总装测试中心的欢迎仪式上讲道："在两国科技人员共同努力下，中巴联合研制地球资源卫星项目取得了世人瞩目的成果，这其中凝聚了两国科技人员的智能和汗水，是中巴友好的象征，同时也是南南高新技术合作的典范。此次访问期间，中巴签署了关于02B星和应用系统合作的两个协议，标志着中巴两国在空间技术领域的合作还有更加广阔的前景。相信两国科技人员一定会继续努力、真诚合作，把这一项目搞得更好，为人类探索与和平利用外层空间的事业作出新的贡献。"

巴西科技部长坎波斯表示，巴中地球资源卫星工程对巴西具有重要意义，在巴西的防灾减灾、农业、城市规划、保护亚马逊森林等领域发挥了积极作用。他说："这项工程是一个范例，向世界展示了两个发展中国家在高科技前沿合作取得的成果。"

在双方共同促进的基础上，中国与巴西开展地球资源卫星的合作继续顺利进行。继2003年10月中巴地球资源卫星02星成功发射后，中巴两国政府又签署了联合研制地球资源卫星03星、04星和数据应用系统合作等补充议定书，继续保持中巴地球资源卫星数据的连续性，并扩大该卫星数据在区域和全球范围的应用。

孙家栋与他的同事们看到资源一号卫星产生的政治、经济影响，不仅感到欣慰，更对我国航天事业取得的成就感到无比自豪。

孙家栋领导中国第二代应用卫星工程的研制工作，成为跨部门、跨学科、跨专业的航天工程设计师系统的核心。在整个工程大系统的技术指挥、技术决策和技术协调方面，他负责总体方案论证工作、审定总体指标、总体方案和技术途径。他在解决五大系统之间相关技术问题和大总体协调工作中，坚持系统工程目标性、协调性和最佳性的原则，强调整体观念，从全局出发进行决策和协调，为第二代应用卫星的研制成功起到了非常重要和别人不可替代的作用。

经过50多年的努力，我国的航天技术水平已经跨入世界先进行列，我国已经拥有种类齐全的长征系列运载火箭，已经将自己制造的上百颗卫星送上了太空，有通信卫星、气象卫星、资源卫星、海洋卫星、科学试验卫星、返回式遥感卫星、导航定位卫星等，我国航天技术为国民经济建设和国家安全，为维护世界和平，作出了应有的贡献。

第六章　跻身国际大舞台

1 中国要进入国际航天市场

1976年12月，孙家栋以中国航天专家的身份，随团赴法国、联邦德国、荷兰、意大利、英国、瑞典等国航天部门考察访问，了解欧洲空间技术的发展水平。1977年9月，他又随中国航天技术代表团赴法国进行空间技术考察访问，结交了许多国外航天界的朋友。1978年7月，孙家栋主持接待了美国总统科学顾问、科技政策办公室主任弗兰克·普雷斯博士率领的科技代表团，并邀请他们参观了空间控制工程研究所、卫星总装厂，这是中国空间技术研究院首次接待外国代表团参观卫星总装厂。

通过国际交往，开拓了中国航天国际合作的思路。孙家栋和有关领导在思考一个问题：要让中国的运载火箭走入国际市场，与国外的先进技术合作、交流，参与商业卫星发射服务的竞争，使中国航天走向世界，这将是中国航天事业快速发展的必由之路。

访问美国国会空间委员会

1982 年，孙家栋与邵天任作为副团长随同章文晋团长率领中国代表团出席了第二次联合国探索与和平利用外层空间大会。会上，我国代表介绍了中国航天活动的成就，这种积极合作的态度，得到了联合国及各国代表团的广泛赞扬。

1983 年 5 月，孙家栋随航天工业部宋健副部长参加了中美科技合作联委会第三次会议。这次会议同美国航空航天局克雷勃洛副局长确定了中、美双方共同感兴趣的合作项目。至此，中美航天技术合作有了具体的发展。

1983 年 11 月，按照中国与英国签署的科技合作协议，英国贸易工业部空间部副主任罗宾逊率领第一个英国宇航代表团访问我国航天工业部，孙家栋以中国空间技术研究院院长的身份，与其就 6 个空间项目的合作进行商讨并签署了《会谈纪要》。

1984 年 8 月，孙家栋与航天工业部副部长刘纪原一同应邀率团前往位于南美洲的法属圭亚那航天发射中心参观阿里亚娜火箭发射，在那里与法国航天部门就中、法可能展开的合作，互相交换了意见。

亲切会见美籍华裔航天员王赣骏博士

1984 年 9 月，在国家邀请海外华人、华侨参加国庆 35 周年活动前夕，孙家栋与航天工业部部长张钧一起，陪同几十位回国观礼的华裔科学家参观了我国四种型号的人造卫星。参观后，华裔科学家在盛赞祖国航天事业光辉成就时深情地说："作为一个中国人，看到祖国的人造卫星，感到无比的光荣和自豪，只有祖国强大了，我们在海外才会有地位。"

1984 年 11 月，法国空间研究中心主任达莱斯特和马特拉公司董事长拉格德尔访华，同中方签署了具有合作意向的《会谈纪要》，推动了中国与法国在航天方面合作的步伐。

国防部长张爱萍（右三）等会见法国航天界朋友

这一次又一次的对外接触，不仅使外国了解了中国航天几十年来所取得的伟大成就，也使我们自己开阔了眼界，了解了外面的世界，孙家栋从中增长了见识、拓展了思路，充实了在国际上树立中国航天大国形象的思路。

1985 年 10 月 30 日，经中央批准，航天工业部总工程师孙家栋升任副部长，他又一次受命于中国航天发展的关键时刻。孙家栋的思维重点开始转向世界，转向国际间的航天科技交流。

中国航天经过几十年的努力奋斗，已形成了一套完整的研制、生产、试验、发射体系，建立了与之相配套的设施，拥有了一支庞大的、专业齐备的科研试验队伍。但如何有效地将中国航天这些优势充分地利用起来，是摆在国家主管部门领导面前的一个重要课题。

中国航天领域的领导们已经清醒地看到：自从我国连续成功发射了返回

式遥感卫星和地球同步静止轨道通信卫星后，我国实际上已具备了承揽外国卫星发射的能力。用中国的火箭为外国发射卫星，不仅是一件壮国威、振民心的好事，在改革开放初期，还可以为任务尚不饱满的航天产业带来新的生机，通过饱满的任务培养锻炼新一代科学技术人员，使设备得到充分利用和更新换代，以此促进航天产业能力的进一步提高。另外，通过发射外国卫星，还能够增强国人以及海外华侨的爱国凝聚力，同时可以创收外汇，增加经济效益。

当时的航天工业部部长李绪鄂等针对中国火箭投放国际航天市场，向国家提交了建议。经国防科工委与航天工业部认真研究后，制定了相应的具体方案。

1985 年 10 月，中国政府庄严宣布：中国长征系列运载火箭投放国际市场，承揽对外发射服务。

这一消息震撼全球，在国外迅速引起了强烈的反响。

正当孙家栋按照国防科工委和航天工业部的统一部署，实施中国进入世界航天发射市场之时，世界航天界接二连三地传出了大灾难的噩耗：

1986 年 1 月 28 日，美国挑战者号航天飞机升空后爆炸，机上 7 名航天员无一幸免，全部遇难。

1986 年 4 月 28 日，美国大力神 34D 火箭点火升空仅几秒钟便被瞬间的爆炸化为一片残骸散落地面。

1986 年 5 月 3 日，美国德尔它火箭升空后 91 秒，飞行姿态失去控制，地面控制人员被迫实施了自毁指令，火箭载着卫星如同空中散花一般毁于一旦。

1986 年 5 月 31 日，法国阿里亚娜火箭喷着烈焰刚刚离开发射台，还没有离开人们的视线就炸为一片火海。

100 多天内接连发射失败的情形，搅乱了国际航天发射市场。这些发射失败的惨剧令航天界同行痛心不已，使航天发射服务市场大伤元气，重新发射是需要生产周期的，已经造好等候上天的卫星，由于没有火箭的运送而在地面滞留，欧美的航天发射一时陷入低谷。

人们在痛惜之余却也看出，中国的火箭完全可以作为国际发射服务的延伸和补充，为急待上天的卫星提供支持。国际航天市场为中国的进入带来了千载难逢的机会。

机不可失，失不再来，要抓住这个机遇，迎接挑战。

1986 年 7 月 17 日上午，中南海国务院第十三会议室，国务院就发射外国卫星有关问题正在这里听取汇报。孙家栋与国防科工委主任丁衡高、副主任沈荣骏以及航天工业部副部长刘纪原等有关领导，向国务院和中央专委汇报了发射外国卫星工作情况，与会人员认为，中国为美国发射卫星必然会在国际上产生巨大影响，当年中国自行研制的导弹成功、原子弹成功、人造卫星成功，都曾在国际上显示了中国的科技实力，为中华民族大添光彩。现在，为美国发射卫星也必将会带动我国相关产业的发展，促进我国高科技的进步与发展。

丁衡高，上将，惯性技术和精密机械专家，中国工程院院士，第十三届中共中央委员会委员。1952 年毕业于南京大学工学院机械系，1957 年留学苏联，1961 年在列宁格勒精密机械光学学院获苏联技术科学副博士学位。主持并领导了我国航天对外发射服务等多项开拓性大型航天工程。曾主持并参与突破惯性平台系统、仪表及器件的多项关键技术，制定我国惯性技术发展纲要，是我国惯性技术有关学科领域的主要奠基人之一。主持制定了我国载人航天工程方案，是我国载人航天工程首任总指挥。

沈荣骏，中将，航天工程管理与测控技术专家，中国工程院院士。1958 年毕业于解放军测绘学院，长期从事于航天工程管理与航天测控工作，是我国航天测控网和某试验场建设的主要奠基人之一。1985 年以来，现场主持了 50 余次航天发射任务，处理了大量技术与管理难题，为提高卫星发射成功率作出了重要贡献。1992 年以来，组织领导了我国载人航天工程的方案论证、基础建设和飞行试验，是我国载人航天工程的主要开拓者之一。曾任国防科工委副主任，载人航天工程副总指挥，探月工程顾问，浙江大学航空航天学院院长。

刘纪原，运载火箭与战略导弹控制技术专家，航天系统工程管理专家，国际宇航科学院院士，国际欧亚科学院院士，俄罗斯宇航科学院院士。1960 年毕业于莫斯科包曼高级工业学院自动控制专业，在运载火箭控制系统综合设计和试验方面取得重要成绩。他亲自策划和领导制定、实施了国家“七五”、“八五”和“九五”中国航天科技工业的发展规划；决策并领导开发了大型运载火箭，拓宽了长征火箭对外发射服务领域；担任我国载人航天工程副总指挥，为我国载人航天工程的立项和顺利实施作出了突出贡献；主持建立了科学有效的质量体系，开创了中国航天质量工作的新局面。曾任航天工业部副部长，航天工业总公司总经理兼国家航天局局长，十四届、十五届中共中央委员会委员，九届、十届全国人大常委会委员。

国务院领导指示，原则同意尽快开展这项工作。为外国发射卫星，一是要组织好，二是要注意信誉，确保卫星发射成功。做好这件事，不仅在经济上可以获益，在政治上也会产生重大影响。另外，对于团结海外炎黄子孙，共同振兴中华也是一个大举措。

当天晚上，国防科工委主任丁衡高、副主任沈荣骏和航天工业部副部长刘纪原、孙家栋等参加会议的人员立即挑灯夜战，召开紧急会议研究发射外国卫星的具体实施办法，同时着手起草向国务院、中央军委呈送的《关于发射外国卫星若干问题请示》的报告。

国务院、中央军委很快向全国下发了通知，确定将发射外国卫星列入国家重点项目，代号为“867 工程”，并给予必要的特殊政策，由国防科工委负责组织实施，要求有关部门予以大力支持和积极配合。

孙家栋与沈荣骏、刘纪原是多年的老搭档，他们在一起相互尊重、配合默契，他们都具有一丝不苟、雷厉风行的工作作风。“867 工程”正式实施后，他们几乎每天都要互通信息，遇到问题及时会商，经常提出建设性的意见，统一认识，部署实施。为了加快实施外国卫星发射任务的步伐，他们提出，应当立即进行全面安排，按照中央文件“由国防科工委负责组织实施”的精神，尽快召开一次专门的会议。

孙家栋院士与沈荣骏院士两位老搭档在亲切交谈

1986年11月27日至12月1日，国防科工委在北京远望楼宾馆主持召开了第一次外国卫星发射任务工作会议。国家有关部、委、局，有关省、市，解放军有关总部、海军、空军共200余名代表参加了会议。孙家栋作为航天工业部的领导参加了会议。

会上，中国长城工业总公司、中国运载火箭技术研究院、中国卫星发射测控系统部、中国西昌卫星发射中心，分别作了关于发射外国卫星准备工作情况的报告。

国务委员、中央军委副秘书长兼国防部长张爱萍将军莅临会议进行动员。他在会上讲到："我国航天技术进入国际市场，发射国外卫星，不仅表明我国在航天事业和科学试验上有了新的成就，而且说明我们整个国家进入了一个重要的历史转折时期，是具有划时代意义的。我们之所以取得成功，主要是由于自己主观努力取得的。如果客观环境好而缺乏主观努力，好的客观环境也不能充分利用。如果客观条件基本具备再加上主观努力，可以弥补客观条件的不足，最后完成任务。建国以来，特别是从50年代开始搞航天技术，以后搞原子技术，开始时都是只具备一定的客观条件，最后加上我们的主观努力，这个主观努力不仅仅是航天、核技术和国防工业方面的，而是整个国家的共同努力，所以能不断地取得胜利，即使在最困难的时期，也还是取得了成功。"

在讲到协调工作时，张爱萍语重心长地强调："部门与部门之间要协调好关系，要以做好发射外国卫星这个项目的大局为出发点。大力协同、统一组织领导是我们成功的经验，也是光荣传统。搞这样复杂的技术，牵涉面这样广，没有统一的组织指挥、互相协同和互相服从是不可能的。我曾经引用过刘伯承元帅在红军时期说过的一句话'作战就是纵横交错的组织工作'，那时是小米加步枪，他就强调了你中有我，我中有你，有些我要服从你，有些你要服从我，这个服从不是职位上的服从，而是工作上的服从，技术上的服从，这一点我们还必须强调。"讲到这里，张爱萍提高了嗓门，对参加会议的人员讲到："给国外发射卫星，应该把我们成功的经验和光荣传统，在可能的条件下更好地运用和发展。这是我们中国进入国际市场的一次重大的考验，关系到我们祖国的荣誉，关系到我们中华民族的荣誉。"

坐在张爱萍对面的孙家栋，看着这位老将军熟悉的面孔，思绪随着张爱萍抑扬顿挫、铿锵有力的讲话而起伏，一股崇敬之情油然而起。孙家栋说：

“在中国航天在对外承揽卫星发射服务的紧要关头，他的讲话是对事业的支持，也是对每个人的鼓励、鞭策。”

发射外国卫星遇到了许多从未遇到甚至从未想过的问题。别的且不说，单就卫星从美国运达中国，再进入卫星测试厂房，便有一系列需要解决的新问题。

外国卫星运入中国属于什么性质？是出口还是入境？按照什么样的国际条约来对待？

外国专用大型运输机按什么方式进入中国？进入中国领空一直到西昌卫星发射中心的机场如何实施管制？

在机场降落后，如何把庞大的卫星从机舱中卸下来？

采用什么样的运输工具，把卫星由机场运到卫星测试厂房？

卫星在发射场的安全保卫由谁负责？如何保障外国卫星技术不被泄露？

还有连同卫星一起来的大批成套测试设备、仪器仪表以及工作、生活必需品。这些物品随同卫星到达中国后应该按什么性质来办理？卫星进入太空后，带走这些配套物品应执行何种海关规定？

上述的问题还都是保障方面的问题，而技术接口、技术保障方面还有更多的问题需要落实。对运载火箭来说，涉及到与卫星的技术接口，然而，在没有获得卫星制造国的许可证前，卫星制造国是不允许双方技术人员坐在一起讨论技术问题的。对地面设备来讲，卫星发射中心的机场要具备起降大型飞机的能力，要具备卫星停放、测试的恒温恒湿、超洁净度的卫星测试厂房及发射塔架特殊工作区，要向外国卫星提供多种与国际接轨的特殊支持设备，要按商业卫星发射的规则向国际航天保险界购买保险，发射时要进行电视实况转播。还有，在中国技术人员眼里不算问题的住宿、娱乐，也必须按西方人的星级宾馆标准建设和配备，在西方人眼里，生活设施的满足程度要高于对工作环境的要求。

每项具体工作都需要逐条逐项地加以落实，每个项目都需要动用大笔资金。于是，出现了一对矛盾，设施、设备不具备条件，不要说拿到合同，就连与国外洽谈卫星发射服务的资格都没有。但如果耗用巨资将设施建起来，将设备造出来安装好，谁敢保证一定能将卫星发射任务承揽到手。下这样的决心是要承担很大风险的。

孙家栋这时站了出来，在研究发射外国卫星工作的一次专题会议上，孙家栋慷慨激昂地发表见解说："既然我们的航天能力和发射水平已具备了对外承揽卫星发射服务的能力，既然我国政府已经庄严地向国际社会作了宣布，那我们就应该横下一条心，坚定不移地把我国航天对外开放的步子迈出去！我们要对自己的能力和水平有信心，我们要敢于承担风险，敢于承担责任，敢于下这个决心。我们要号召航天人，继承发扬我们当年搞'两弹一星'时的那股子攻克难关的劲头，把各项工作做好。至于说我们投入了大量资金而承揽不到卫星怎么办？我想，只要你的东西比别人的好，你的条件比别人优越，在同等情况下你的价钱又比别人的便宜，应该没有理由出现这个问题。事在人为，我就不信老外这个邪，国家改革开放政策为航天事业创造了这样的机遇，我们就是拼老命也要把这件事做好！"

过去几十年来，中国航天领域严格保密，航天技术在各个环节都有一套严格的保密措施。而现在，发射服务提供方作为卖方，必须把运载火箭、发射设施的技术指标、试验数据等，全面展示给"用户"。按照市场经济的法则，买主就是用户，用户就是上帝，这个用户不仅仅是卫星使用者，连同制造商、经营商、保险商、金融商、法律界都需要对卖方做全面、深入的了解。光看资料还不够，买方还要直接到生产厂、试验室、发射中心、测量控制现场进行实地考察，还要逐类逐项进行技术评审。为了满足外国卫星的发射条件，必须完成卫星与火箭之间星箭电磁兼容性试验分析、星箭热环境试验分析、星箭载荷耦合振动试验分析、星箭分离时的相对运动分析和飞行轨道分析五大相容性评审。这些评审不仅要提供数据结果，而且连同试验过程、试验方法都要解释得一清二楚。按照这样的程序，中国航天还有什么密可保？

面对这一系列新问题，如何适应新形势，新的规章制度怎样制定，对于各级领导、各层人员来说，都是一片空白、一片陌生。

进入国际发射服务市场困难重重，即便是欧洲发达国家，为了进入这个市场也都用了好多年时间，欧洲阿里亚娜火箭进入国际市场用了整整 8 年的准备时间。

孙家栋心里想，难道我们也要再花上 8 年时间？机遇不允许这样做！只能在借鉴外国经验教训的基础上，尽快走出具有中国特色的道路！

孙家栋在研究如何落实发射外国卫星的具体工作时，与国防科工委副主任沈荣骏不谋而合地又一次想到了一块儿，他们认为：我们发射外国卫星是在做前人从来没有做过的事业，对于这种新的举措肯定会遇到不少困难和阻力，甚至还要承担一定的风险。但只要我们下决心脚踏实地去干，终归能把事情做成。当前首先要解决两个带有基础性的问题，一是要在内部调整好一套适合于国际市场运作的对外开放准则，灵活运用30年来所遵循的军工产品保密规则，制定指导市场的商务方针、政策；二是要建立一支专业配套、适应国际航天市场的队伍，掌握一系列适应国际商务规范的知识和技能，按照国际惯例，尽力满足发射服务的各项要求。

市场经济较几十年来的传统方法，本身就是一场深刻的变革。作为一种新型的商业关系，卖方必须满足买方的条件和要求，否则，得不到用户的认可，他怎么可能带着卫星到你的国土上来呢？他怎么会轻而易举地把巨款拍到你的手心呢？

孙家栋的大脑不停地超前运转，他与同事们献计献策，适时制定出适应新形势、新要求的计划和可行方案。

两年后，一整套与发射外国卫星相适应的制度建立了起来，技术队伍和管理队伍也建立起来了，火箭的适应性改造业已完成，在发射场新建的卫星厂房醒目矗立，满足国际标准的发射塔架也已改造完毕。

2 航天专家出任“生意人”

中国火箭承揽外国商业卫星发射，这是一种商业行为。既然是商业，必须学会与国际航天商人打交道，要按照生意规则谈买卖。这个生意有政治方面因素，与技术密切相关，与市场紧密相连；这个生意是国与国之间的大生意，是对航天国际市场垄断与反垄断的较量，是国际高技术领域实力的比试……

孙家栋又一次受命于关键时刻，他毅然挑起了中国航天国际合作谈判的重任，在国家改革开放的重要关头，再次充当起“生意人”的角色。

对中国航天进入国际市场，一些友好国家和航天界团体持支持态度，认为中国这样的泱泱大国在航天方面已取得巨大成就，完全应该参加国际间的平等竞争，如果没有中国的进入，国际航天市场是不全面的，如同联合国没有中国的参与则不全面、不合理一样。而对中国缺乏了解的国家，有持观望态度的，有持反对态度的，还有反对者散布：“外国卫星到中国，技术秘密得不到保证，中国航天由政府补贴，发射服务价格低廉，是一种倾销做法，会对其他发射服务商构成威胁”等。

美国政府向来对高技术管制非常严格，此时也提出卫星当属高技术产品，对卫星出口要按军品管理的办法对待，卫星出境必须得到美国国务院、国防部及武器出口控制委员会的批准。

面对这些问题，回避是不可能的。孙家栋认为，我们要面对现实，认真分析国内外形势，做到知己知彼，加大国际宣传力度，走出国门主动出击，让世界尽快了解中国。

孙家栋（左一）、林宗棠（右一）与外国朋友亲切交谈

很快，孙家栋与有关领导点将，由航天工业部、中国卫星发射测控系统部等部门组成的卫星发射服务宣讲团分赴有关国家，特别是向美国这个卫星制造大国阐明中国的立场，宣传自己的发射服务水平，讲解自己的各种保障支持能力和中国的立场。

孙家栋自己也亲自出马游说。他们的宣讲使海外爱国华侨群情大振，很多持有不同想法的国家、公司也解除误会，逐步改变了原有的看法。宣讲起到了很好的效果。

1986年8月，中国外交部朱启祯副部长约见美国驻华大使洛德，向其递交了一份中国政府的照会，陈述中国在商业卫星发射服务方面的立场，要求美国政府准予发放卫星出口许可证。洛德表示将向国内报告，他相信美国政府对此将“予以积极考虑”。在外交辞令上，“积极考虑”是非常肯定的用语。但西方一些公司为了保持卫星发射市场的垄断地位，不断地向美国政府游说、施压，施展各种手段，想极力将中国拒之门外。这些举措致使美国政府的“积极考虑”久久不能落实，成为没有着落的拖延。

8月1日，孙家栋与航空航天工业部林宗棠部长会见洛德大使，要求美国政府批准休斯公司申请的卫星出口许可证，并希望美方协助做好“巴统”成员国政府的工作。

“巴统”的全称是“巴黎统筹委员会”，这个组织是冷战时期西方大国为了控制对社会主义国家战略物资出口而设立的专门机构，总部虽然设在巴黎，但这个专门机构仍然由美国起主导作用。从手续上说，美国批准卫星出口许可证后还要经过“巴统”这一关，但实际上只要美国同意，这一关也就形同走程序一般。洛德同意将林宗棠部长的要求向美国政府报告，同时希望从中国长城工业总公司了解更多情况，如发射成本、价格、卫星在中国的技术安全保障措施等，以便美方做决策时提高效率。

这期间，中国政府向美国政府进行了一系列交涉，这种外交交涉一直持续到了1988年。为了打破美方的拖延战术，1988年7月，外交部长钱其琛向美国国务卿舒尔茨当面提出此事，要求美方站在积极、公正的立场上，正确对待中国为外国提供发射服务的合作项目。

1988年9月2日，美国驻华大使洛德向中方转达了里根政府的意见，要由中、美两国政府完成中国对外国卫星发射服务有关协议的洽谈，达成一致意见、正式签字生效后，美国政府才同意发放将卫星运到中国发射的许可证。

真是节外生枝，一波未平一波又起，许可证又成了发射外国卫星的“瓶颈”，只有尽快展开中美两国政府间谈判，才能将问题的实质摆到桌面上，一场针锋相对的斗争是不可避免的。实事求是，坚持正义，是孙家栋谈判的法宝，他似乎又想起了当年搞导弹、卫星时克服困难的情景。但这次面对的是号称世界经济、技术第一强大的美国，要想在平等竞争中取胜，就要拿出中国自己的实力和优势。孙家栋做好了充分的心理准备，他坚信有强大的祖国和高速发展的航天成就为背景，通过不懈的努力，一定能打开发射外国卫星的大门。

经国务院批准，由外交部、国防科工委和航空航天工业部抽专人联合组成一个中国航天对外发射代表团，航空航天工业部副部长孙家栋任团长。

孙家栋与林宗棠部长会见洛德大使10天后，外交部部长助理刘华秋又一次召见洛德大使，就中国长城工业总公司为澳大利亚发射卫星一事提交照会。照会表明，澳大利亚将于1991年用中国火箭发射其购自美国休斯公司的第二代通信卫星，1988年6月双方已就卫星发射的若干问题达成协议，休斯公司于7月就已向美国政府申请获得卫星出口的许可证。照会进一步指出，西方一些公司企图阻止中国与澳大利亚间的这一卫星发射合作项目，他们阻止的目的不外乎担心中国的发射服务会对他们的利益构成所谓的“威胁”。至于说中方想从中获取“技术”等言论根本就是无稽之谈，中国早已表明将会采取严格的技术保密措施。

照会对美国的一些说法予以了驳斥，希望美方对此事作出积极答复。

与此同时，中国驻美大使韩叙在华盛顿也展开了游说工作。针对美方存在的各种误解，他向美国防部、商务部，一些知名国会议员以及有关卫星公司的负责人致函，以理服人，以事实说话。

通过艰苦的斗争和多方努力，美方的立场开始松动。9月9日，美国总统里根签署了批准美国制造的卫星由中国火箭发射的文件，但文件中还附带了三个限制条件：

其一，技术安全得到保障；

其二，双方对发射事故责任达成协议；

其三，中方发射的次数和价格要取得美方同意。

10月17日，中美代表团针对上述三个条件开始谈判。团长孙家栋主持会谈，外交部派美大司参赞王立和条法司一位法律专家参加代表团的谈判。美方代表团主要由总统贸易谈判代表和商务部人员组成。

谈判比预想的还要复杂，双方在协议时间内卫星发射的数量上各不相让，不时出现了僵局。美方坚持6年内中国为外国客户发射的商业卫星最多不超过7颗，而我方则认为这没有道理，要求增加。我方亟须摸清美方底牌，以争取最佳结果。

那天晚上，王立参赞经孙家栋团长同意，找到美国务院官员与他们进行了私下磋商，强调允许中国进入国际卫星发射服务市场是对中美双方都有利的选择，在这个关键时刻，中方希望美方放宽限额。在苦口婆心的解释和说服工作之后，美方官员最终同意中方的要求，但同时也坦言了美方的一些困难，并答应将按此方案去做各方工作。

10月18日，孙家栋率代表团成员在北京钓鱼台国宾馆同美国政府代表团开始了为期4天的第一轮会谈。

美国代表团由美国国务院、商务部、运输部、国防部、安全部和美国航空航天局（NASA）等部门的官员组成，由美国国务院负责经济商务的助理国务卿迈考里斯特任团长。

孙家栋（前排左四）与外国友人在北京钓鱼台国宾馆合影

孙家栋深知，与美国共同制定中国发射外国卫星的政策必须建立在平等互利的基础上，不同国度的人将持不同的思维模式，这就必须要用打破常规的做法来对待。中方的立场必须得到美国人丁是丁、卯是卯的认同，要通过摆事实、讲道理，耐心解释的方法让美国人心服口服。谈判场如同战场，一场坚硬的攻坚战就这样开始了。

孙家栋坐在与美国谈判对手对面的中央位置，他自然、大方、不卑不亢，他的每一句话、每一个动作以及阐述每一个重点问题的声调，都拿捏得极有分寸，哪怕是很细小的环节，他也都丝毫不马虎。只要想好、看准、分析透的问题，他一定会作为主线在谈判中贯彻始终，直至达到目的。孙家栋的一言一行透着一种既坚持原则又谦虚谨慎的豁达气质，让人觉得他是一个言必行、行必果、说话算话、可以信赖的人。

会谈开始，孙家栋简单致辞后便直接切入主题，义正辞严、单刀直入地陈述了中国政府的原则和立场：中国在外国卫星发射服务中，从来就没有打算谋求国外任何技术秘密，卫星到达发射中心将由卫星制造商自己监护，所以技术安全是完全有保证的；中国属于发展中国家，运载火箭的制造能力和发射服务能力都是有限的，不可能对欧洲及美国的发射服务商构成威胁，而对卫星用户来讲则多了一种选择，充其量中国的对外发射服务只是对国际市场的有益补充；至于说中国的发射服务价格低廉是价格倾销和政府补贴也是不存在的，中国的发射服务价格标准是依照中国的综合因素确定的，并且按照国际惯例，发射服务进入商业市场的初期由于服务质量和服务水平的原因，价格也会相对便宜一些；还有既然中国宣告进入国际航天发射市场，中国就有能力满足用户的各项要求，这个要求包括技术设施、保密措施、生活保障等，我们都会按照国际标准准备好，欢迎航天界的朋友带着你们的卫星到中国来发射。

这些说辞光明正大，深得人心，在当时起到了很重要的作用。这也是对中国航天对外开放遇到问题的综合解答。殊不知，这些与国际接轨的解决办法，耗费了奋力开拓进取的航天人以及孙家栋多少心血。

在谈判桌旁，孙家栋眯缝着那双眼皮略微下垂的眼睛，表情严峻，在静静倾听别人的发言时，似乎很深沉，喜怒不形于色，但又能让人感觉到他在沉思问题。他那一双深邃的眼睛，尤其是当他深思熟虑想好一件事情眼睛睁大瞬间一亮时，这双眯眯眼竟是如此有神。每当会谈出现僵持的尴尬局面时，孙家栋会突然蹦出几句诙谐幽默的话语，使谈判双方在不经意的哈哈大笑中悟出一些哲理，为僵局带来转机。孙家栋的眯缝眼成了他勤于思考的特征。据传，眼皮下垂是老孙家的遗传。在他家乡的老一代年长者中，只要一看这眼皮就会说，你一准儿是老孙家的小子。

孙家栋在美国政府代表团到京前，就曾多次要求美方提供协议书文本。这个文本需要在美国人来之前先行提交，以便中方先做准备。但美国代表团10月18日到达北京后，竟然说由于协议文本需要美国上、下两院表决后才能生效，现在还没有得到批准，会谈日期不可变更，所以来不及等待文本的批准。在我方要求下，10月20日美方交给我方十几页纸的文本，所提条件与我方差距很大不说，文中还充满了“不允许中国这样”、“不允许中国那样”的字句。美方甚至无视中国主权，把不讲外交礼仪的条款写入文本。他们这样做，不外乎试图采取压制的手段来遏止中国的手脚，用拖跨的办法使中国自行退出国际航天舞台。

其实，在谈判之前，孙家栋就已组织我方有关人员加班拟制了一套文本，防止美方以霸权条款的形式拖延时间，再以时间不允许而浪费这次会谈。

迈考里斯特深谙政治，熟知外交，是美国的职业谈判老手。当他与孙家栋对峙后大为吃惊，一位闻名的科学家，一个“造卫星”的专家，怎么会具

仔细推敲合同文本

备那么多集政策、外交、科技诸多方面的谈判技巧?

美国的谈判代表开始由衷地钦佩眼前的中国人，他们的傲气渐渐消失，随之进入了一种宽松、谅解的氛围。在这样的氛围中，美国人也开始含蓄地对中国同行讲几句悄悄话：他们承认谈判是困难的，谈不好，对里根总统无法交待。但如果全都依照中方的文本，又不符合美国的商业利益和有关卫星安全的条例。

在接下来的谈判中，孙家栋的说理是耐心的，却又针针见血。他严肃地指出，不可依美方文本的根本原因，是美方没能按约定提供合理、平等的条款文本。中方不能在不平等的条款下签订一个不平等条约，如果要谈，只能依据中国提供的文本!

在这样的情况下，强强相克的中美双方无法再谈文本问题，聪明的外交家迈考里斯特话锋一转，开始质询中国发射卫星的一系列细节：发射场在何处，每年发射多少颗卫星，每颗卫星的发射价格……

在孙家栋报出发射价格的时刻，迈考里斯特的神色严峻起来，他以强硬的口气指出："美国认为中国的卫星发射不属于正常的市场价格，是在政府补贴下的市场倾销。"

孙家栋的回答柔中有刚："在卫星发射价格这个问题上，中国和美国是一样的，中国坚持奉行市场经济政策。如果说中国在发展航天方面有政府补贴的话，那么美国的卫星发射场由国家投资建设，难道就不是政府补贴了吗?"

说到这里，孙家栋露出了和善的笑容，他娓娓讲明："中国的卫星发射场是'军转民'企业，商业利益与美国一致，成本换算也与美国相同。要说为什么中国的发射费用低，那便是中国的劳动力要比美国便宜得多。当前，美国的一个普通劳动力月收入应该是3000美元至4000美元，而中国的一个普通劳动力的月平均工资只有100多元人民币，这相差上百倍的工资反映到劳动力密集的火箭制造企业，中国的发射价格比美国便宜难道不正常么？这种价格恰恰说明中国有竞争力，说明中国应该进入国际卫星发射服务市场享受平等竞争！”

谈判在向纵深发展，越是实质性的问题就谈得越困难。谈判的成功是在相互让步中求得统一。然而，在原则立场上，孙家栋是绝不让步的，恰恰在这点上，体现了他的大智大勇。

当谈到卫星进入中国后的技术安全保障时，谈判几乎陷入僵局。美国要求中国不仅在技术措施方面保证卫星机密不被窃取，还要求中方承诺卫星在进入中国海关后免除检查。这方面的问题已经不是航天范畴的问题，涉及了国家海关主权原则，必须要协调拿出相应对策。中方代表团连夜进行了研究，能否承诺美方要求，对美国卫星不做安全检查，中国海关对这种特殊情况的主权如何定义，要赶快征求外交部同志的意见。虽说要灵活处置，但这个“灵活”的度到底应该如何把握才合适，这些都是崭新的问题。

孙家栋想到了中国的“特区”政策，想到了美国卫星的“入关”实际上只是“过境”。在中国特区的“保税外贸加工区”里，也有区别于“入关”的开放政策，如果能够运用这项政策，无疑可以打破目前的谈判僵局。

所有的人都恍然大悟，都同意对美国卫星给予“过境”的待遇，大家马上行文报到了外交部和海关。两方面都表示符合政策，批准、同意。

无论是中国的草案还是美国的草案，双方争吵了五六天还是难以达成最后的统一。预定的会议时间已经到期，美国人到时间是需要离开中国的，美国代表团只好要求仿效中方的灵活态度，首先在“三个协议”的议题谈判中有所突破，草签“三个协议”，然后向美国政府报告。孙家栋以变被动为主动的方式打赢了中美谈判的第一仗，使中国进入国际航天市场的计划走入正轨。

在第一轮会谈中，外交部刘华秋副部长、国防科工委沈荣骏副主任及航空航天工业部刘纪原副部长会见了美国代表团。会谈增进了双方的互相了解，对许多问题的看法达到了共识。会谈虽然激烈，但还是友好的，虽然紧张，但还是走出了前进的关键一步。会谈结束时，双方议定于本年度的最后一个月内在美国华盛顿举行中、美政府航天代表团的第二轮会谈。

中美第二轮会谈如期在华盛顿举行，孙家栋率领中国航天代表团来到美国。1988 年 12 月 1 日，中华人民共和国政府与美利坚合众国政府即将签署《关于卫星发射责任的协议备忘录》、《关于商业发射安全的协议备忘录》和《关于商业卫星发射服务国际贸易问题的协议备忘录》，双方都是经过反复研究并准备了若干对策的，双方人员心里都清楚对方是有备而来的。

谈判初始，各自都很严肃地陈述了自己的原则和立场。中方则参照第一次会谈的经验，本着不失主权、在原则问题上绝不让步的前提，在私下磋商的基础上，在 12 月 16 日最后一天的会议上，中方明确提出了 6 年发射 9 颗卫星的方案。美方团长建议休会一刻钟，他们的全体人员进入另一间会议室，与等在那里的一群商业公司的老板紧急交换意见。这是美方的习惯做法，每当涉及商贸重要问题时，有关的大公司都派代表等候在会谈现场附近，随时与美国政府代表保持联系，密切掌握会谈的动向。换句话说，这样便于美国政府官员及时向商界代表“请示汇报”，重要协议还须经商业老板们点头。那天的休会时间一再延长。不难猜测，美方内部发生了争议。大约又过了 1 个小时，美方代表终于出来了，宣布同意中方提出的方案。一场艰苦的智力战，终以中国获胜而达到了预期目的。以上三个协议在 4 昼夜里十易其稿，终于圆满签署。

在返回北京的飞机上，大家也终于看到了孙家栋舒心的开怀大笑，他对与美国的谈判深有感触：国际航天合作的谈判实质上是两国综合国力的较量，国家的实力增强了，与对方谈判的分量自然就加重了。曾经担任航天工业总公司总经理的刘纪原讲过一句话，“孙家栋在第一线谈，后面有 12 亿中国人民在作后盾”。

1989 年 1 月，孙家栋率代表团又一次飞赴美国华盛顿，代表中国政府与美国政府签署了《关于卫星商业发射服务的协议书》。

一次，孙家栋与航天工业部的领导一起去看望聂荣臻元帅，当聂帅听到中国长征火箭将承揽外国卫星发射服务的消息后，拉着孙家栋的手，高兴地对前来的各位说：“中国能为世界上科技最发达的美国发射卫星，是一件很了不起的事情，外国卫星发射成功既可以在政治上产生巨大影响，又可以在经济上得到好处，所以，发射外国卫星对于中国航天事业来讲是具有划时代意义的。”

1986 年 6 月 6 日，聂荣臻元帅在玉泉山住所会见航天专家（后排中为孙家栋）

3 发射美国卫星首战告捷

1989 年 1 月，中国长城工业总公司与香港亚洲卫星公司，在人民大会堂正式签署了用中国长征三号运载火箭发射美国休斯公司制造的亚洲一号通信卫星的发射服务合同。国家副主席荣毅仁、国防科工委和航空航天工业部等有关部门的领导以及美国休斯卫星公司、香港亚洲卫星公司的老板们出席了签字仪式。

为了与国际接轨，满足外国卫星测试的技术要求，西昌卫星发射中心开工兴建具有国际水平的现代化卫星综合测试厂房。然而，一场突如其来的自然灾害向西昌袭来。1989 年 9 月 4 日凌晨，一声接一声的炸雷震耳欲聋，暴雨似天崩般地倾泻下来，洪水如同大江决堤一般挟着巨石和泥沙从山上汹涌而来，多处公路被冲成了大沟，铁路路基被冲毁，数十米长的铁轨像大渡河上的铁索桥横跨两端，电力和通信线路多处中断，一场百年不遇的特大泥石流给卫星综合测试厂房工程带来了严重影响。为了履行发射服务合同，西昌卫星发射中心的官兵“抢险救灾，重整家园”，克服一切困难，为外国卫星发射创造条件。

一波未平，一波又起，正当亚洲一号卫星发射的各项准备工作和技术协调按计划积极推进的时候，美国政府又无端提出停止向中国发放卫星许可证，要求暂时冻结已批准发放的卫星出境许可证。

这时，西昌卫星发射中心新建的卫星综合测试厂房已基本竣工，发射塔架已按恒温、恒湿、高洁净度的技术要求准备就绪；按亚洲一号卫星技术要求设计的长征三号运载火箭已在生产线上日夜加班加点地生产，测量控制系统以及通信保障系统紧锣密鼓的适应性改造已经接近尾声；远望号远洋航天测量船为远航太平洋实施测量控制任务的技术改造和准备工作也已基本完成。一切工作都按照统一的计划部署在完成，难道刚拿到手的外国卫星发射合同就这样让它夭折吗？

争取许可证的使命又落到孙家栋的肩上。他顶着压力于 1989 年 12 月再次率团前往美国华盛顿，与美国国会议员、科学技术委员会主席洛埃和美国国务卿代理助理瀚金进行专题会谈。经过艰苦的谈判，终于转危为安，使卫星出境许可证又重新回到中国手中，为发射计划又一次铺平了道路。

这个胜利来之不易。孙家栋回忆说："中国提出要在国际航天市场开展卫星发射服务，当时最大的障碍就是人家对中国航天技术到底具备什么水平不了解，对中国火箭的能力他看不透。从商业活动角度来讲，他一方面看不起你，另一方面也担心你。如果你的能力真的很强的话，他会害怕你夺了他们垄断的航天发射服务市场。所以，他们的思想也是矛盾的。"

1990 年 4 月 7 日 21 时 30 分，随着发射指挥员气壮山河般的"点火，起飞"口令，长征三号运载火箭雷霆般地呼啸着拔地而起，火箭飞行 21 分钟后，指挥调度的喇叭传来"火箭起旋，星箭分离"的口令，表明亚洲一号通信卫星已经被成功送入距地球 36000 千米的预定大椭圆轨道。

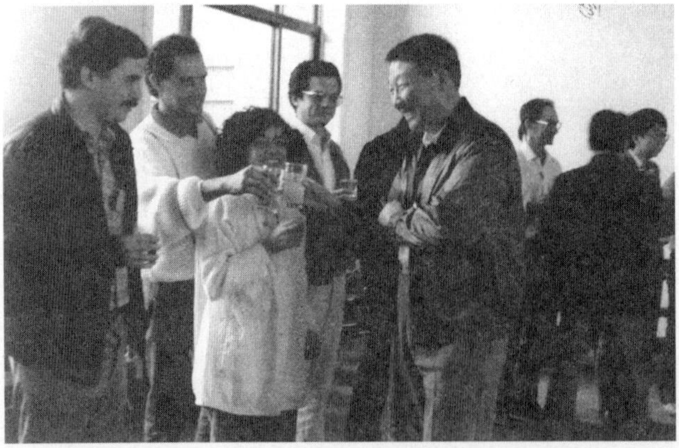

卫星发射成功，孙家栋与外国友人举杯祝贺

此时，西昌卫星发射中心的指挥控制大厅接到了邓小平从北京打来的祝贺电话。江泽民总书记、杨尚昆主席、李鹏总理也来电祝贺。坐在指挥大厅前排的美国休斯空间公司副总裁多夫曼先生、加拿大太列卫星公司亚洲发射主任柯达先生放下直通美国的电话，激动地与孙家栋紧紧拥抱，亚洲卫星公司行政总裁薛栋先生紧紧握着孙家栋的手，激动地祝贺这次合作的成功。

这次卫星发射标志着中国运载火箭正式进入国际商业发射服务市场。发射外国卫星的首战告捷，让紧张了好几年的孙家栋终于获得了浑身一阵阵的轻松。

为了适应发射服务工作的需要，1993 年 2 月 11 日，孙家栋在北京代表中国政府在中美两国政府《关于卫星技术安全协议备忘录》的文件上庄严地签了字，代表美方签字的是美国驻中国大使馆芮效俭大使。

孙家栋与美国驻华大使芮效俭分别代表本国政府签署《关于卫星技术安全协议备忘录》

随后由中国长城工业总公司、中国卫星发射测控系统部及中国运载火箭技术研究院共同组成的对外发射工作队，与外国卫星制造商或经营商签定了多个地球同步轨道通信卫星的发射服务合同。

为了适应改革与开放的需要，孙家栋参加了中国航天产业发展战略研究。中国航天工业总公司根据中央《关于建立社会主义市场经济体制若干问题的决定》，提出了“发展航天，加强民品，提高效益，走向世界”的总方针，并且在总结和回顾 40 多年发展和对外进行国际合作与交流、外经外贸、引进外资等国际空间合作的经验和教训基础上，提出了开展国际空间合作的四项原则：

1. 和平利用空间资源，发展卫星及应用技术，为发展经济、促进人类社会进步服务；

2. 在平等互惠、取长补短、共同发展的基础上，开展国际空间技术合作；

3. 坚持自由、平等、合理竞争的原则，开展卫星发射服务和卫星及空间技术产品贸易活动；

4. 发达国家应当帮助发展中国家发展空间技术和利用空间技术发展经济。

孙家栋说："第一颗外星发射上天以后，我们不仅仅实现了发射成功，而且他要求把卫星送到哪一个点上，我们就给它送到了哪个点上，国外用户说中国火箭发射卫星的精度是非常高的，非常佩服。从那以后，他们连续和我们签了几个合同，都用中国的火箭发射。"

随着国家改革开放政策的不断深入，中国的政治、经济形势不断巩固和强大，中国在国际上的威望日益提高。国家正确的对外开放政策使我国的国际交流环境越来越好，国家把对外开放作为一项长期的国策，作为加速社会主义现代化建设的战略措施，为中国航天事业开展对外科技合作与交流创造了有利的条件。

中国的社会稳定和经济快速增长，促进了航天事业的快速发展。第 47 届国际宇航联大会和各国空间局局长论坛会议于 1996 年 10 月 7 日在北京人民大会堂隆重开幕，来自世界 50 个国家和地区的 1200 名代表参加了本次大会。国家主席江泽民在开幕式上作了重要讲话，他强调，中国政府和人民愿为和平利用空间资源和扩大空间应用范围，为人类的文明进步作出更大的贡献。李鹏总理 10 月 8 日在钓鱼台国宾馆会见了出席国际宇航联大会和空间论坛会议的各国航天局负责人。他说中国政府和中国航天界愿与世界各国开展广泛的合作。国务委员宋健作了题为《扩大空间技术应用，促进社会进步发展，开创 21 世纪的航天时代》的主题报告。国家航天局局长刘纪原主持了开幕式。大会在中国政府的高度重视和支持下，取得了圆满的成功。大会对日益发展和进步的国际航天事业产生深远影响，对我国航天科技工业发展和对外开放产生了重要影响。

孙家栋与闵桂荣（中）同俄罗斯空间技术代表团洽谈

从1997年至1999年年初，中国接待了数百个外国宇航代表团，数以千计的外宾和港、澳、台地区的嘉宾参观了我国航天设施及西昌、酒泉和太原三个卫星发射中心，增进了相互了解。我国同法国、德国、美国、巴西、日本、巴基斯坦、泰国、印度、韩国、意大利、英国、瑞典、加拿大、俄罗斯、乌克兰、白俄罗斯、欧空局以及有关的国际空间组织进行了广泛的技术交流和一些项目的合作，并同上述国家和组织签订了有关空间技术合作协议、协定、合作议定书及备忘录。中国航天国际合作朝着稳定、良好的方向发展。

2001年3月，中美两国政府根据《中华人民共和国政府与美利坚合众国政府关于商业卫星发射服务的国际贸易问题协议备忘录》的签订进行了新一轮会谈，这是继1997年华盛顿磋商后中美双方举行的首次磋商。中国代表团由中国国家航天局顾问孙家栋任团长，外交部、外经贸部、国家航天局等单位参加。美国代表团由美国贸易代表办公室空间贸易政策主任史蒂夫·福肯先生任团长，美国国务院、联邦航空局及美国驻华使馆等官员参加。代表团于19日至20日在北京进行了磋商，磋商是在真诚、坦率的气氛中进行的。其间，双方评估了协议的执行情况，交换了卫星商业发射服务信息，并讨论了协议的有关问题，增进了双方的相互了解。在北京的会谈结束后，中方专门安排美方代表赴西安、上海参观中国航天科研院所的有关技术设施和生产工艺情况，美国代表团一行对中国航天发展速度和取得的巨大成就赞叹不已。

航天技术是一个综合性很强的系统工程，几乎涉及自然科学、技术科学的各个领域；航天活动又具有规模宏大的特殊性，不但超出了国界，而且涉足到浩瀚的宇宙空间。所以，航天事业决定了它的国际性，开展国际间的技术合作与交流，是发展航天技术的必然趋势。

当谈起孙家栋曾担任过中国最早的导弹总体设计的领导工作，曾是多种卫星的总设计师，曾多年在航天工业领导岗位担任高层领导，曾是中国第二代航天应用卫星的工程总师，个人在这些工作中发挥了很大的作用时，孙家栋意味深长地说："1958年刚从苏联回来，组织上分配搞火箭，当时缺少人才，因为我是学飞机的，个人也算多少具备了一点条件。1967年国家要搞人造卫星，当时也是没有搞卫星的人才，个人也只是具备了一点最基本的条件。所以主要靠国家经济发展的需要，靠国家发展所创造的环境，对我个人来讲主要还是靠机遇。"

每当谈到中国航天所走过的历程时，孙家栋总是很激动，总是反复地说：

“搞航天绝不是一个人能办成的事情，主要是靠发挥集体智慧，主要是依靠国家从各个方面给予的支持，这样才能出来成果。当年按照当时国家的整体技术水平和条件，实际上是不具备搞航天的能力的，但老一代革命家确实有气魄，毛泽东、周恩来、聂荣臻……他们就是不一般，硬是创造了那么一种干劲，还就是搞出来了。这就是真正的中国特色。”

长征二号 E 捆绑式火箭首次发射外星

时过境迁，历史的长河在前进，中国的经济发展速度令世人惊叹，中国的综合实力大大加强，中国的对外发射业务早已今非昔比。

1990 年 7 月 16 日，我国用新研制成功的长征二号 E 捆绑式运载火箭发射试验，把巴基斯坦的第一颗科学试验卫星准确送入预定轨道。

1992 年 8 月 14 日，长征二号 E 捆绑式运载火箭将美国为澳大利亚制造的通信卫星准确进入太空预定轨道。

之后，瑞典弗利亚卫星、菲律宾通信卫星、亚太一号、亚太二号、中卫一号、鑫诺一号通信卫星接连发射上天，长征火箭又以一箭双星的方式将美国制造的 12 颗“铱系统”卫星送入太空预定轨道。但由于发射失利和受国际政治因素影响，中国航天在国际商业发射服务市场面临不公平竞争，从而导致被迫中止多个已签署的卫星发射服务合同。

经过不懈努力，多年后中国终于恢复了新的外国卫星发射业务。2005 年 4 月 12 日，长征三号乙运载火箭在西昌卫星发射中心，成功地将法国阿尔卡特公司制造的亚太六号通信卫星送入太空。

2007 年 5 月 14 日凌晨，我国长征三号乙运载火箭成功地将尼日利亚通信卫星一号送上太空。发射的前一天，孙家栋刚刚从西昌卫星发射中心回到北京，此时的西昌卫星发射中心异常繁忙，待上天的卫星几乎是排着队在等待发射，孙家栋也就随着发射日程表而奔波。这颗卫星是中国空间技术研究院研制的中国新一代通信广播卫星，具有输出功率大、指标要求高、承载能力强等特点，卫星整体性能达到国际同类通信卫星的先进水平。这是我国首次以火箭、卫星及发射服务支持的整体方式，为国际用户提供商业卫星服务。尼日利亚通信卫星一号的发射成功使孙家栋很兴奋，因为这颗卫星的发射是具有历史里程碑意义的。孙家栋的心中又一次浮想联翩。

中国为尼日利亚研制的通信卫星

早在1986年，中国长征系列运载火箭投放国际市场初始，张爱萍将军就语重心长地说："目前，我国的航天工业还是'瘸子走路'一条腿长一条腿短，那就是火箭的腿长，卫星的腿短，也就是说，我们的火箭已经达到了国际水平，可以参加国际航天发射的竞争，而我们卫星的水平则落后了一步。要想在国际竞争中获得主动权，就要使自己的卫星水平尽快与国际接轨，所以我们一定要加快卫星发展步伐。等到我们的卫星技术水平赶上了国际水平的那一天，我们也就不用再要别的国家给我们发什么许可证，那时候我们就可以扬眉吐气地用我们自己的火箭为国外发射我们自己制造的卫星！"

今天，这一理想已经成为现实。中国空间技术研究院通过研制尼日利亚通信卫星一号，攻克了大容量、长寿命、多频段通信卫星总体优化设计技术和星上数据管理技术、大面积轻型卫星机械太阳翼展开机构技术、大功率卫星热控技术、新一代全数字通信卫星模拟器技术等一系列具有自主知识产权的新技术，表明我国通信广播卫星事业在自主创新的道路上实现了重大跨越。孙家栋想，此时如果九泉之下的张爱萍将军听到这一喜讯，他的在天之灵一定会为这一新成就而感到欣慰。

2007 年 6 月 1 日凌晨，孙家栋又一次来到西昌，他在西昌卫星发射中心参加了长征系列运载火箭第 100 次发射后，又迎来了第 101 次发射。卫星发射之频繁，发射场利用率之高，足以说明中国航天的伟大成就，充分说明中国的火箭技术、卫星技术、发射能力、跟踪测量能力、配套保障水平……都在向世界航天先进行列迈进，孙家栋感到无比自豪。

2007 年 7 月 5 日傍晚，北京的天气闷热，孙家栋坐在家里客厅的沙发上沉思，此刻他的心里并不平静，他知道今晚将有一颗外国制造的中星 6B 通信卫星在西昌卫星发射中心发射。这颗卫星将主要为我国通信、广播和数据传输提供服务。他虽然没有直接主管这项任务，但他心里对这次卫星发射的成败充满着牵挂。越是发射时间的临近，孙家栋的心里就越是焦急，他虽然没有去发射现场也没有去北京的指挥中心，但他早已养成了习惯，每当有航天发射，他都对发射场异常关注。正在此时，他听到了发射的消息：20 时 08 分，长征三号乙运载火箭成功地将法国泰雷兹阿列尼亚宇航公司为中国卫星集团研制生产的中星 6B 通信卫星送入太空预定轨道，发射获得圆满成功。

孙家栋悬着的心即刻放松了下来，他从客厅的沙发上站起来，笑眯眯地起身自语道：“好了，咱该出去散散步了。”

第七章 开创探月里程碑

1 探月为深空探测开先锋

月亮是离地球最近的星球，月亮一直陪伴着人类的进化、社会的发展，月亮与地球共同分享着天体演变的宇宙沧桑。“月到中秋分外圆”，在那晴朗的夜空看不见云，也看不见星，只有那一轮圆月在一片漆黑的苍穹中闪烁着，把大地打扮得像霜雪一样纯白。日复一日，年复一年，圆月、满月、半月、芽月，人们凝视变化的月亮时，充满无尽的遐想。中国自古就流传着嫦娥奔月的神话和传说，表达着对月亮的神往。千百年来，人类仰望天空憧憬月球，浮想联翩，梦想着长出一对翅膀，飞向茫茫宇宙去探索月球的奥秘。

科学家们的科学探索总是无止境的，他们总在不停顿地思考着科学技术的前沿。在中国航天发展的历程中，早在第一颗卫星“东方红一号”研制时，就已经酝酿后续的卫星发展计划。东方红一号卫星发射成功后，紧接着就发射了实践一号卫星，以后的返回式卫星、遥感探测卫星、通信卫星、气象卫星以及载人航天工程都按照规划逐步实施，并且取得了一个又一个重大成就。

纵览国内外航天科学技术的发展，发射人造地球卫星、载人航天和深空探测是航天活动的三大领域。我国已经成功地发射了人造地球卫星和载人航天器，但我国的深空探测活动还是空白。所以，适时开展以距离地球最近的月球探测为起点的深空探测，是中国航天活动的必然选择，也是中国航天事业持续发展、有所作为的重大举措。

所谓深空探测，是指人造航天器脱离地球引力场，进入太阳系空间和宇宙空间的探测。主要有两方面的内容，即对太阳系各行星和对更遥远的空间进行探测。通过深空探测，人类可以进一步了解地球起源与演变、行星和太阳系的形成与演化、人类是不是宇宙中唯一的生命、地球的未来如何变化等一系列问题，同时有利于人类积极开发和利用空间资源。从现实和长远来看，深空探测具有十分重要的科学价值和经济意义。尽管人类在深空探测中屡遭灾难和失败，但深空探测的脚步不仅没有停止，步伐反而越来越快。国外深空探测的五个重点领域是月球探测，火星探测，水星、金星探测，巨行星及其卫星探测，小行星与彗星探测。深空探测的总体目标是研究利用空间能源、资源、环境，扩展生存空间，探索太阳系和宇宙（包括生命）的起源和演化，为人类社会的可持续发展服务。

其实，我国的一批专家、学者早在20世纪六七十年代就在跟踪国外发展动向，并且把探月作为深空探测的起点进行论证。我国有关部门曾在1994年组织专家对开展探月的必要性和可行性进行过初步分析与论证。当时中国已经启动了载人航天工程，在研究为载人飞船配套的长征二号F运载火箭首次试验性发射将运载什么有效载荷时，有人提出用有限的资金发射一颗简易探月卫星的方案。由于当时还难以提出一个完整的探月规划，缺乏长期和有深度的科学探测目标，并且当时国家的经济情况刚刚好转，航天基础还不像如今这样扎实，导致当时的探月方案无法完善，探月计划未能启动。

孙家栋当时也多次参加了有关探月的研究讨论，他认为，我国已经掌握卫星技术、运载火箭技术、测控网技术和发射技术，拥有一支技术雄厚的空间技术和空间科学研究队伍，根据目前对月球探测和月球科学跟踪研究的储备以及我国所具备的能力，开展探月的条件业已成熟。深空探测是当今世界科技发展的前沿领域，具有很强的基础性、前瞻性、创新性和带动性，将探月作为深空探测的起点是正确的选择。

孙家栋对之前所完成的研究结果非常重视，在此基础上，他又多次组织进行了验证性和改进性研究，进一步修改和制订了新的工程方案。他还将论证工作取得的结论提交 863 计划专家委员会进行研究，这些结论性的意见，得到了王大珩、陈芳允、王永志、杨嘉墀、王希季、闵桂荣、屠善澄、陈述彭等诸多院士的肯定。

孙家栋的老搭档、也曾担任过中国空间技术研究院院长、卫星总设计师的闵桂荣院士，早在 20 世纪 90 年代初就提出了中国也应该进行月球卫星研制的建议。

闵桂荣，工程热物理学及空间技术专家，中国科学院院士、中国工程院院士，国家 863 计划航天领域专家委员会首席科学家。在他的倡议下，“863 探月课题组”成立。

当时，载人航天工程正在如火如荼地开展论证工作，为了突出重点，搞月球卫星的建议没有激起大的波澜，但探测月球的希望之火并没有在科学家的心中熄灭。

1995 年，中国科学院地球化学所、空间科学应用中心和中国空间技术研究院的欧阳自远、叶自立、陈康文、褚桂柏、林文祝等专家经过一年的研究，编制了一个较完整的探月可行性报告。他们通过分析国外探月活动发展状况，探讨了我国开展探月的必要性，提出我国探月的项目与任务，论述我国开展探月已具备的条件，提出探月发展阶段设想和第一阶段探月的科学目标，提出了研制第一颗月球卫星的方案设想。

1997 年 4 月 7 日，中国科学院三位院士杨嘉墀、王大珩、陈芳允发表了《我国月球探测技术发展的建议》。相关研究单位和部门也曾组织专家和研究人员，对中国开展月球探测的可行性、必要性以及科学目标进行过分析与研究，先后向主管部门提交了《中国发展月球探测战略研究》和《月球资源探测卫星科学目标》等论证报告。

对月球的研究探测是航天领域以及相关科学领域科学家们多年的期盼，孙家栋和其他科学家一样，对探测月球充满着激情，这个激情既是对科学无止境的追求，也是对国家技术发展负责的责任。

历史的车轮刚刚迈入新世纪的 2000 年，国防科工委副主任、国家航天局局长栾恩杰频繁地找孙家栋，他非常了解孙家栋这位航天总体大师高超的谋略、敏捷的思维、丰富的经验、对中国航天的钟情和在航天界的影响力以及人格魅力。这两位在业内极具影响力的“老航天”满怀神圣的使命感，在一起谋划着中国航天发展的战略思路。他们两人的灵感一经碰撞立即迸发出了智慧的火花。他们认为，按照国家目前的技术水平和经济实力，完全可以开展对月球研究探测的工程实施，如果能够正确把握需求牵引关系，就可以着手考虑工程实施方面的大思路了。孙家栋与栾恩杰一拍即合，他们又把几十年来对月球资源应用有着极大兴趣的中国科学院院士欧阳自远找来，一起切磋谋划探月工程实施的事情。

2002 年 7 月在月球探测工程论证会上（右起孙家栋、栾恩杰、欧阳自远）

栾恩杰，我国著名导弹控制技术专家和航天工程管理专家，国际宇航科学院院士，中国载人航天工程副总指挥，中国工程院院士。

欧阳自远，中国科学院地球化学研究所研究员、中国科学院国家天文台高级顾问、中国科学院院士，我国天体化学领域的开创者。

搞了一辈子航天工程总体的孙家栋明确提出了自己的观点。他认为，作为进军月球这样的航天大工程的实施，首先应当进行技术、经济可行性研究，应当制定完整的项目建议书，必须获得国家对项目的批准。孙家栋根据自己多次开创大型航天工程担任总设计师的经验，提出在立项之前必须明确工程目的、实现途径、需求牵引、技术经济可行性、远期目标的连续性等原则问题。孙家栋提出，工程起步要先立足于满足工程的基本条件，在基本条件的基础上由简到繁，分步实现工程应用的发展目标。

在中国空间技术研究院探月工程会议上

几经酝酿，栾恩杰主抓了中国第一部《中国的航天》白皮书的编制工作。2000 年 11 月 22 日，中国政府首次公布了《中国的航天》白皮书，白皮书在对我国未来发展目标上明确指出，将“开展以月球探测为主的深空探测的预先研究”。

嫦娥一号卫星发射成功后与沈荣骏（右二）、胡世祥（右一）、栾恩杰（左一）合影

中国向国际庄严宣告了向深空探测的进军号令。

孙家栋不愧是航天工程的总体大师，在航天发展新跨越的重要历史关头，他又一次发挥了独到见解。按照他的几轮描绘，庞大繁杂发散的头绪即刻向清晰的思路收敛，孙家栋的想法立即得到了栾恩杰和欧阳自远的赞同。真是英雄所见略同，他们三人分头行动，立即着手组织专家按照新的思路进行专门论证，开展编制技术经济可行性研究报告等工程立项方面的实质性的前期工作。

2001 年到 2002 年间，孙家栋受国防科工委委托，组织全国各方面力量，开展了我国探月卫星的科学目标与有效载荷配置的研究，对我国探月关键技术的解决途径，对探月工程的综合立项工作进行了反复论证。通过为期一年的综合论证，最后得出结论：科学目标明确、先进，技术能够实现，没有颠覆性的技术问题。为国家的最后决策提供了科学依据。

中国的探月计划从论证开始，就受到国家领导人的高度重视，在 2002 年 10 月 17 日国务院第三次会议上，朱镕基总理批示要抓紧探月工程的论证工作。

2 开创中国航天新里程碑

2003 年 2 月 28 日，国防科工委在北京召开了 200 余人参加的“2003 年民用航天工作会暨探月工程筹备会”。国防科工委邀请孙家栋等 20 名院士作为正式会议代表参加了会议。会上，国防科工委副主任栾恩杰作了题为《与时俱进，开拓进取，谱写航天新篇章》的报告。报告中提出了“正式启动探月工程筹备工作”。国防科工委主任刘积斌宣布了探月工程组织系统名单，任命孙家栋为探月工程筹备阶段的总设计师，由他负责组织工程总体方案研究实施的筹备工作，孙家栋的肩上挑起了中国航天又一里程碑性质的新重担。

2003 年 9 月，国防科工委向中央专委汇报了我国探月工程的具体思路。

温家宝总理对开展月球探测十分重视。2004 年 1 月 23 日农历大年初二，温家宝总理批准绕月探测工程立项，将我国第一个探月工程命名为嫦娥工程，从此，绕月探测工程正式启动。

温家宝总理提出：“探月工程是一项复杂、多学科、高技术集成的系统工程，要统筹规划，合理确定科学和工程目标，要充分调动和整合各方面科研资源，加大重大关键技术的攻关力度。各部门要精心组织，团结协作，高标准、高质量、高效率地完成绕月探测工程任务。”

2004 年 2 月 19 日，国务院批准成立由国防科工委任组长单位，国家发展与改革委员会、科学技术部、财政部、总装备部、中国科学院、航天科技集团公司等单位参加的绕月探测工程领导小组。在不到一周的时间里，国防科工委便组织召开了绕月探测工程小组第一次会议。人们议论说，栾恩杰和孙家栋是好搭档，主意出得高。

2004 年 2 月 25 日，国防科工委宣布：绕月探测工程开始实施。孙家栋参加了会议，他的内心异常激动，中国航天开始了飞向月球的挑战。作为航天人对事业的热爱，孙家栋觉得肩上的担子虽然沉重，但这仍然是一件令人兴奋的大事。绕月探测工程领导小组在会上确立了绕月探测工程的科学目标、工程目标和研制计划。向所有参加研制、生产、试验的单位和人员指出，绕月探测工程是继载人航天工程后又一举世瞩目的国家重大科技工程，一定要以高度的责任感、使命感和紧迫感，抓住机遇，乘势而上，团结一心，大力协同，抓紧抓好绕月工程的组织实施，确保按计划、高质量地完成任务；一定要发扬“两弹一星”和载人航天精神，不怕疲劳，连续作战，奋勇攻关，努力攀登新的科技高峰，为人类和平利用空间资源作出积极贡献。

2004 年 3 月 25 日，国内各大报纸以醒目标题发出令人关注的消息《“嫦娥工程”领军人物确定》。

中新社报道说：中国国防科学技术工业委员会 25 日在北京举行嫦娥工程第一次工作会暨大总体协调会，工程领军人物也已一一确定。

嫦娥工程领导小组组长：国防科工委主任张云川。

嫦娥工程总指挥：国防科工委副主任、国家航天局局长栾恩杰。

工程副总指挥四位：解放军总装备部副部长胡世祥、中国科学院副院长江绵恒、中国航天科技集团公司副总经理马兴瑞、国防科工委秘书长孙来燕。

嫦娥工程总设计师：中国航天科技集团公司高级技术顾问、中科院院士孙家栋。

副总设计师三人：中国载人航天工程副总设计师陈炳忠、中科院空间科学与应用研究中心姜景山院士、中国运载火箭技术研究院龙乐豪院士。

嫦娥工程月球应用科学首席科学家：中科院地球化学研究所研究员、国家天文台高级顾问欧阳自远院士。

嫦娥工程由五大系统组成，卫星系统总指挥兼总设计师为中国空间技术研究院叶培建院士；运载火箭系统总指挥、总设计师分别是中国运载火箭技术研究院岑拯、贺祖明；发射系统总指挥、总设计师分别是西昌卫星发射中心徐宏亮、解放军总装备部工程设计所于建平；测控系统总指挥、总设计师分别是西安卫星测控中心董德义、解放军总装备部测通所于志坚；应用系统总指挥、总设计师分别是国家天文台艾国祥、李春来。

至此，中国航天开始了新的里程碑，中国绕月探测工程在工程领导小组的统一领导下，按照工程总指挥、总设计师两条指挥线正式展开了工作。

工程组织指挥体系的建立，标志着中华民族千年奔月之梦开始圆梦。多

总设计师孙家栋与总指挥栾恩杰在绕月工程会议上

年来，中国所有的航天活动都是围绕地球的活动，而探月则拉开了中国人迈向深空的序幕。75 岁的孙家栋又一次接受了新的挑战，“婵娟从此不寂寞，广寒期盼故乡人”。

探月工程运筹于科学殿堂，决策于高层领导。按照温家宝总理的批示，我国探月工程确定了 4 项实施原则：

1. 要服从和服务于科教兴国战略和可持续发展战略，以满足科学、技术、政治、经济和社会发展的综合需求为目的，把推进科学技术进步的需求放在首位，力求发挥更大的作用。

2. 探月具有大型科学探索活动的显著特点，高投入、高风险、高收益，工程要根据国情国力，贯彻“有所为、有所不为”的方针，选择有限目标，突出重点，集中力量，在关键领域取得突破，循序渐进，持续发展，为深空探测活动奠定坚实的基础。

3. 探月工程虽然起步晚，可以利用已有的国外探测成果，借鉴国外探月工程的经验和教训，但起点要高，要优选探测目标，优化技术实施途径，做一些别人尚未做过的事，有一定的先进性和创新性，在填补我国探月空白中，形成自己的特色，为国际探月作出应有贡献。

4. 要在独立自主、自主创新的基础上，大力开展国际交流与合作。探月具有开展国际交流与合作的有利环境和条件，积极探索多层次、多渠道的国际交流与合作，从学术交流、共同研究到合作研制，逐步扩大合作规模，提高合作层次，以较少的投资，争取更多的成果，并实现技术上的飞跃。

2004 年 12 月，孙家栋与国家航天局局长孙来燕等一同访问美国，会见美国航空航天局局长奥基夫等

孙家栋组织有关专家经过充分酝酿后一致认为，绕月探测工程的主要目的是从科学的角度去了解月球这个离人类最近的天体，通过对月球由浅入深的了解，促进航天工程技术带动相关产业技术的发展，向更深更广的领域迈进。

经过设计研制人员的不懈努力，嫦娥一号卫星按要求完成了方案设计阶段工作，进入开始整星初样阶段的研制工作。2004 年 4 月 30 日，孙家栋参加了在中国空间技术研究院召开的嫦娥一号卫星转初样评审会，“嫦娥工程”副总指挥、时任中国航天科技集团公司副总经理马兴瑞以及国防科工委、中国运载火箭技术研究院、中国空间技术研究院、中国电子集团公司的有关领导和专家参加了会议。

马兴瑞，博士研究生，教授，国际宇航科学院院士。现任中国航天科技集团公司党组书记、总经理，中国载人航天工程副总指挥，中国宇航学会理事长。历任哈尔滨工业大学副校长，航天工业总公司五院副院长，实践五号卫星总指挥和总设计师，航天科技集团公司副总经理、党组成员。1991 年被国家教委授予“作出突出贡献的中国博士学位获得者”；1994

在长征三号出厂评审会上与航天科技集团公司马兴瑞总经理亲切交谈

年入选国家教委“跨世纪优秀人才计划”，同年获国务院颁发的政府特殊津贴；1996 年被评为国家有突出贡献的中青年专家。

会上，孙家栋同与会人员认真听取了《嫦娥一号卫星初样详细设计报告》、《嫦娥一号卫星初样可靠性、安全性分析报告》以及《嫦娥一号卫星整星测试覆盖性分析报告》。主管卫星研制的工程副总指挥马兴瑞认为，嫦娥一号卫星按方案完成初样试制后，将进入初样试验阶段。嫦娥一号卫星初样产品将对设计、工艺和方案进行实态验证，进一步完善方案，为飞行试验产品研制提供全面、准确的依据，为发射卫星奠定技术基础。

至此，嫦娥一号卫星方案设计阶段的各项工作已全部完成，具有较好的继承性，设计的功能和技术性能指标满足任务要求；卫星总体与各分系统之间、卫星与各大系统之间接口要求明确，大型试验项目安排及试验方案合理可行；研制技术流程完整，计划流程合理可行；卫星进行了可靠性、安全性设计，可靠性关键项目明确，测试覆盖性分析的项目完整，可以转入初样阶段的研制工作。

这些成果使大家精神大振，令孙家栋兴奋不已，他在一次会议上谈到，不论哪个国家，从事航天活动共同遵循的原则通常都是尽量采用成熟技术，在成熟技术的基础上继承、发展、运用新技术。通过解决、攻克工程中的难关，科学技术水平将会很自然地得到提高，从而在相关领域产生连锁性的跨越式发展。如果说世界各国为探月花费了巨大代价的话，那么，中国的探月则应该在他们成功与失败的基础上，采取最为优化和最为经济有效的方案。要围绕突破探月卫星的研制、有效载荷和数据解译等技术，初步建立深空探测工程大系统，培养人才队伍等方面安排好相关计划，拟制出具体措施。

3 独具科学性的循序渐进“三步走”

自从2005年10月神舟六号载人飞船任务获圆满成功后，探月工程成为中国航天新的热点，人们对此的关注与日俱增，这无疑增加了总设计师孙家栋的压力。

根据循序渐进的原则，在确定近期实施计划的同时，将尽最大可能对长期目标进行考虑和兼顾。我国探月工程规划按照“绕”、“落”、“回”三步走的原则进行，每一步所确定的科学目标和工程目标为：

一期工程为“绕”。即发射探月卫星，卫星进入近月轨道后围绕月球飞行，卫星对月球遥测并将测量数据传回地面，计划2007年完成。

主要科学目标为：获取月球表面三维立体影像，精细划分月球表面的基本构造和地貌单元，进行月球表面撞击坑形态、大小、分布、密度等的研究。虽然别的国家已做过类似工作，但已得到的图像中还存在很多空白区，而中国为月球画像则要完全覆盖月球，包括人类探月活动从没涉足的南北极部分区域；分析月球表面有用元素含量和物质类型的分布特点，主要是勘察月球表面有开发利用价值的钛、铁等14种元素的含量和分布，绘制各元素的全月球分布图，月球岩石、矿物和地质学专题图等，评估月球矿产资源的开发利用前景等。此前美国曾对月球上5种有用元素铁、钛、铀、钍、钾做过分布规律与含量的探测，这次中国探月活动将元素探测范围扩大到14种，将对月球的一些有用资源进行更为全面的前景评估；探测月壤厚度，即利用微波辐射技术，探测和评估月球表面月壤的厚度，并在此基础上，估算部分有用资源分布及其资源量等；探测地球至月球的空间环境，月球与地球平均距离为38万千米，处于地球磁场空间的远磁尾区域，卫星在此区域可探测宇宙射线高能粒子和太阳风等离子体，研究太阳风和月球以及地球磁场磁尾与月球的相互作用等。

主要工程目标为：研制和发射我国第一颗探月卫星，初步掌握绕月探测基本技术，首次开展月球科学探测，初步构建探月工程系统，为探月后续工程积累经验。

二期工程为“落”。即发射一颗月球软着陆器，并携带一辆“月球车”，进行首次月球软着陆和自动巡视勘测，计划在2012年前后发射。

主要科学目标为：进行着陆区月貌与月质构造调查和综合研究，测定着陆点的月表的环境，测定着陆点的热流、岩石剩磁等；进行月球内部结构研究，对月岩进行现场探测或采样分析，探测着陆区岩石的化学与矿物成分；日地月空间环境监测与月基天文观测。

主要工程目标为：发射月球软着陆器，试验月球软着陆技术；研制和发射月面巡视车、自动机器人；进行高分辨率摄影；为月球基地的选址提供月面环境、月形、月岩的化学与物理性质等数据。

三期工程为“回”。即发射一颗月球软着陆器，进行首次月球样品自动取样并安全返回地球，在地球上对取样进行分析研究，计划2017年前后发射。

主要科学目标为：进行着陆区的探测与研究；采集月球样品返回地球，对样品进行系统的岩石学、矿物学同位素月质和月球化学研究，结合月面物质成分的分析数据，深化月球和地月系统的起源和演化的研究。

主要工程目标为：研制新型月球巡视车；研制小型采样返回舱、月表钻岩机、月表采样器、机器人操作臂等；在现场分析取样的基础上，采集样品返回地球；对着陆区进行考察，为载人登月探测、月球前哨站的选址提供数据。

嫦娥一号卫星由于是中国第一次向深空探测领域的迈进，是第一次对地球以外的星体进行近距离探测，一期工程面临着一系列新的关键技术和难点，比如轨道设计与飞行程序控制，远距离跟踪测量与地面操作控制的实现等。

孙家栋作为探月工程五大系统总设计师，在工程方面他考虑最多的问题自然是工程目标的实现、关键技术的解决途径和大系统的配套协调。在工程目标确立后，他要找出主要矛盾，将各系统与之相关的问题搞清楚。以往我国发射的航天器，全部是在地球引力场作用下环绕地球运动的航天器，实现对地遥感、通信、数据传输、载人飞行等任务。要实现探月，则必须使航天器飞出地球引力场，进入到38万千米远的月球引力场。由于月球以及月球与地球、太阳的相对关系具有其固有的特点，因此，研制和发射探月卫星是一个复杂的三体定位问题，与一般的地球卫星有很大的不同。

在制定嫦娥一号卫星技术方案的会议上，作为总设计师的孙家栋非常果断地说出了自己的观点，他认为，“嫦娥一号”如同其他人造卫星一样，也是由卫星平台与有效载荷两部分组成。在满足技术指标要求的前提下，尽量采用成熟技术，不仅可以提高可靠性，减少资金投入，而且可以缩短研制周期。然而，作为一项新的航天工程，必然是国家最高新技术的集合和应用，必然要采用大量当代最先进的技术，需要研制大量新设备，会遇到从来没有接触过的新问题。因此，需要将成熟技术与新技术科学地交叉使用，最大限度地保证可靠性，保证工程目标的实现，保证为后续任务的发展奠定尽可能多的理论与实践基础。虽然孙家栋说他是在抛砖引玉，供大家制定方案时参考，但大家一致认为这个观点应该作为开展工程的原则。

指着办公桌上的月球仪在讲述

孙家栋的脑子里经常反复思考着地球、月球、卫星三体运动的关系。他举了个例子说：“卫星在地球上发射，但在发射那一刻，月球在太空的什么位置？因为地球与月球都在不停地转动，地球在什么季节与月球的距离最近？何时发射最有利于发射控制？这些因素使运载火箭和卫星的轨道设计难度更大，对各个系统的要求也更加苛刻。”

孙家栋还讲到：“探月卫星的发射，计算好在某一天、某一时段几点几分发射，是不能轻易变的。”说到这里，他竟然像小学生背数学口诀似的很流利地说：“比如计划好要在某年的 4 月 18 日发射，发射时间就要定在 6 时 23 分，如果推迟一天，就是 6 时 28 分，再推迟一天，就是 6 时 33 分。本来发射

深入研制现场，检查探月卫星配套设备研制情况

就是一件很难的事情，卫星又必须确保在这个时间里准确发射升空就更是难上加难。火箭点火是牵动全局的事情，与之有关的火箭、卫星、发射场、测量控制、通信保障等系统，都要保证与这一发射时间绝对同步，这是新的尝试，当然也是一场挑战。仅五大系统绝对同步这一要求，就是中国以前所有的航天发射从来没有经历过的。”

孙家栋多年来养成了一个习惯，脑子里只要装上问题，就会觉得茶无味、饭不香，他会沉默寡言，日思夜想。好几次，有时是半夜，有时是凌晨，老伴醒来发现床上的老头不见了，细听房间没有一丝动静，吓得她大喊。孙家栋却很沉稳地说：“你睡你的觉，不要大惊小怪。”原来，孙家栋夜里醒来看到窗外挂在空中那明亮的月亮，便身不由己地走到凉台上看上几眼，他仔细看着月亮在天上慢慢移动，心里在默默琢磨探月工程总体的一些技术方案。有时他在窗前一站竟是几个小时，折腾的老伴也睡不踏实，一会要给他披衣服，一会要给他搬椅子让他坐在那里看。但有一条，老伴会看他的眼神行事，绝不敢打乱他的思绪惹他不高兴。有一次，孙家栋在凉台上从后半夜一直站到天空泛白、月亮轮廓变淡，老伴才打趣地说：“月亮真好看是么，看够了，看出名堂了。呵呵，是不是该吃早饭了，司机都该来接你了。”这时的孙家栋却似乎没有倦意，早饭吃得似乎比平时还要多，想必是观察月亮有了新的感悟。

按照发射程序，卫星首先由运载火箭送入地球大椭圆轨道，与运载火箭分离后，卫星利用自身推进系统经过三次调相轨道加速，进入地月转移轨道，在此期间卫星需要进行多次轨道机动，以确保能够准确地被月球引力捕获。卫星在地月转移轨道运行4~5天后，进入月球捕获轨道，进行三次制动，分别经过三个不同轨道阶段进入月球的目标轨道，执行预定任务。卫星从发射到进入月球目标轨道共需飞行8~9天。

卫星姿态控制的三矢量控制问题也是难点之一。在环月飞行期间，卫星上的各种探测器要保持对准月面，以完成科学探测任务；卫星发射和接收天线要保持对地定向，以将科学数据传回地球，供地面应用系统研究；卫星的太阳能电池板要保持对日定向，为了使电池阵尽量获得日照，需采用正飞和侧飞两种姿态，以获得正常工作所需的电力。在卫星运行期间，月、地、日三个天体都是相对运动的，姿态控制是三矢量控制过程，需要在卫星整体布局、质量分布、多轴控制跟踪等方面进行很多新的理论研究，也带来了许多工程实践上的挑战。

卫星环境适应性设计也是一个崭新的课题。卫星运行的复杂空间环境是以前从来没有遇到过的，这对卫星及星上设备的环境适应性、可靠性提出了更高的要求。比如，地月空间的强辐照环境会对电子器件产生很大影响，月球在对日面、背日面条件下的温度会在 -170℃ 到 130℃ 之间变化，所以对探测器的温控要求更高。

远距离测控与通信问题更是以往我国航天活动所没有经历的。中国航天创建50年来，我国卫星到达的最远距离约7万千米，而月球距地球大约38万千米，这给测控系统的传输能力带来了新的挑战。此外，卫星在飞往月球的漫漫长路中，必须要对其实施多次姿态调整，而姿态调整的前提，是必须对卫星准确测量、准确定位，为地面提供精确的数据。由于我国本土从东到西只有5000千米，我国目前尚未建成全球深空测控网，所以卫星如果飞出中国国土的观测区便会“丢失”，采用已有的航天测控网和天文观测网相结合的办法，虽可基本满足要求，但余量太小，将给测控的连续性增加难度。

4 高起点有特色的中国探月之路

探月工程由探月卫星、运载火箭、发射场系统、测控系统和地面应用系统五大系统组成，在这五大系统中，将坚持使用中国自己的技术、自己的设备、自己的产品、自己的设计、自己的条件来完成。五大系统必须有高度统一的协调配合，每个系统都必须在所要求的时间内按照总体计划，保质保量地完成各自的研制任务。

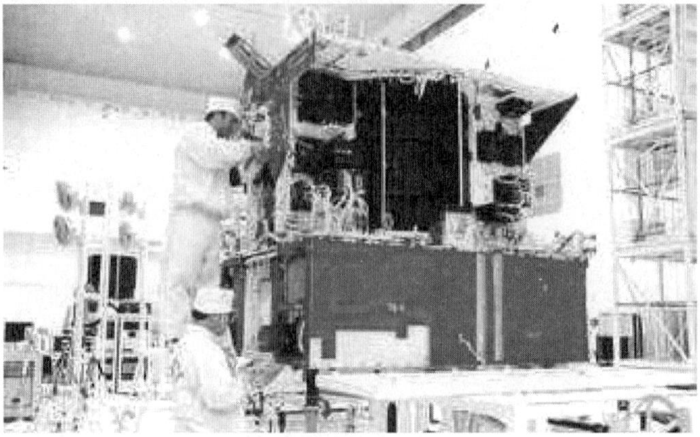

装配中的探月卫星

探月工程采用的卫星平台，以中国成熟的东方红三号卫星平台为基础进行研制，选用该卫星平台主要是鉴于它的成熟性和高可靠性。该卫星平台采用了许多较先进的技术，如全三轴稳定、统一双组元液体推进、公用平台设计、大面积密栅太阳能电池阵和高强度轻型碳纤维多层复合材料等。此卫星平台1997年5月首次投入使用后，在其他型号的卫星上进行了多次应用。嫦娥一号的卫星平台充分继承了东方红三号卫星平台的成熟技术，并进行了适应性改造。所谓适应性改造，实际是在继承基础上的创新，包括突破一批关键技术。例如三维定向技术、轨道设计和紫外月平仪的技术攻关，这些都具有相当高的技术难度。

嫦娥一号卫星上选用的有效载荷共6套24件，包括CCD立体相机、激光高度计、成像光谱仪、伽马/X射线谱仪、微波探测仪和太阳风粒子探测器等。其中CCD立体相机是拍摄全月面三维影像的专用相机，在中国属首次使用。成像光谱仪用于获取月面光波图谱。伽马/X射线谱仪用于探测月球表面元素。微波探测仪除用于获取月壤厚度信息外，还能给出月球背面的亮度温度图和月球两极月面的信息。集望远镜、激光器和接收电路为一体的激光高度计，在探月卫星的发射阶段和转移阶段都处在“睡眠”状态，卫星进入环月轨道后，激光高度计不断向月面发射激光束，可清楚地得到每个探测点的海拔高度。这些数据与 CCD 立体相机拍摄的平面图像相叠加，就是一幅完整而精确的月面三维地形图。只要激光高度计发射的探测点足够密，就能获得覆盖整个月球，包括人类探月活动从未涉及的月球两极区域。对于科学研究来说，月球立体影像资料的价值并不仅仅是为了看到月貌，重要的是，据此可勾画出月球地质构造演化史，研究月球、宇宙的起源。

根据“嫦娥一号”对运载火箭的技术要求，火箭要把“嫦娥一号”送到近地点 200 千米、远地点 51000 千米的大椭圆轨道。为满足探月卫星的特殊要求，长征三号甲火箭控制系统增加了单机和线路备份，确保飞行过程中不出现任何偏差，万无一失。选择使用长征三号甲火箭还考虑到它是长征系列火箭中发射成功率最高的型号之一。这种火箭拥有灵活而先进的控制系统，可在星箭分离前对有效载荷进行大姿态调姿定向，并提供可调整的卫星起旋速率，具有很强的适应性。长征三号甲火箭主要用于发射地球同步轨道有效载荷，同时兼顾低轨道和太阳同步轨道等其他轨道有效载荷的发射，也可进行一箭双星或多星发射。

发射嫦娥一号卫星的发射塔

嫦娥一号卫星的发射场确定在西昌卫星发射中心。这个卫星发射中心自 1984 年 1 月 29 日执行第一次卫星发射任务后，已经完成了几十次地球同步轨道卫星的发射任务，是中国专门用于发射地球同步轨道卫星的发射场。发射场的适应性改造工作量非常大，仅仅是发射塔架，就要对数十吨钢材大动干戈。截至 2006 年年底，发射场的改造工作已经完成。

卫星测控任务则立足我国现有测控设施，由我国卫星测控网和甚长基线干涉仪天文测量系统联合承担。通过适应性改造，它们可以完成探月工程各个轨道段的遥测、遥控及测轨任务。

检查大型天线调试工作

地面应用系统的任务包括卫星在轨运行期间科学探测业务管理、数据接收与处理、科学研究与普及。目前，中国在上海佘山和乌鲁木齐分别拥有一个直径25米的天线，但它们只能有4~6小时可用来接收星上信息。为了探月工程的顺利实施，我国又分别在北京和昆明建设了一个直径50米和一个直径40米的天线。这样在我国本土上，可用4个天线交叉干涉，对近40万千米远的“嫦娥一号”进行测控，并为应对外界干扰因素和意外因素留有应急的能量。

地面应用系统包括探月卫星运行管理中心、数据接收中心以及科学数据处理和研究中心三个部分，按照总体技术要求也稳步进行了工程建设、设备研制，做好了各项准备工作。

根据国外探月走过的道路，美国、欧空局、俄罗斯和日本等在以前探月过程中从未使用过可以全天候、全天时工作和具有一定穿透能力的微波遥感技术，而我国的“嫦娥一号”则使用了微波探测仪，这将是世界上首次在探月卫星上装载微波遥感装置，一旦成功应用将可以实现对月面更为细致深入的探测，并可对所发回的数据进行反演和解析。不过，由于月球远离地球，对月球进行微波遥感探测有很大的技术难度和一定的风险。为确保探测成功和稳定地发回数据，专家们制定了相应的可靠性方案，加强对月球微波遥感的地面仿真研究，以确保成功。

要实现工程的技术领先，就必须要有所创新。在科学研究的征程上，每一个微小的创新都有可能带来连锁性的技术难点。孙家栋组织技术人员反复分析论证，攻克难关，坚定地向既定目标迈进。

我国探月工程的实施，实现了高起点、有特色、有创新的设计目标，为开展航天国际合作搭建了新的平台，有力地推动了我国航天领域的国际合作。在世界掀起新一轮探月高潮之际，探月的跨国界合作与交流，为我国在这一领域开展国际合作提供了广阔前景。我国可以利用这一平台开展多层次、多渠道的国际合作，加快我国空间科学和空间技术的发展。

5 拥有实力才能参与国际平等合作

孙家栋在研究月球的同时，不仅安排了大量时间了解国外探月登月的事例，而且多次向大家提出要多了解一些国外发展的新动向，要求技术人员深入分析国外在探月、登月方面的成功经验和失败教训，通过对国外情况的了解增加自我的感性认识。

我国虽然是世界上最早对月球进行科学观测和记录的国家之一，但现在已经远远落后于发达国家。根据从河南安阳出土的文物记载，早在殷朝甲骨文中就已有日食和月食的记录。明代以前，中国对日月运行的观测、研究和认识达到了很高的水平，发明了一系列精巧的天文观测仪器，以日月运行规律为基础编制出来的历法，曾经一度领先于世界水平。明代中叶以后，欧洲科技的发展突飞猛进，对月球的科学认知水平很快就有了飞跃，从对月球的远距离观测逐步走向全面的科学探索。

国外登月历程虽然有许多趣闻轶事，但更多的是艰辛与不幸。

现代人类对月球的探测始于 20 世纪 50 年代末。当时美苏两个航天大国出于争夺空间霸权的目的，展开了以探月为核心的空间竞赛。

1961 年 5 月，美国宣布“在 60 年代结束之前将人送上月球，而且要让登上月球的人平安返回地面”。为了完成阿波罗登月计划，在 18 年时间内，美国耗用资金高达 250 亿美元，先后参加登月计划的人员多达 400 余万人，其中仅工程技术专家就有 1200 余名，参加研制的有 20000 多家工厂、100 多所大学。

在其后的 10 余年里，美苏两国共成功发射了 45 个月球探测器，美国曾经先后 6 次将人送上月球。

人类在探索月球的道路上虽然取得了辉煌成就，但探月之路并不是一帆风顺，不论是美国还是苏联，他们在探月、登月的道路上都充满着艰辛。

1967 年 1 月 27 日，阿波罗 1 号飞船在飞行中突起大火，3 名美国航天员在飞船内被无情的大火夺去了生命。

1967 年 4 月 24 日，苏联出于政治目的，为了急于向“五一”国际劳动节献礼，在匆忙之中发射了联盟 1 号飞船。然而，在飞船返回即将回归大地时，由于减速用的主降落伞没能打开，回收舱内的航天员被摔得粉身碎骨。

1969 年 7 月，阿波罗 11 号飞船实现了人类登月之梦，在月球上留下了 12 名美国航天员的足迹。这些活动显示了科学的力量，推动了航天技术的发展，促进了人类对月球的认识。

阿波罗 11 号飞船登月道路并非平坦，从发射到返回竟有 6 次惊心动魄的险情。第一次险情发生在飞船起飞前 4 小时，当时发射场已经进入倒计时发射程序，而矗立在发射台上运送阿波罗 11 号飞船的土星 5 号火箭却出现了燃料泄漏，所幸问题很快得到了解决，火箭终于点火起飞。第二次险情发生在飞船升空后的 48 小时，这时的飞船已经安全飞行了 20 万英里，然而航天员却看到飞船外面有一个不明飞行物尾随着飞船时隐时现，似乎还有神秘的闪光，地面控制中心了解了这一情况后告知，这种现象应该是高速移动的重粒子，幸运的是飞船没有遭到重粒子的“轰击”。第三次险情发生在飞船即将着陆月球的时刻，船上计算机突然出现乱码，接着死机，紧急检查后认为是着陆传感器获取的信息超过了飞船计算机的内存，超量信息阻塞了计算机所至，问题解决后飞船开始降落。此时，第四次险情又悄悄降临，显示器上出现发动机燃料严重不足的指示，表明登月舱的燃料只能支持 30 秒，而正常完成降落至少需要 10 分钟，航天员决定立即紧急降落，登月舱安全着陆。第五次险情发生在航天员准备历史性月球漫步的那一刻，登月舱的舱门竟然无法打开，原来是由于内外压差所致，当航天员平衡了压力才把舱门打开。第六次险情却差点把航天员留在月球而永远回不到地球，航天员完成了 2 小时的月球行走后，臃肿的登月服在狭小的登月舱内刮断了启动发动机的一个电路开关，如果没有这个开关，飞船将无法启动，聪明的航天员使用一支圆珠笔接好了电路，成功地使发动机点了火，登月舱具有历史意义地离开月球返回地球。7 月 22 日下午 1 时 56 分，阿波罗 11 号飞船指令舱离开月球，踏上返回地球的旅途。7 月 25 日凌晨 1 时 50 分，飞船指令舱载着 3 名航天英雄平安地溅落在太平洋中部海面，人类首次登月宣告圆满结束。尼克松总统在白宫举行盛宴欢迎他们凯旋，他们所到之处充满了鲜花、鼓声。阿波罗 11 号飞船实现了人类登月之梦，是人类在探月活动中取得的最辉煌的成就。

1976 年以后，苏联停止了探月计划。接着，美国也停止了探月计划。至此，两个超级大国历时 10 多年的探月竞赛以美国领先而告结束。又过了近 20 年，随着冷战年代的结束，学者们逐步披露出一些探月竞赛鲜为人知的秘闻。

1989 年 11 月，美国麻省理工学院和加州理工学院的 6 位教授访问苏联时，在莫斯科航空学院，亲眼看到了当年匆忙研制出来的登月舱，看到了用于把 2 名航天员从月球送回地球的飞船。莫斯科航空学院的主人在沉默了近 20 年后，坦率地向客人说："这些是为了抢在阿波罗登月之前而研制的，苏联原计划于 1968 年 12 月实现载人绕月飞行，但 1968 年 12 月初，美国阿波罗 8 号抢先实现了绕月飞行，1969 年 7 月 21 日，美国阿波罗 11 号飞船又率先登月成功。这时，苏联火箭不幸连续发生事故，便决定停止探月活动。出于政治上的原因，这段秘史被一直保密隐藏。"

近十几年来，随着航天科技的飞速发展和人类对月球认识的逐渐深入，人们意识到月球上蕴含的丰富资源将会对人类的未来发展起到重要作用，于是探月经过 30 年的平静之后又一次升温，新一轮热潮正在掀起。

1986 年，美国提出重返月球、建立月球基地的设想，并在 1994 年和 1998 年分别发射了两个探测器。1998 年 1 月发射的以绘制月球表面地形图、分析月质结构和寻找月球存在冰或水证据等为目的月球勘探者号探测器，于 1999 年 7 月完成使命。2004 年 1 月 14 日，美国总统布什在关于美国载人太空探索政策的演讲中，提出了美国重返月球计划。2006 年 4 月又提出一项撞击月球南极的计划，希望能成功找到月球存在水的证据，以利未来航天员登陆月球并建立长期基地。

对欧洲来说，继 2006 年 9 月 3 日第一个月球探测器"智能一号"圆满完成撞击月球使命后，欧洲还计划未来让航天员登陆月球并分阶段建立月球基地。欧洲还制定了进行月球和火星探测的"曙光女神"计划，印度也公布了"月球初航"探测计划。

不久前，日本、印度也发射了月球探测卫星，各国的探月计划紧锣密鼓地准备着。

新的一轮探月热潮必将掀起一场国际间的竞争与合作，没有科学技术实力，就没有资格参加真正意义的航天国际合作。我国开展探月活动，可为未来开发月球资源奠定必要的物质技术基础，一旦时机成熟，我国就能直接或间接地参与国际月球资源开发活动。

第八章　“嫦娥”绕月奏凯歌

1　深空探测新时代

孙家栋、栾恩杰和欧阳自远作为探月工程“三巨头”，他们深知自己在工程中所扮演的角色。正如2006年他们在中央电视台演播室与广大电视观众见面时，电视主持人向观众做的形象介绍：“今天我来介绍一下现在请到演播室的三位嘉宾，他们是中国探月工程最核心的三位负责人。左边的这位是绕月探测工程总指挥栾恩杰，中间的这位是绕月探测工程总设计师孙家栋院士，右边的这位是绕月探测工程应用科学首席科学家欧阳自远院士。他们三位所承担的工作，形象地说就是，总指挥管的是绕月工程要做什么，总设计师管的是怎么做，而首席科学家管的是为什么要做。”

他们三人非常关注航天事业未来的发展战略，按照自己肩上所承担的责任，只要有时间就会一起畅谈，一起探讨，一起互相启发，他们的畅谈往往能够撞击出意想不到的火花。很多时候他们也深入研究国外登月的情况，他们把眼光瞄向当今世界领先的水平，我国探月虽然起步晚，但确立的科学目标不能低，首次探月的成果起码应相当于本世纪初美国所达到的水平。

作为科学技术的发展，航天队伍按照国家确立的目标稳步前进，但对我国亿万群众百姓来说，不论是出于好奇还是出于对国家科技进步的关注，对于为什么要探索月球，人类登月的目的与意义是什么，花那么多钱到月球可以获得什么，研究月球对于地球上的人类究竟有什么关系等都很关注，不仅普通老百姓，教育界、科学界的各方人士，都对探索月球表示出了极大的热情和兴趣。

孙家栋和栾恩杰、欧阳自远认为，利用这个机会展开一些必要的宣传，不仅能够起到科学普及教育、增强人们对探月工程所取得效果的认识，而且可以以探月为契机，获得全国人民的支持，从而推动航天产业的发展。他们做了专题研究后，对我国探月工程的意义发布了下列七条言简意赅的解释：

首先，是维护我国月球权益的需要。1984 年联合国通过的《指导各国在月球和其他天体上活动的协定》（简称《月球条约》）中规定，月球及其自然资源是人类共同财产，任何国家、团体和个人不得据为己有。作为联合国外空委员会的成员国，我国开展探月并取得一定成果，才具有履行《月球条约》和分享开发月球权益的实力，维护我国的合法权益。

第二，月球是人类研究宇宙和地球本身的最佳平台。科学家认为，通过利用月面上没有人为改造和破坏的本来面目研究月球，了解月球的成因、演变和构造等诸方面的信息，有助于了解地球的远古状态、太阳系乃至整个宇宙的起源和演变，有助于搞清空间现象和地球自然现象之间的关系，可以极大地丰富人们对地球、太阳系以至整个宇宙起源和演变及其特性的认识，从中寻求有关地球上生命起源和进化的线索。

第三，月球是促进科技的进步和发展的重要载体。开发月球是空前艰巨的事业，需要解决一系列难题，这必然会带动诸如大推力火箭、巨型航天器、高速飞行、人工智能、计算机、机器人、加工自动化、精密仪器、遥感作业、通信、材料、建筑、能源等工程技术以及空间生物、空间物理、空间天文等科学技术的突飞猛进。

第四，为开发利用月球资源做准备。据探测，月岩中含有地壳中的全部物质元素，约有 60 种矿藏。在月球岩土中，具有丰富的氧、铁、镁、钙、硅、钛、钠、钾、锰等物质，初步估计共含有 8 万亿吨铁。此外，月球上有丰富的能源，尤其是月球上的氦 3 是地球上所没有的核聚变反应的高效燃料，据估计，在月壤中氦 3 的资源总量可以达到 100 万～500 万吨，能够支持地球 7000 年的电量需要。

第五，促进深空探测。月球表面的引力只有地球表面的六分之一，因此，航天器从月球上起飞，可大大地节省能源。月岩土壤中氧占 40%，可以就地生产推进剂和作为生态环境和生命保障系统的氧气来源；硅占 20%，可以为航天器制作太阳电池阵；其他金属可以为航天器制作各种部件设备；还可以用月球作中转站，为过往的航天器进行检修和补充燃料。

第六，进行天文观测和研究的平台。月球表面的地质构造极其稳定，月球直接承受太阳的辐射，没有大气层对光线和电波的吸收、散射和折射等干扰，没有尘埃污染，没有磁场，月球的背面没有人造光源和射电的干扰，月震很微小。同时，月球有漫长的黑夜，黑夜温度极低。这种环境为建造高精度天文观测台提供了理想的场所。

第七，推动经济发展。开发月球，可以产生难以估量的经济效益，而且其他技术的二次开发应用，势必促进工业的发展与提升。如美国研制和发射阿波罗载人飞船时，就产生了 3000 多项专利，带动了高新技术产业的发展，在阿波罗计划中，每投入 1 美元，就带来 5 美元的效益。

探月工程是我国航天领域重要的标志性工程，在空间科学方面，将首次对地球以外的星体和空间环境进行近距离和接触式探测，使我国对空间科学的认识大大深化。在航天技术方面，将逐步实现多项重大突破，必将为我国在相关研究领域培养出一大批高素质、高水平的人才。

探月工程将带动和促进我国基础科学和高科技的发展，将会促进宇宙学、比较行星学、月球科学、地球与行星科学、太阳系演化学、空间天文学、空间物理学、空间材料科学、空间天气与空间环境科学等的创新和发展，这些学科的进展又将带动更多的基础学科交叉、渗透与共同发展。

探月工程将推进工程系统集成、深空测控通信、新型运载火箭和航天发射等航天技术跨越式发展，带动信息技术、新能源技术、新材料技术、微机电技术、遥感科学等高新技术的发展，将会促进多层次、多渠道国际合作的步伐。

各国的月球探测虽然有早有晚，但所装置的仪器却各有千秋。如欧洲的探月计划侧重于验证航天技术和星上搭载仪器，日本则专注于研究月球内部构造的演化和形成，我国则重点研究月球资源分布，印度的探测任务与我国相近，但任务范围则相对较小。由于探测任务的侧重点不同，中国探测器与欧洲航天局和日本的探测器所配备的科学仪器也有很大的不同。

与欧阳自远一起检查探月工程测控设备研制落实情况

孙家栋组织相关人员认真分析了国外探月活动的经验教训，使他所领导的专家和技术队伍胸中更加有底，更加信心十足。虽然地月之间距离遥远，迄今我国尚未进行过探月活动，但中国的探月工程将更多地采用目前世界上最成熟技术。虽然许多技术问题还需要进一步试验和攻关，但经过专家们多方论证的结果是：中国的探月工程不论是总体还是各分系统、子系统都已不存在“颠覆性”的技术问题。

根据国家统计局发布的2005年GDP公告，中国2005年GDP现价总量为18万亿元人民币，国家经济实力的增强促进了航天的发展，首期绕月探测的总经费大约为14亿元人民币。据推算，这相当于在北京修建约2000米地铁所需的费用，所以，开展探月工程需要的资金既不是天文数字，也不会拖国家建设的后腿。

孙家栋认为：国家决定上马探月工程，我们将充分利用成熟技术，大胆采用我们已经具备的高新技术，尽可能用最少的投资，在最快的时间里，“快、好、省”地获得探月第一手资料，为后续更加深入的探测积累经验、创造条件。随着探月各期工程的分步实施，中国将逐步突破绕月探测关键技术、月球软着陆及自动巡视勘察技术、月球自动采样及地月往返技术，研制和发射探月卫星、月球软着陆器和月球车、月球采样返回器，建立并逐步健全月球探测工程系统，为未来的深空探测活动奠定技术基础。

2 “嫦娥”奔月万事俱备

随着时间的飞快推进，探月工程在稳步进行。在孙家栋的领导之下，总体技术的难关逐项得到了攻克，每一步艰辛后面都显现出了可喜的成果。

2005 年 1 月，国防科工委在北京召开了绕月探测工程第二次工作会议，绕月探测工程五大系统 200 余名代表参加了会议。会议要求全体人员，充分认识工程的艰巨性、复杂性，下大力气做好技术攻关。在研制过程中，以质量和可靠性作为中心环节，以质量促进度、保成功。月球探测是高技术、高效益，同时也是高投入、高风险的科学活动，积极开展国际合作，是快速提升技术水平、节约投入、分散风险、培养人才的捷径，因此要实施请进来、走出去的战略，推进航天领域的国际交流与合作，应通过探月工程的实施，培养一批勇于探索的年轻的高科技人才。

2006 年 3 月 24 日，国防科工委在北京召开了绕月探测工程第三次工作会暨决战动员会。会议提出，2006 年将是中国绕月探测工程的决战年，工程五大系统在本年内要具备执行发射任务的能力，要求工程各系统和各参研单位以决战的姿态做好今年的各项工作，采取各种有力措施，确保工程每一个细节设计正确、生产规范、验证全面。要求全系统所有研制、生产和建设人员抖擞精神，严细慎实，努力铺就“嫦娥”飞天路。会上，国防科工委向绕月探测工程五大系统的总指挥、总设计师颁发责任书，并对工程初样研制建设阶段先进个人予以表彰。

在绕月探测工程第二次工作会议主席台上

随着探月工程各系统按计划进度纷纷完成任务，探月工程已经接近卫星发

参加绕月探测工程第三次工作会议暨决战动员会

参加绕月探测工程 2006 年两总扩大会

射的关键时刻。就在此时，国防科工委于 2006 年 11 月 18 日在北京召开了绕月探测工程五大系统的总指挥、总设计师年度扩大会议，孙家栋参加会议并在会上讲话强调："探月工程已经到决战的总攻阶段，设计质量、各种配套产品质量必须严格按照要求进行逐项检查，各个环节的工作绝对不能放松，使设计、生产全部做到百分之百的可靠。越是到了发射的关键时刻越是不能掉以轻心、不能松懈、不能麻痹，除此之外，还要把各个系统的查漏、补遗工作抓好，必须认真地把这些工作落到实处！"

2007 年 1 月 29 日，温家宝总理、曾培炎副总理来到探月工程研制现场，视察绕月探测工程进展情况，孙家栋陪同视察并进行了汇报。温家宝总理对绕月探测工程提出四点具体要求：一是要高度重视，全力以赴；二是要安全可靠，质量第一；三是要团结奋战，大力协同；四是要尊重科学，敢于探索。

担任解放军总装备部副部长、中国绕月探测工程副总指挥的张建启，参加了这几次会议。他从上任伊始就非常关注中国绕月探测工程的准备工作进展情况。张建启从中国研制、发射第一颗通信卫星开始，就与孙家栋有过接触，那时孙家栋是通信卫星总设计师，张建启在西昌卫星发射中心担任通信卫星发射指挥调度员。张建启对孙家栋一直怀有崇敬的心情，探月工程增加了他们经常在一起的机会。

张建启，中将。毕业于哈尔滨军事工程学院核物理系，曾长期在酒泉卫星发射中心和西昌发射中心从事航天发射、测量控制组织指挥工作。后调任国防科工委领导机关，担任中国航天员选拔领导小组办公室副主任，领导组织实施了中国第一批航天员的选拔工作。2001年任中国酒泉卫星发射中心主任、中国载人航天工程发射场系统总指挥，成功地组织指挥了神舟一号飞船到神舟五号飞船的发射。后任解放军总装备部副部长，中国载人航天工程副总指挥，中国绕月探测工程副总指挥。

当今世界，航天领域的竞争非常激烈，谁占有这个优势，谁就占有了主动权。孙家栋充满信心地表述了自己的观点：“中国航天经过几十年的迅速发展，已建立起一套非常完整的系统，为中国探月工程的实施奠定了充分的技术、物质、人才和管理基础。我们一定能够圆满完成‘绕、落、回’各个阶段的探月任务，为中国乃至整个人类积累一笔宝贵的财富。”这是孙家栋对中国航天满怀深情的期望，是他内心积蓄已久的心声。

在探月工程研制现场

探月卫星发射前夕，孙家栋、沈荣骏和张建启为探月卫星发射准备工作的事情，又一次坐在了一起。

沈荣骏形象地说：“测控系统实际上是用来测量飞行物体轨迹的，它像人们的眼睛，又像是一双无形的手，也像人的大脑和耳朵，它听着看着，遇到不对的地方就去操纵卫星修正。嫦娥一号卫星在空中要经历一系列复杂的过程，需要进行若干次减速控制，控制不好，天线不对地面，就会接收不到信号，卫星在运行时也就会出现风险。我们成立了专门的飞行控制组，由多位专家组成，对卫星飞行中的运行数据进行分析，如果正常，就按正常程序执行，如果出现问题，就按照准备好的几十种预案‘抢救’，我们严阵以待，做好了充分准备。”

孙家栋认为：当前国际形势对我们有利，怎样用我们自己的智慧，用自己的能力把我们的航天事业发展得更快，这是非常重要的一件事情，当前也确实是一个很难得的机遇。

张建启说：“探月工程是一个完全自主创新的高新科技工程，在‘奔月’过程中精确测控这一艰巨环节，虽然没有经验、没有数据资料，但经过地面反复测试验算，我们心中有底、胸中有数，参加任务的各系统对探月工程的成功充满信心。”

中国航天经过几十年的发展和几代人的奋斗，在科学技术和人才培养等方面积累了丰富的经验，为绕月探测工程的实施奠定了坚实的基础。酝酿了10年之久的探月计划即将结出累累硕果。

3 “嫦娥”飞天梦想成真

2007年10月24日，是嫦娥一号卫星发射的日子。这天上午，大凉山环抱的西昌卫星发射场上空笼罩的阴云密雾在发射前8个小时终于缓缓飘走，阳光普照下的发射场显示出新鲜与活力，发射场各个岗位人员有条不紊地按预定程序进行着各项发射前的准备工作，中国第一颗探月卫星将在这里按计划发射升空。

“1小时准备!”指控大厅的扬声器里传来调度指挥员的口令。此时，孙家栋面容沉稳地坐在指控大厅摆有孙家栋名字座签的位子上，不时侧过身子小声地与坐在旁边的探月工程副总设计师龙乐豪、嫦娥一号卫星总指挥兼总设计师叶培建交谈。

“3分钟准备!”这时，指挥大厅所有的人都不约而同地将视线集中到了大屏幕上。群山环抱的航天发射塔巍峨壮观，坐落在发射台上的长征三号甲运载火箭雄伟挺拔。火箭在这个时间内有几个非常关键的动作，液氧加注排

与龙乐豪院士亲切交谈

总设计师孙家栋（左一）、航天科技集团副总经理雷凡培（左二）、副总指挥张建启（左三）、总指挥栾恩杰（左四）在发射现场

泄连接器、液氢加注排泄连接器以及若干电信号、供气管路连接器将要实施脱落。所有的监控镜头都对准了这些关键部位。

“1 分钟准备!”供电连接器从火箭和卫星外壁脱落下来，发射塔架伸出来的长长摆杆带着连接器插头徐徐摆向火箭后面的发射塔架一侧，顶天立地的火箭和卫星挺拔在发射台上，即将告别地球。

18 时 5 分 4 秒，随着发射调度指挥员那气壮山河的“点火”口令，长征三号甲运载火箭喷射出巨大的烈焰，在震耳欲聋的轰鸣声中腾空而起、直刺苍穹，它运载着嫦娥一号卫星开始了奔月的征程。

18 时 28 分 0 秒，“火箭三级二次关机，末速修正开始!”

18 时 28 分 37 秒，“火箭末速修正关机，火箭调姿到位!”

18 时 29 分，“星箭分离!”“卫星入轨!”

北京航天指挥控制中心传来的数据表明，火箭已将嫦娥一号卫星成功地送入近地点 205 千米、远地点 50930 千米、轨道倾角 31 度的超地球同步轨道，创造了长征系列运载火箭第 103 次发射和连续 61 次发射成功的记录，取得了长征三号甲火箭第 15 次连续成功的佳绩。

发射场指挥大厅里的人们激动的全体站立鼓掌，孙家栋瞬时放松了紧绷的神经，但他的眼睛仍然紧紧盯着大屏幕，虽然火箭早已飞出了人们的视线，但他还沉浸在发射成功的喜悦中。

与卫星总师叶培建在嫦娥一号卫星测试厂房交谈

在北京飞行控制中心，与张建启（中）、夏长发（左）交谈

嫦娥一号卫星发射成功后，孙家栋立即乘坐专用飞机从西昌赶回北京。在以后的一个多月的时间里，他基本每天都在北京航天飞行指挥控制中心，遇到卫星运行的关键节点，他常常昼夜难眠地凝望着卫星运行的数据图，他的大脑紧随着卫星的运行轨迹而翻腾，他的心随着显示屏上卫星前进的数据而跳动。

北京航天飞行指挥控制中心既是中国载人航天工程的飞行指挥控制中心，承担着指挥调度、飞行控制、数据处理和信息交换等任务，是载人航天测控任务的“神经中枢”，是航天员的“生命通道”，同时也是中国探月工程的飞行指挥控制中心，承担着指挥决策、轨道控制、数据分析处理、应急控制以及卫星环月飞行后长期监控管理等任务，是决策要地。嫦娥一号卫星升空后仅仅400秒，北京航天指挥控制中心就开始对卫星实施全程指挥控制。指挥控制中心下属的轨道室担负着首次绕月探测工程的轨道计算、轨道控制、任务规划以及各阶段轨道和姿态实时监视计算等关键任务。

嫦娥一号卫星经过长途跋涉，在地面技术人员的精确指挥控制下，先后经过1次远地点加速和3次近地点加速，共绕地球飞行7圈，逐步将轨道由近地点高度205千米、远地点高度50900千米，调整到近地点高度约600千米、远地点高度约40.5万千米的地月转移轨道。卫星的飞行速度也由星箭分离时的10.33千米/秒提高到地月转移轨道所需的10.58千米/秒。10月30日17时40分，“嫦娥一号”飞行至距离地球约11.98万千米的距离，突破了我国航天器到达的最远距离纪录。10月31日17时28分，卫星按预定的时间、位置、速度，成功进入地月转移轨道，标志着“嫦娥一号”开始进入奔月之旅。

在这成功的欢喜时刻，新华社记者对中国探月工程有哪些创新点和新跨越的问题专门采访了总设计师孙家栋。孙家栋认为：作为航天工程，创新点不像基础科学。按照自己的理解，是在过去取得成果的基础上，进行非常合理的组织、安排，加上一些必要的关键技术，使得这样一个大型工程用比较低的代价、比较短的时间，高质量、高水平地完成了所制定的工程目标和科学目标，这就是创新点。人类对宇宙的探索是无止境的，航天发展到一定阶段，必然会提出对深空探测的需求，探测的起点通常是从月球开始。以探月为起步的深空探测给人类，给我们中国航天，给我们的科学家创造了认识世界、认识宇宙的条件。任何航天工程，都是互相联系、有共性的，只不过每个工程有自己具体的目标。这次探月工程的实践说明了我们有能力到达月球。假设中国有一天实施载人登月，肯定是建立在已经取得的技术包括载人航天技术的基础上，当然还有很多特殊的课题需要去解决，比如航天员出舱、航天器对接等。从长远来讲，中国人肯定会到月球上去，但要以实际情况而定。进入21世纪，一些国家公布了新一轮的探月计划，中国的计划有所不同，就是步伐跨越的幅度比较大。因为国际上探月初期一般都是向月球发射一个探测器，第二步是直接撞击月球，有了经验以后才环绕探月；而中国第一步就是绕月，第二步将要实现在月球着陆。要说中国的探月计划起点高，还因为我们不仅要绕月，马上还要展开很多探测，把数据传回地面研究。我们现在是处于起步阶段，所进行的每一步都会为后续工作打基础，每一步都有它的作用，我们将一步一步稳固向前发展。

2007年11月7日8时34分，嫦娥一号卫星成功实施了第三次近月制动，带着中国人的奔月梦想，成功进入经过月球南北两极、周期为127分钟的圆轨道。这之前的三次制动，将“嫦娥一号”从近月点212千米高度、远月点8617千米高度的椭圆轨道调整为高度为200千米的预定圆轨道。至此，“嫦娥一号”经过326小时的飞行，顺利实施了4次加速、1次中途轨道修正、3次近月制动共8次变轨，总飞行距离约180万千米，成功进入环月工作轨道。

这一刻，在指挥现场控制大厅，中国绕月探测工程总指挥栾恩杰、副总指挥张建启、应用科学首席科学家欧阳自远等，争相与孙家栋紧紧拥抱，他们情不自禁地流出了激动的泪花。

总设计师孙家栋自豪地说：“我们坚持的自主创新思想，在工程中起到了非常关键的决定性作用。”

工程总指挥栾恩杰说：“中国探月工程可以说是画了一个惊叹号，虽然工程还没有完全完成，但是这个惊叹号画得精彩，现在入轨的精度非常高，完全被月球捕获，中国人首次探月就获得了辉煌的成就。”

工程副总指挥张建启说：“发射前，我们预定的四大目标，第一是卫星准时发射，第二是发射成功后实现准确入轨，第三是完成高标准的精密测量控制，第四是确保卫星成功绕月。此刻，这四个目标都圆满实现了。”

中国探月工程首战告捷的消息立即在国际上引起很大的反响。中国成为了继美国、俄罗斯、欧洲和日本之后第五个进行月球探测的国家。2007年11月25日，俄罗斯探月工程总设计师格奥尔吉·波利修克在莫斯科听到中国的嫦娥一号卫星成功绕月，并且从38万千米遥远的环月轨道将月球图片传回地球的消息后，感慨地对记者发表了自己的看法：中国2003年将航天员送入太空，标志着中国已成为一个航天大国，而嫦娥一号卫星从发射到每一个环节的成功，则开辟了中国宇航事业的新纪元。因为任何一个国家的深空探测计划都是从绕月探测开始的，但是中国的绕月探测并不是重复别人走过的路，中国的许多研究方向是之前其他国家的探月计划所没有涉及到的。首先，嫦娥一号卫星上配备的多个科学探测仪器在世界上都属于第一次使用；其次，卫星的仪器搭配巧妙，可以称得上是典范；再者，卫星所选用的科学探测仪器相互间的协调，可以发挥卫星的最大探测功效。

到目前为止，全世界进行过探月的美国、苏联/俄罗斯、欧洲、日本、中国和印度六个国家，总共进行了125次月球探测活动。

其中，美国56次（包括10次载人探月），成功37次，失败19次，成功率66%；苏联/俄罗斯64次，成功21次，失败43次，成功率32.8%；欧洲1次，成功率100%；日本2次，成功1次，失败1次，成功率50%；中国1次，成功率100%；印度1次，成功率100%。

具体说来，以欧洲、日本和中国为例。

2003年9月27日，欧洲“智能一号”探测器用阿里亚娜5号火箭发射成功，2006年9月3日，经过2000多圈的绕月飞行，传回大量月球图像和空间数据后，以2千米/秒的速度，与月球表面几乎平行的1度夹角撞击月球表面获得成功。

1990年1月，日本第一颗“飞天号”探测器，在短时间运行后由于器件失效而停止了工作。2007年9月14日，第2颗绕月探测卫星“月亮女神”号由H2A火箭在日本南部总制造航天发射中心升空，成功送入预定轨道。

中国的嫦娥一号卫星首次飞行获得圆满成功。

嫦娥一号卫星进入环月轨道后，由巡航姿态转入对月定向工作姿态，星上配置的探测仪器全部开启，开始了对月球的科学探测，地面接收系统对探测数据分析处理后，成功地制作出了清晰的月球图片。中国拥有了属于自己知识产权的第一颗绕月卫星，实现了“准时发射、准确入轨、精密测控、绕月出图”的要求。工程的五大系统经受了全面的考验，同时培养锻炼了一支新一代的科研队伍。

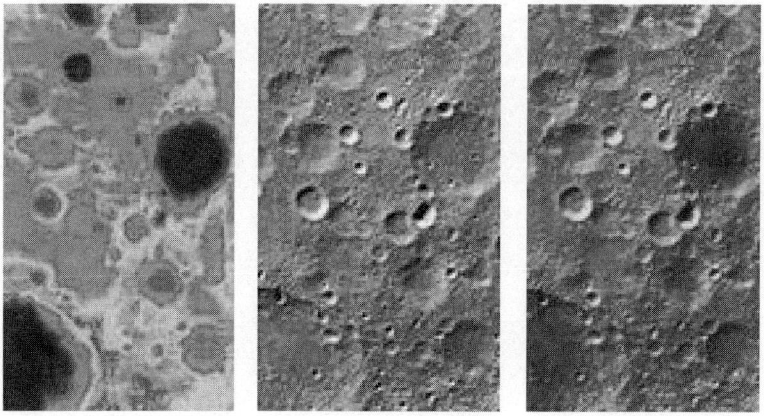

嫦娥一号卫星发回的月球图片

4 总理赞赏大总师

2007年11月26日9时41分，国家正式公布了嫦娥一号卫星传回并制作完成的第一幅月面图像图。温家宝总理为第一幅月面图像揭幕并发表重要讲话。发布仪式前，温家宝等领导接见了有关人员，温家宝总理来到孙家栋面前，握着他的手亲切地说："家栋，你是身经百战啊，你辛苦了！"

温家宝总理为第一幅月面图揭幕

2007年12月12日上午，人民大会堂内乐曲欢快、灯火辉煌，处处洋溢着热烈、喜庆的气氛。中共中央、国务院和中央军委在这里举行大会，隆重庆祝我国首次月球探测工程圆满成功。中共中央总书记、国家主席、中央军委主席胡锦涛出席会议并讲话，中共中央政治局常委温家宝、贾庆林、李长春、习近平、李克强、贺国强、周永康均出席大会。党、政、军、群有关部门主要负责同志，国家机关有关单位，参与绕月探测工程的各系统代表以及首都各界代表，共5000多人参加了庆祝大会。中共中央政治局常委、全国人大常委会委员长吴邦国主持庆祝大会。10时整，吴邦国宣布大会开始。

中共中央总书记、国家主席、中央军委主席胡锦涛发表重要讲话。他讲到："我国首次月球探测工程的成功，是继人造地球卫星、载人航天飞行取得成功之后我国航天事业发展的又一座里程碑，实现了中华民族的千年奔月梦

在人民大会堂隆重举行庆祝我国首次月球探测工程圆满成功大会

想，开启了中国人走向深空探索宇宙奥秘的时代，标志着我国已经进入世界具有深空探测能力的国家行列。这是我国推进自主创新、建设创新型国家取得的又一标志性成果，是中华民族在攀登世界科技高峰征程上实现的又一历史性跨越，是中华民族为人类和平开发利用外层空间作出的又一重大贡献。全体中华儿女都为我们伟大祖国取得的这一辉煌成就感到骄傲和自豪！”

庆祝大会前，胡锦涛、吴邦国、温家宝、贾庆林、李长春、习近平、李克强、贺国强、周永康等会见了探月工程突出贡献者和突出贡献单位代表。

胡锦涛总书记走到孙家栋面前表示祝贺与慰问，他握着孙家栋的手亲切地说：“谢谢你！谢谢你作出的贡献！”

38 年前，孙家栋在人民大会堂两次参加向周恩来总理汇报中国第一颗东方红一号卫星研制、发射准备情况；30 年前，孙家栋在人民大会堂参加全国科学大会时，聆听了邓小平充满号召性的讲话，他还在那个大会上作了题为《关于人造卫星的成就及展望》的专题发言；9 年前，孙家栋在人民大会堂被授予“两弹一星”功勋奖章，江泽民总书记亲自把奖章挂到了他的脖子上；今天，还是在这里，中共中央总书记胡锦涛、国务院总理温家宝与他亲切握手，向他致谢。当孙家栋与总书记、总理眼神对望的那一刻，他又一次感到祖国的伟大、事业的神圣、航天的光荣。

此时，孙家栋端坐在主席台下的正前方，他身披鲜红色加黄边的丝绸有功模范人物绶带，他与共和国最高领导人面对面坐在一起，一拨又一拨摄影记者

在隆重庆祝我国首次月球探测工程圆满成功大会上

不停地在他们面前摄影、拍照，闪光灯在他们面前闪烁不断，他是今天当之无愧的真正明星。平常总保持低调不愿意出头露面的孙家栋，此时坐在庄严的人民大会堂是那样的开怀、那样的自豪，他的笑容是那么的灿烂。

绕月成功后，孙家栋止不住激动的泪花

在“嫦娥一号”顺利完成环绕月球的那一刻，全国的电视观众在电视屏幕上看到了一个被摄影师抢拍到的镜头，当航天飞行指挥控制中心的扬声器里传出嫦娥一号卫星绕月成功的消息时，大家全部从座位上站立起来，欢呼跳跃，拥抱握手，而孙家栋却走到了一个僻静的角落，他悄悄地背过身子、掏出手绢在偷偷擦眼泪，这个镜头令许多人所感动。一个年近80岁的老人，一个为中国航天事业奋斗了几乎一生的科学家，在人们喜悦之时躲在僻静处偷偷抹眼泪，是多么的令人感动！

孙家栋从不大喜大悲，他不到极致是不会轻易掉泪的，那是喜悦的泪水，也是对昔日艰难拼搏获得成果时的泪水。孙家栋在航天发射试验中遇到过许许多多艰难险阻，身边的人未曾见他掉过眼泪，此时他悲喜交加流下激动的泪水，足以说明中国探月工程的艰难。

2007 年 12 月 27 日，由科技日报社组织，部分院士、多家中央新闻单位参与评选的“2007 年国内十大科技新闻”揭晓，中国人实现“嫦娥”探月梦想被评为中国最有影响的十大科技进步之一。

2008 年 1 月 20 日，由中国科学院院士工作局、中国工程院学部工作局等共同主办，在院士、科技人员、科技新闻工作者推荐的基础上，由 547 名院士投票评选的 2007 年中国十大科技进展新闻揭晓。嫦娥一号卫星发射成功，获得清晰月面图像被选其中。

2008 年 2 月 17 日，由中央电视台举办的“2007 年度感动中国人物”评选活动揭晓，嫦娥一号卫星研发团队获“特别致敬”奖，这是唯一一个集体奖。在这项具有重大历史意义的航天工程中，所有的一切都是利用中国自己的技术、自己的产品、自己的设计、自己的条件完成的。孙家栋自豪地对新闻媒体称：“嫦娥一号”是完全的“中国创造”！

2008 年 10 月 12 日，探月工程全月球影像图发布暨科学数据交接仪式在北京举行。“嫦娥一号”经过一年的在轨运行和探测任务，获得了大量科学探测数据，科研人员利用星载 CCD 立体相机获取的探测数据，制作完成了首幅全月球影像图，这将标志着绕月探测工程圆满完成科学探测任务。评审专家认为，这幅月球全图图像数据完整、信息丰富、信噪比高、质量良好，其图像质量和影像制作方面均达到国际先进水平，也是目前世界上最清晰、最完整的月球影像图。国家国防科工局决定将此月球影像图捐赠给国家博物馆永久收藏。

中国首次探月便获得圆满成功，体现出中国航天工程管理的高水平。总设计师孙家栋对中国绕月探测工程五大系统创新的成果非常自豪。在成功之刻，有一段记者采访孙家栋时的对话，让人们对他的内心世界有一些了解或感悟。

那次采访，记者完成了预先要孙家栋回答的对地球、月球、航天有关问题的提问后，突然像脑筋急转弯似的话锋一转，向孙家栋提出了一个新问题，记者问到：“孙总，假设我们实现了载人登月，航天员又可以把一件属于您自己的东西带到月球上作为永久纪念，您将会带什么去?”

记者为自己高明的提问而得意，当提完这一问题后，记者的脑子飞速闪现了各种猜想：是一张有收藏价值的家人照片？是一张早年有意义的设计草图？是一枚令他自豪的大学时代的奖章？是一片叶子，一粒种子？记者满怀期待地望着孙家栋，等待着这位科学家随着自己灵活思路的即兴回答。

结果，孙家栋的答案完全出乎记者的预料，孙家栋说：“我是这样看的，假设将来真正实现了我们中国人登上月球那一天，带上月球的每一克载荷都是非常宝贵的，我相信我不会带我自己的东西，肯定要根据我们国家整个事业要求来带更重要的东西。你可以看一看我们的嫦娥一号卫星，它本身的重量是2350千克，里头装的推进剂就占到1200千克，而要把这件飞行器送到月球，它的代价相当大。所以你可以想一想，载人登月每一克载荷的价值是多少。我们绝对会精打细算，让每一克每一克都用得非常有意义。你问我自己想带什么上去，这个我绝对不敢设想。”

孙家栋多年来养成总是以低调来应对各方面对自己的宣传，不论是说话还是办事都像解决工程问题一样的严谨认真，谈技术是这样，谈生活也是如此，就连轻松的开玩笑似乎也保持着严格的逻辑。记者被孙家栋此时的回答深深感动，作为大系统工程的总设计师，他的脑子里装的全都是工程总体，全都是国家的总体利益，根本就没有想过自己的得失，就连假设都“绝对不敢”，记者此时真正体会到“无私”两个字的含义。

记者还是不甘心，又指着孙家栋面前的月球仪，话题一转像是开玩笑似地对孙家栋说：“既然您说上月球的每一克重量都很宝贵，不能随便带，那您希望以自己的名字命名上面的某个地形吗？这总归不占分量了吧?”因为那个月球仪上标有许多以科学家或者发现者名字命名的环形山。

结果，孙家栋朴实地笑笑：“不敢想，从来没想过。不过自从参与探月工程，现在每天晚上抬头看月亮，那感觉和从前好像是有点不一样了。”就是在这轻松的玩笑中，使人不难看到他对探月工程取得成功后心中的喜悦和对航天的执著、热爱。

2007年是嫦娥一号卫星发射升空的关键性一年，这一年确实也是孙家栋最为繁忙的一年。为了探月工程能够按计划顺利实施，大量的事情需要协调落实，他经常马不停蹄地从一个城市飞往另一个城市，有时一周内竟然能去三四个城市。在卫星发射前夕，孙家栋更是忙得不亦乐乎，两周内他几乎不停息地穿梭于北京和四川、山西之间，从他2007年的日程安排中列举出几天的日程，便可看出他的繁忙和辛劳。

2007年9月11日，在西昌卫星发射中心召开探月工程总指挥、总设计师会议，听取嫦娥一号卫星与发射场准备工作情况汇报；

9月13日，在北京主持召开发射嫦娥一号卫星运载火箭的出厂技术评审会，会上孙家栋强调：“要把各项预案工作做好、做细，确保卫星按时发射！”

9月16日，在太原卫星发射中心主持召开中国与巴西资源一号02B卫星发射前总体技术评审会；

9月19日，在太原卫星发射中心现场参加资源一号02B卫星发射任务，发射获得圆满成功；

9月21日，在北京就嫦娥一号卫星所肩负任务等问题，接受香港凤凰卫视“小莉看世界”栏目专访；

嫦娥一号卫星发射前夕，孙家栋接受凤凰卫视台主持人吴小莉的采访

9月25日，在西昌卫星发射中心主持召开嫦娥一号卫星发射前技术评审会……

在2007年这一年里，孙家栋10次进入发射场，在发射现场指导了5次卫星发射任务，主持及参加了近百个与航天有关的会议，空中飞人似的从北京飞到全国20多个地方。从9月初嫦娥一号卫星进入发射准备状态开始，一直到11月

26 日卫星出图的近百天时间里，孙家栋几乎全身心地投入到了探月工程的实施中。卫星发射成功后的一个月里，孙家栋虽然人在北京，但心系“嫦娥”，天天都坐镇航天飞行指挥控制中心，时刻关注着卫星每个动作的准确性。

老伴魏素萍心疼地说：“他总是天天跑，穿皮鞋太累，我每年光布鞋就给他买四五双，你说他费不费。”一位近 80 岁的老人，为了中国的探月工程，一年要穿破好几双布鞋，这难道仅仅是几双布鞋么？几双布鞋所踏出来的是中国航天精神的拼搏道路，显露的是一个科学家的毅力和情怀。

青岛宁安路小学的同学们争相阅读孙家栋爷爷的回信

青岛宁安路小学铭记孙家栋的厚望

孙家栋做什么事情都认真，“嫦娥一号”发射成功后的 2007 年 12 月 31 日，孙家栋收到国防科工委探月工程中心转来山东省青岛宁安路小学全体师生写给他的信及同学们精心制做的新年贺卡。孙家栋非常高兴，他认真地给同学们回了信，他在信中说：“对学校的老师和同学们关注嫦娥一号卫星的情况表示衷心的感谢。希望学校在特色的教学中鼓励同学们敢于奇思妙想，奇思妙想是创新的基础，这样才能培养出更多爱科学、爱航天的人才，促进祖国科技事业的发展”。早在嫦娥一号卫星发射之前，宁安路小学就开展了一项“谢谢您们，我们敬佩的航天科学家”变废为宝的捐款活动。同学们将家中的废品换成零用钱共计 1250 元捐给国家航天局，以表达他们对航天工作者的敬佩之情，同时全校少先队员和老师送来有全体红领巾签名和学生制作的“奥运五环承诺圈”，表达同学们对探月工程的祝福，希望工程取得圆满成功。收到孙家栋的回信后，学校在新春佳节后的开学典礼上，提出要铭记老科学家孙家栋的厚望，以孙家栋的来信为契机，开展“培养学科学爱科学之风，迎科技奥运，做有志少年”的活动，为祖国航天事业发展、为祖国繁荣富强而学习的活动蔚然成风。

实际上，在嫦娥一号卫星发射之前，孙家栋就已经在酝酿着探月工程的后续发展，他已经将一部分精力投入到了探月工程第二期实施方案的编制中。在那段繁忙的日子里，仅仅在2007年3月2日到7月13日短短4个月的时间内，孙家栋就主持召开了8次“探月工程第二期实施方案编制专家组会议”，他一边指挥协调“嫦娥一号”发射前的大量事情，一方面组织相关人员编制探月工程第二期实施方案。值得孙家栋欣慰的是，中国探月计划二期工程实施方案已经获得国家批准，中国航天可持续发展的步伐正在快速地向前推进。

2008年7月5日，由《科学中国人》杂志社主办的“科学中国人——2007年度人物评选工作”在北京揭晓，共有35位科研工作者、科教管理人员以及科技型企业家当选。《科学中国人》对这次当选人的描述如下：

正是他们，引领并推动了中国经济的发展，圆了一个富国的梦想，他们的力量帮助中国挺起了脊梁，他们的智慧帮助中国迎难而上，他们的从容与自信让我们看到了中国面向世界大踏步发展的坚强！

送给孙家栋的颁奖词为：曾经的红衣少年，如今的白发先生，40载航天岁月谱华章，他与同事们，在茫茫星空中镶嵌了30颗中国卫星。如今，他更以儒将之风，挂起绕月工程之帅印。

孙家栋在这次评选活动中还被评为“科学中国人——2007年度人物特别奖”中的“最受公众关注奖”，送给他的颁奖词为：他是“两弹一星”功勋科学家，从“东方红一号”在九天之外向世界宣告——古老的民族跨进太空时代起，他就和造“星星”结下了不解之缘。他说，他的心愿就是要造一辈子的中国“星”！

2009年3月1日16时13分10秒，嫦娥一号卫星环月飞行11500余小时，累计飞行5514圈，圆满实现工程目标和科学目标，超期完成绕月飞行的神圣使命，在地面操作人员的精确控制下，准确受控撞击在月球东经52.36度、南纬1.50度的指定位置，为我国探月一期工程画上圆满的句号，为月球探测后续工程积累了宝贵的技术和工程经验，为今后深空探测奠定了坚实的基础。

嫦娥一号卫星上天后的494个日日夜夜，卫星的运行状况始终牵动着孙家栋大脑的每根神经。“嫦娥一号”不仅完成了国家对探月工程的计划要求，带动了国家科学技术相关领域的发展，更充分证明了我们强大的祖国拥有进入外太空的能力。此时，坐在北京航天飞行指挥控制中心的孙家栋，眯缝着眼睛紧盯着显示屏上的数据，当他看到成功的信息后，仍然是平常那副不喜形于色的表情，其实他的心里蕴藏着成功后的喜悦，抒发着他对参加探月一期工程所有人员的深深感谢和敬意，洋溢着对祖国航天事业取得又一工程成果的兴奋。

自苏联1957年发射第一颗人造地球卫星以来，到目前已有30多个国家，共将8000多颗卫星送上了太空，每天有2000多颗卫星在环绕地球运行。俄罗斯航天理论家齐奥尔科夫斯基早在1903年就曾断言：“地球是人类是摇篮，但人类不可能总是生活在摇篮里。”1961年，苏联航天员加加林冲出地球进入太空后，共有350多人尝试了空间飞行，这之中写入了中国的杨利伟、费俊龙、聂海胜、翟志刚、刘伯明、景海鹏的名字。

与中国航天员聂海胜、翟志刚合影

人类已经把生活领域和生存空间扩展到了地球以外的近地空间。冲出地球、探索宇宙，既是国力的体现，也是和平的象征；既是人类的向往，也是生存的追求，同时也是航天技术发展的必由之路。

第九章　人生弹指一挥间

1　姻缘造就一生航天情

婚姻历来被视为人生之大事，姻缘往往是一种缘分，一旦你有了这种缘分，那姻缘的发展速度会如同闪电一般。

孙家栋他们这批留苏学生归来时，基本上都属于“大龄青年”，孙家栋虽说还算是年轻的，但也是快 30 岁的人了。回到祖国后，他们马上就投入到热火朝天的科学试验中，挑灯夜战不分白昼，一头扎在绘图板、资料堆和试验室里，几乎没有节假日，哪里还有功夫来安排“个人问题”。不仅家里人为他们的婚姻大事着急，就连一起工作的领导和同事也都很着急。所以，当时室里、部里的指导员、政委开展政治思想工作的一项很重要的内容，就是要帮助他们这些大龄技术骨干解决好“个人问题”。

孙家栋这小伙儿，不仅个头高大、身材魁梧、五官端正，而且腰杆挺得倍儿直，还长了一副喜兴脸，微笑总挂在脸上。更招人喜爱的是他办事的那种坚韧不拔劲儿，考虑问题时脑瓜子的那个聪明，不善言谈但又透出的那股灵气，还有就是为人处世的热情劲儿。主动向他暗送秋波的女孩子为数不少，组织出面帮他成人之美的事也经常不断，可楞是没有哪个能打动他的心。这个孙家栋简直是太清高了。

1959 年 4 月 5 日是星期天，北京的阳春是一年中最美的季节，春暖花开、姹紫嫣红、大地一片生机盎然。

很长时间没有休息的年轻人由研究院组织去游颐和园，其实也是有意强迫他们休息一下，为他们创造一个男女交往的机会。很久没出门的孙家栋和他的同伴们尽情享受着大自然的春意，浑身放松，情绪好极了。

这天早晨孙家栋起了个大早，端着脸盆到屋外接水，听到树上的喜鹊对着他"喳、喳、喳、喳"地叫个不停，平日没有那么多的闲情逸致，而今天也许是精神放松的缘故，他竟也对着喜鹊顽皮地"啾、啾、啾"地做出回应，喜鹊被他的情绪感染，在树上欢快地蹦来跳去。

他们坐车从北京城南向西北边的颐和园驶去。年轻人在车上有说有笑，热闹的气氛使他们仿佛又回到了昔日的校园。孙家栋隐隐地想起在苏联学习时的同学和战友，当时几个女同学向他表达的意思竟是那么的明白，可当时自己为什么就一点也没有为之动心呢?

"哎呀！坏了！照像机忘带了。"孙家栋心里想，"大家交给我这么重要的任务，竟被大清早这群喜鹊的叽叽喳喳叫声给搅忘了，真是不好意思，必须立即想办法弥补"。

当车驶到木樨地，孙家栋下车找与他一起留学苏联的战友刘恩光借相机。

没想到，借相机这么几分钟的时间，竟促成了孙家栋的人生姻缘。

已经过去快 50 年了，如今孙家栋回忆起这段情缘时仍然显得兴致勃勃：由于借了相机我还要急着赶到颐和园，下车后我就急急忙忙地往刘恩光家跑。那个时代也没有现在这么方便的电话，由于工作忙的原因，我们已经有好长时间没有联络了。恰好这天是星期日，刘恩光见我来到他家非常高兴，本来说明原委我就急着要走，而他却刻意挽留我多待一会儿，他看我着急便长话短说，拿出一张照片给我看，刘恩光的夫人王淑贤说照片上的女孩与她是哈尔滨医科大学的同学。

映入眼帘的是一个秀丽女子，当照片上一双秀眉下两只炯炯有神的大眼睛与他的眼神相撞击的一刹那，孙家栋的眼睛"唰"地闪了一道亮光。

孙家栋慌忙将照片揣入衣袋中急急离去，刘恩光和夫人边塞给他一张写有地址的纸条，边在他的身后喊："别总是那么不当回事，如果合适的话，抓紧写封信联络联络。"

这照片上的女孩当时在哈尔滨市立医院当医生，她就是以后与孙家栋患难与共的妻子魏素萍。

孙家栋回来后对着照片仔细端详，认真琢磨，越看越可心，越看越动情，立即提笔写了一封信，一支丘比特的箭就这样由北京飞向了哈尔滨。

几十年过去了，孙家栋每次想到这里还会自言自语地说："姻缘其实就是一种缘分，这点我信。"

孙家栋的丘比特箭射向哈尔滨 25 天后，利用"五一"劳动节放假时间，他专程踏上了驶往哈尔滨的火车。当然，这之间与魏素萍究竟通了多少封书信，那就是他俩心中的秘密了。

后来才知道，由于大方而秀丽，魏素萍那张照片曾经在哈尔滨照相馆的大陈列窗里陈列过好长时间。

有人问，魏素萍人长得美不美，孙家栋嘴上不说心里说，不美怎么能上陈列窗呢?

郎才女貌，一个上过明星榜，一个进过陈列窗，真是天生的一对。

这时，孙家栋有对象的消息已在同事们中间传开了，并且传得非常浪漫。

一种传说：孙家栋一次在火车上遇到一位女孩，两人在火车上谈得不错，便相互留下了地址，以后通过一来一往的信件交流，终于结成秦晋之好。还有一种传说：孙家栋看到当时一期《人民画报》封面上登的一位女孩照片，不仅漂亮，而且朴实大方，这是女孩从辽宁省到北京参加演唱会获奖时的照片，他探听到地址后，就发出了探测信号，得到佳音后便开始了鸿雁往来，结果成全了桃李之美。

孙家栋与魏素萍约会的地点定在哈尔滨秋林百货公司的大门口。孙家栋特意穿上了给魏素萍寄去那张照片上的军装。谁说孙家栋在对待"个人问题"方面不当回事，只是没有遇到意中人而已。

孙家栋的各种考虑看来都是多余的，什么标志，什么暗号都没有用，有缘千里来相会，无缘见面不相识。孙家栋与魏素萍在目光相撞的那一瞬间，不约而同地同时认出了对方。

孙家栋的妈妈每当说起这件事，慈祥的笑容禁不住展现在脸上，说："这是月下老人早就用红线把俩人拴在了一起，这就是人们说的缘分。"

魏素萍出生在哈尔滨一个铁路工人的家里。父亲魏锡武是一位中国传统式老实的铁路工人。魏素萍 12 岁时，父亲因积劳成疾撇下 7 个孩子离开人世，老大、老小是男孩，中间 5 个是女孩，魏素萍是女孩中的老大。当时哥哥才 16 岁，最小的弟弟刚满 4 个月，要强的妈妈带着 7 个孩子在吃不饱、穿不暖的贫困线上苦苦挣扎，懂事的魏素萍自然是妈妈的好帮手。同样争强好胜的魏素萍在生活重压下还顽强地坚持学习，自己补习了初中课程。正好在这个时候，有一个高级助产士学校招生，魏素萍前去应考竟然考上了二年级的插班生。在这个学校读了一年，毕业后，机遇又一次降临在她头上。省卫生厅接收了一个军队医疗学校，这个学校就是以后的佳木斯医学院，要招收家庭出身好、学习成绩好的学生，魏素萍以自己的努力、实力、聪明被保送插班入学。她顽强地补习了文化课，不仅跟上了课程，而且年终考试获得了全班第一名。魏素萍两次插班跳级，两年就完成了大学学业，被哈尔滨市立医院录取，成为令人羡慕的内科医生。

孙家栋与魏素萍见面后两人有一个同感，仅仅见了一面好像就已经成了老知己。各自心里都很满意、很喜欢对方，自然两人在一起的话特别多，第一次见面，竟然有说不完的话。魏素萍虽然不知道孙家栋具体是做什么工作的，但知道他是科研单位从事保密工作的，从他朴实的话语中能感觉到他是个厚道人，是个可信赖、可依靠的人，感到他有学识、有上进心，是个令她喜欢的人。

年轻时的孙家栋与魏素萍

孙家栋在哈尔滨总共待了 20 多个小时，就急着回北京搞科学研究去了。他所从事的工作虽然伟大、光荣却非常艰巨，况且这种工作在当时是要求绝对保密的，对谁都不能讲，魏素萍自然也被蒙在鼓里。

孙家栋从 1959 年 4 月 5 日看照片，5 月 1 日两人见第一次面，7 月份利用到哈尔滨军事工程学院出差之机与魏素萍见了两次面，到 8 月 9 日，也就是两人第一次见面后的第 108 天，按照约定，魏素萍带着自己在哈尔滨秋林百货商店量身定做的镂花布拉吉裙和时髦高跟皮鞋，拎着提包，只身从哈尔滨来到北京找孙家栋。

这一天，领导和同志们为他俩举行了简朴、热闹的婚礼，令众领导着急的婚姻大事，终于美满地解决了。

婚后，魏素萍很快由哈尔滨调到北京，在航天系统的医院从事医疗工作，曾任心血管科副主任。穿上白大褂，戴上听诊器，她是个好医生；回到家里，家务全包，又是个好妻子。她几十年如一日，任劳任怨地做好“贤内助”。魏素萍回忆起家庭与工作时说：“自打与孙家栋在一起就没见他闲过，一方面知道他的工作重要，另一方面他也经常不在家，在北京时不是加班就是开会，否则就是出差，到发射基地执行试验任务一去就是几个月，家里的事情别说压根儿没想靠他，就是想靠也靠不上。我们年轻时上有老、下有小，几十年一贯制也成自然了。现在孩子都长大了，家里没有负担，我们也老了。”魏素萍将几十年生活说得那么轻松，丝毫没有怨言，的确是一个好医生、好妻子、好妈妈。

20 世纪 60 年代末孙家栋的全家福

1994 年 11 月 24 日，作为我国第一颗大容量通信卫星工程总师的孙家栋，已经在西昌卫星发射中心待了很长一段时间。此时火箭、卫星都已测试完毕，太平洋上的远洋测量船和国内各个测量站都已完成各项准备工作，发射场的各项工作都已就绪，卫星发射进入到最紧张的时刻。

这一天，作为心血管病医生的魏素萍已经住在医院里接受治疗，她隐隐地觉得自己的脑血管有点异常，似乎患了脑血栓，医院立即对她进行了全力以赴的紧张抢救和治疗。即便这样，她的半边身子还是失去了感觉。

消息当天便传到了远在几千里之外的发射场，几乎人人都知道了这件事，唯独孙家栋不知道。此时他脑子里主要装的是卫星发射前到底还有什么问题没有定论？作为一个高层领导，凭着多年来的感觉和经验，他总要在发射前夕把所有出现的技术问题再在脑子里过一遍，一定要保证使每个异常现象都能有把握地清零，要绝对做到卫星不带问题上天。由于他的责任重大，同事们没敢把魏素萍的病情告诉他。

一周后，卫星被成功地送入太空。多日来的疲劳紧张，卫星发射成功后孙家栋突然一放松，顿时觉得浑身像散了架似的无力，而这时还需要他立即回北京主持与美国航天代表团的谈判。他强力支撑着自己疲惫的身体，咬着牙完成了谈判，在会谈文件上签了字后，当天便累倒了，同志们用担架把他直接抬进了附近的医院。

孙家栋住进医院，这才惦记起老伴这一段时间怎么没有一点消息？老伴的胆结石症前一段时间发作后，自己也一直没有顾得上陪她去看，出发去西昌前，老伴说准备去住院治疗。到西昌后与她通电话时，心里想的都是卫星方面的问题，总是催她快讲、快讲，用公家的长途电话别太啰嗦。这可好，没人在耳边啰嗦了，可她的身体怎么样也无法知道了。纳闷儿的是，孙家栋问秘书、问同事，他们总

1983 年孙家栋的全家合影

是含含糊糊地打马虎眼，总说：“挺好的，挺好的。”

孙家栋很快弄清了情况，经他的再三要求，老两口住在了同一个医院接受治疗。医生和秘书陪同他到另一间病房去看望卧在病床上的魏素萍，为了不让夫人替他担心，孙家栋提前想好了对老伴该说些什么。他见老伴病得很重，满怀歉意地说：“最近工作太忙脱不开身，要不早来看望你了。”而魏素萍凭着做医生的敏感，看到他苍白的脸上写满了憔悴和疲惫，就猜到他是生病了在住院。患脑血栓的魏素萍尽管言语吃力，但连说带比划地向医生表达了她要如实了解孙家栋的病情。后来，医生同意了她的请求，并按他们的想法，把老两口安排进了同一间病房。此时，孙家栋和魏素萍彼此虽然不能互相照顾，但两人相距近了，心里也就踏实了。

幸福的老两口——孙家栋与夫人魏素萍

魏素萍从医院出来时，脑血栓虽然好了，可身体半边麻木，不仅腿脚不灵活，连胳膊和手也不听指挥。为了让魏素萍的四肢恢复正常功能，孙家栋在精神上鼓励她，在生活上照顾她，从百忙中挤出时间，和她一起锻炼身体。爱情的阳光雨露温暖了魏素萍的心，一年后，魏素萍竟奇迹般地康复，让身边的人都惊讶不已。有谁能想到，这一年，孙家栋的体重一下子减了 20 多斤。他还开心地打趣道：“这个减肥办法真好，就连最难对付的脂肪肝也一下子恢复正常了。”

是什么神奇的力量使半身不遂的魏素萍这么快就恢复正常？“这是爱情的力量！”魏素萍动情地说，“是老孙用爱心为我创造了奇迹！”

孙家栋平时总没时间去回忆，现在卫星发射成功了，他躺在病床上闲下来后，不禁对自己的家事浮想联翩。

1967 年 12 月 8 日，魏素萍就要临产了，可孙家栋整天忙得根本没有时间回家。刚刚组建的空间技术研究院，大量的工作都已全面展开，孙家栋有时想晚上抽点时间去看一看夫人，可他这个“拼命三郎”真的没有时间。女儿魏红在北京平安出生后，魏素萍躺在医院的床上很伤心，看到别的产妇都是家人欢天喜地、全力照顾，自己的床边却见不到丈夫的身影。想到这，魏素萍一阵阵心酸。第二天晚上，魏素萍总算把孙家栋盼来了，可他到医院的时间太晚了，由于晚上还有等待处理的急事，孙家栋看了看孩子，也就仅仅停留了十几分钟，便匆匆离去。

现在，孙家栋帅气的儿子孙中亮，漂亮的女儿魏红早已长大成人，他们在各自的工作岗位上出色地成就着自己的事业。儿女们随着年龄的增长，对儿时父亲的忙碌，对常常见不到他们的父亲更增加了几分理解和敬佩，一直到现在父亲还总是那样的忙碌，但只要父子、父女们在一起，儿女仍然在慈祥的父亲面前无拘无束地顽皮撒娇。每当这时，母亲魏素萍总会面带微笑地说，孩子们一见到爸爸就总是长不大，孙家栋与一家人其乐融融的那一刻大概就是他精神最为放松之时。

有时星期天休息，孙家栋心里满怀歉意也想帮夫人干点家务。别看他在航天事业上大智大勇，做起家务活却笨手笨脚。女儿出生后的一个星期天上午，孙家栋休息在家，打算帮夫人点火做饭。不知是柴不干还是煤不好的原因，炉子里的火总是只冒烟而不着火，孙家栋趴在地上鼓着腮帮子对着火炉使劲吹，直吹得浓烟翻滚，却不见火苗。黑烟、柴灰搞得他两眼淌泪，满脸像涂花了的黑包公。恰巧宋健同志来办事，顺便到他家里看他，见状后哈哈大笑说："孙家栋呀孙家栋，空间技术研究院的大部分职工都用上了煤气灶，你这个当领导的却趴在这个破煤炉下弄个大花脸，你这是怎么搞的嘛?"

当时，北京老百姓的家里已开始逐步用上了煤气灶，空间技术研究院自然也要让这些从事高技术的科技工作者在生活上跟上时代潮流。那个年月物资紧缺，连日用品都要凭票供应，煤气灶更是要按数量分配，身为院领导的孙家栋，每次院里分配煤气灶，他都是先让给别人，所以自己家一直还在烧蜂窝煤炉子。为这事，夫人心里还老犯嘀咕，她对孙家栋说，煤气灶这玩意儿各单位都是男方分，你们那儿怎么就没有轮到你的时候？后来才算搞明白，孙家栋总是学雷锋先人后己。

孙家栋带领科研人员忘我工作，攻关项目硕果累累，为国家的科技进步作出了重大贡献，被评为航天部劳动模范，还被评为有突出贡献的国家级中青年科学家，荣立一等功。时光如云，转眼过去了许多年，住院的一时轻闲，反使得孙家栋心里隐隐内疚。老伴魏素萍也有自己的医学事业，回到家里还要为他服务，里里外外一把手，不仅毫无怨言，还要让他感受到家庭的温馨和快乐，老伴是那么通情达理，那么善解人意，他觉得自己应该多多回报老伴才对。

孙家栋与魏素萍在陕西延安

有一件使魏素萍想不通而生气的事。那时家里装了电话，经常半夜深更电话铃一响，孙家栋就不披衣服从床上跳下，到外屋去接电话，一捧起电话就像开会讨论问题似的没完没了。每当这时，魏素萍就会拿着大衣跟过来给他披上，然后默默地离开。但有时不知是不愿让老伴听到他谈工作的内容，还是嫌老伴在旁边影响他的谈话，孙家栋总用眼睛瞪她，示意她走开。有一次，他接电话时，一手捧着电线不够长的电话，一边斜着身子伸长脚尖把门关上，这下惹恼了魏素萍："这家里就我俩，你工作上的事就是再保密，也不至于这样防备我吧，真是职业病！"话是这样说，她照样还是把家务活都担了起来。孙家栋心里明白，当时中国刚起步研制导弹、卫星，上不告父母，下不告妻儿，他只能沉默寡言，默默奉献。

几十年一晃过去了，孙家栋觉得自己对不住老伴。唉，虽然都是为了工作，事后老伴也都能理解，但自己也确有过分之处。

为了弥补自己的过失，虽然孙家栋的社会活动和日常工作仍然很忙，几乎每周都要乘飞机飞来飞去，但只要在家，每天一大清早，总会准时在老伴的监督和陪同下，到楼下的草坪旁活动活动腿脚，屏声静气地打上一轮太极拳。每次锻炼完，还总忘不了帮老伴把弄皱的衣服抻一抻，然后，拉着老伴的手慢慢地散会儿步，他要给老伴增添些"温暖"。

其实，孙家栋的工作再忙，心里还总是惦记着与自己甘苦与共的老伴。一次，孙家栋出差新加坡有片刻闲暇，陪同人员提议出去逛一逛，或是去看看美丽的风景，孙家栋却提出可不可以去个买女鞋的地方。当陪同人员领他到买女鞋的地方，才知道他是想给老伴买双合适的软鞋。大家都明白"鞋子舒服不舒服，只有自己脚知道"的道理，所以只能帮着介绍鞋的种类和舒适

古稀之年，夫妻同乐

的品牌，因为不知道尺码胖瘦，也不好过多地提参谋意见。就在这时，孙家栋像变戏法似地拿出一张纸，说这是比照老伴的脚画好剪下来的样子，说着把这纸样塞到鞋里进行比试，使在场的人大为感动，既为他这种科学家的做法所感动，也为他对老伴的认真态度所感动。不难看出，孙家栋是一个严肃认真的人，不论办什么事情，他都会非常周到，这也是他多年来养成的为人做事的习惯。

孙家栋与夫人魏素萍在北京香山

如今，老两口每年都尽可能抽时间结伴北上、南下，上峨眉山，过长江，游张家界，观九寨沟。弹指一挥间，这对老夫老妻从一见钟情到相伴变老，从青春华发迈入古稀之年。爱情不仅使他们战胜疾病，而且促使他们事业有成，青春焕发。如今，魏素萍仍然无怨无悔地深情守望家园，甘当家里的好后勤，孙家栋还在开拓进取，亲手将中国“嫦娥奔月”的神话变成美好的现实。

其实，孙家栋就是这样一个人，几十年来不论是做领导还是搞技术，他都非常认真，一丝不苟，不论是当研究室主任，还是当航天工程总设计师，他都能做到抓大放小，充分发挥大家的力量，自己勇于承担责任，能够以身作则。用神舟飞船总设计师戚发轫院士的话说：“孙家栋是小事不纠缠，大事不放过的人，跟他在一起痛快！”嫦娥一号卫星系统总指挥兼总设计师叶培建院士说：“孙家栋待人谦和，在工作中他总是能抓住问题的要害，提出解决问题的点子，跟他在一起心里踏实！”

2000年6月，我国风云二号气象卫星发射在即，他在卫星到达发射场后已经几次往返于发射场了，由于其他事情又不能总待在发射场，只好几头兼顾地飞来飞去，几乎是平均每3天飞一个地方。一到发射现场，他就立即听取火箭、卫星的测试情况汇报，既要处理卫星发射方面的事务，又要协调分系统之间的相关事宜，一下飞机就忙得不亦乐乎，那时他已年过70了。

有一次，孙家栋与老朋友聚会，当谈到社会上一些人，包括科学界、学术界对待技术成果和名利的一些不正之风时，他的老同学刘从军又一次动情地说：“孙家栋在中国航天发展中做了那么多默默无闻的工作，很多都不被人知道，他计较过了吗？那些追名逐利的人，应该拿孙家栋同志做榜样，拿他跟自己对照一下……”此时，孙家栋却憨憨地夹一筷子菜放到老同学、老搭档、老朋友的盘子里说：“吃这个，吃这个，这可是你喜欢吃的东西啊。”在众人的哈哈笑声中，他巧妙地把对自己的评论岔了过去。

孙家栋取得了辉煌成绩，采访他、宣传他的机会时不时就会落到他头上，但他的原则是能推则推，能拒则拒，尤其是对自己的宣传始终保持低调，他从不居功自傲。

1999年9月18日，“两弹一星”功勋奖受勋后与夫人魏素萍

孙家栋有一句经常说的口头语：什么名利不名利的，如果做出了成绩，那是组织上给了你活动的平台，那是同志们共同努力的结果。几十年来都是确定了任务按照分工开始忙起来，大家伙一门心思都扑在工作上，哪有心思去考虑什么个人得失。同志们都那么努力在工作，你如果总考虑自己那也太不够意思了吧，哈哈哈……

2 大家心目中的“幸运神”

人们开玩笑时总是说孙家栋命大福大造化大，为什么这样说呢？因为他确实遇到过好几次非常惊险的灾难降临，但每次都是与死神擦肩而过，有惊无险。

第一次是孙家栋求学考上锦州大学报到后的事情。那是1946年，17岁的孙家栋拿着锦州大学的录取通知书前去报到。天寒地冻的东北大地滴水成冰，树上挂满粗粗的白色树挂，屋檐垂着长长的冰柱，放眼望去，白雪皑皑一片银装素裹。报到后，孙家栋来到学生宿舍找到了自己的铺位，他心中暗自窃喜，这是一个紧挨隔墙、比较安静也比较干净的铺位。当孙家栋正要把自己的东西放下时，一个当地的学生亮开嗓门说这个铺位属于他，要孙家栋让出这个铺位。岂有此理，但仔细一思量，这点事情也算不得什么大事，今后同学在一起共同生活何必那么斤斤计较，于是他爽快地把这个本属于自己的铺位让给了别人。当夜，学生们正在甜蜜的梦香中，一场厄运连一点前兆都没有就突然降临。那堵隔墙“轰隆”一声坍塌了，倒下来的墙正好砸到了那位同学的铺位。原来那坍塌的墙是新垒起来的，当时天寒地冻，隔墙被冻得结结实实，学生入住后，火炕烧得热热乎乎，那堵隔墙解冻后便坍塌了下来。同学们纷纷说是孙家栋的大度和谦让美德，使他躲过了这一劫难。

另一次是孙家栋随团出访古巴时所遭遇的惊险。那是1964年炎热的夏天，担任导弹总体技术主任设计师的孙家栋随同领导来到了位于加勒比海西部的古巴。当他结束了繁忙的工作后，好客的主人向他们热情介绍了古巴优美的风景：古巴由4195个岛屿组成，古巴岛是大安德列斯群岛中最大的岛屿，由于古巴岛形状酷似鳄鱼，因此它又有“加勒比海的绿色鳄鱼”的称号。古巴独一无二的地理位置和别具风情的亚热带海洋气候，使岛上风光别具一格。那里四季常青、植被茂盛，植物种类多达8000多种，其中50%以上的植物是古巴岛上特有的。它的生态旅游资源也异常丰富，海里游弋着900多种鱼，陆地上生活着4000多种软体动物，林间飞翔着400多种鸟类……诱人的古巴咬鹃和色彩艳丽的小鹦鹉是这里独有的。介绍后，主人非常友好地安排了一天的观光项目，希望能够给他们留下一些美好的印象。那天，孙家栋一行乘坐游艇沿着近海观光：观光快艇一艘接一艘排着队，风驰电掣般的前行，气势颇为壮观。谁也没想到，他们乘坐的游艇不知何因突然搁浅，而后面紧跟着的游艇仍然以闪电般的速度向前飞驰。此时，跟进的游艇采取任何措施都已经来不及了，刹那间，后面的游艇如同飞鱼从水面跃起，擦着前面的游艇飞跃过去。孙家栋是游艇上个子最高的人，同艇上好几个人的头部、脸部都被不同程度地擦伤，而他那刻正巧弯腰捡地下的东西，因而毫发无损，真是“老天保佑”。

还有一次是 1971 年，孙家栋在北京遭遇翻车事故。1970 年 4 月 24 日，中国第一颗人造地球卫星“东方红一号”发射成功后，作为实践一号卫星总设计师的孙家栋立即全力以赴，开始了中国第一颗科学实验卫星“实践一号”的紧张工作。按照 1971 年 3 月初发射的预定时间，卫星将要出厂运往发射场，尚有大量事情需要孙家栋去处理：电子设备的精度和稳定度需要调整，卫星与火箭的系统匹配需要协调，总装中出现的问题需要解决，许许多多的事情等待着他去组织落实。1971 年 1 月 24 日，农历腊月二十八，这是每年一度北京最为寒冷的日子。俗话说“腊月二十八，年货备到家”，再隔一天就是中国传统节日的大年除夕。孙家栋家里有老人、妻儿和 3 岁的女儿等着利用春节的机会与他团聚，可孙家栋满脑子装的都是实践一号卫星的那些事情。这天一大早他就起床了，夫人提醒他快要过大年了。孙家栋匆匆忙忙擦了把脸，就与同事一起乘坐吉普车前往西南郊的一个研究部门，解决卫星配套设备的问题去了。一天的劳累结束了，正当大家各自在颠簸的归途中静静地梳理自己的思绪时，冷不防吉普车载着连同司机在内的 10 个人突然翻下路边很深的河沟里，翻车的位置位于萧家河大桥的拐弯处。灾难发生了，可奇迹却也出现了。按常理，吉普车翻到那么深的河里，一定是灭顶之灾。但车上的 10 个人无一人重伤，孙家栋裹着他一天到晚不离身的棉大衣，硬是没有受到一点损伤。几天后，孙家栋随同运送卫星和参加试验任务的火车专列向卫星发射场开进，1971 年 3 月 3 日发射成功的中国第一颗科学实验卫星“实践一号”并没有因这场事故受到影响。

有一次，孙家栋与外国朋友在宴会上随意漫谈，跟孙家栋共事几十年的老朋友在聊天中谈到了孙家栋人生几次惊险遭遇，在座的人听完后纷纷发出“呜……”的惊叹声，纷纷表示以后坐飞机要能跟孙家栋同乘一架，心里就踏实了，因为孙家栋是大家心目中的“幸运神”。

在80岁生日之际，孙家栋与夫人魏素萍同他的几任秘书合影
（后排左起：李钢、霍明儒、董培江、王永汉、潘良、李开民、侯秀峰）

3 “两弹一星”功勋载入光辉史册

1999年9月18日，中共中央、国务院、中央军委在人民大会堂隆重召开表彰大会，表彰为研制“两弹一星”作出突出贡献的科技专家，并为23位科技专家授予“两弹一星”功勋奖章。孙家栋是受表彰的23位科技专家之一。

中共中央、国务院、中央军委表彰为研制“两弹一星”作出突出贡献的科技专家并授予他们“两弹一星”功勋奖章的决定如下：

在新中国50年的光辉历程中，“两弹一星”的研制成功，是中华民族为之自豪的伟大成就。50年代中期，以毛泽东同志为核心的第一代党中央领导集体，根据当时的国际形势，为了保卫国家安全、维护世界和平，高瞻远瞩，果断地作出了独立自主研制“两弹一星”的战略决策。大批优秀的科技工作者，包括许多在国外已经有杰出成就的科学家，怀着对新中国的满腔热爱，响应党和国家的召唤，义无反顾地投身到这一神圣而伟大的事业中来。他们和参与“两弹一星”研制工作的广大干部、工人、解放军指战员一起，在当时国家经济、技术基础薄弱和工作条件十分艰苦的情况下，自力更生，发愤图强，大力协同，无私奉献，勇于攀登，完全依靠自己的力量，用较少的投入和较短的时间，突破了原子弹、导弹和人造地球卫星等尖端技术，取得了举世瞩目的辉煌成就。

“两弹一星”的研制成功，成为新中国社会主义建设伟大成就的重要标志，充分显示了中华民族的创造能力，在国内外产生了巨大而深远的影响。它有力地推动了国家经济建设，大大增强了国防实力，促进了我国科学技术的发展。它打破了超级大国的核讹诈和核垄断，奠定了我国在国际事务中的重要地位，振奋了国威、军威，极大地鼓舞了中国人民的志气，增强了中华民族的凝聚力。“两弹一星”的研制成功，培养和造就了一大批能吃苦、能攻关、能创新、能奉献的科技骨干队伍，为我国高新技术及相关产业的发展打下了坚实的基础。在“两弹一星”研制过程中积累的丰富经验和科学管理方法，已广泛应用于我国社会、经济和科技发展等各个领域；在“两弹一星”研制者身上体现出来的“热爱祖国、无私奉献，自力更生、艰苦奋斗，大力协同、勇于登攀”精神，已经成为全国各族人民宝贵的精神财富和不竭的力量源泉。40 多年特别是改革开放以来，在一代又一代科技工作者的不懈努力下，从研制“两弹一星”开始创立起来的我国高科技事业取得了长足的进步。

当前，我们面临着新的形势和任务。世界局势总体上趋向缓和，但天下仍不太平，维护世界和平、促进共同发展依然任重道远。特别是新的科技革命以及由此引发的社会经济变革方兴未艾，这既给我们提供了难得的历史机遇，又带来了空前的严峻挑战。我国改革进入攻坚阶段，发展处于关键时期，任务十分艰巨。为了在新的形势下大力弘扬研制“两弹一星”的革命精神和优良传统，动员广大科技工作者和全党、全军、全国各族人民，抓住机遇，迎接挑战，加快实施科教兴国和科技强军战略，在庆祝中华人民共和国成立50 周年之际，党中央、国务院、中央军委决定，对当年为研制“两弹一星”作出突出贡献的23 位科技专家予以表彰，并授予于敏、王大珩、王希季、朱光亚、孙家栋、任新民、吴自良、陈芳允、陈能宽、杨嘉墀、周光召、钱学森、屠守锷、黄纬禄、程开甲、彭桓武“两弹一星功勋奖章”，追授王淦昌、邓稼先、赵九章、姚桐斌、钱骥、钱三强、郭永怀“两弹一星功勋奖章”（以上排名按姓氏笔画为序）。这 23 位科技专家是人民共和国的功臣，是老一辈科技工作者的杰出代表，是新一代科技工作者的光辉榜样。

党中央、国务院、中央军委号召，全党、全军和全国各族人民向为研制

“两弹一星”作出突出贡献的科技专家学习，大力弘扬研制“两弹一星”的伟大精神，在以江泽民同志为核心的党中央领导下，高举邓小平理论伟大旗帜，万众一心，艰苦奋斗，顽强拼搏，开拓创新，为夺取我国改革开放和社会主义现代化建设新的伟大胜利而努力奋斗。

国家主席江泽民亲自将“两弹一星”功勋奖章挂在了孙家栋的脖子上。他为中国的“两弹一星”作出的贡献，将永远记载在中华民族的光辉史册上。

1999 年 9 月 18 日，“两弹一星”功勋奖授勋仪式

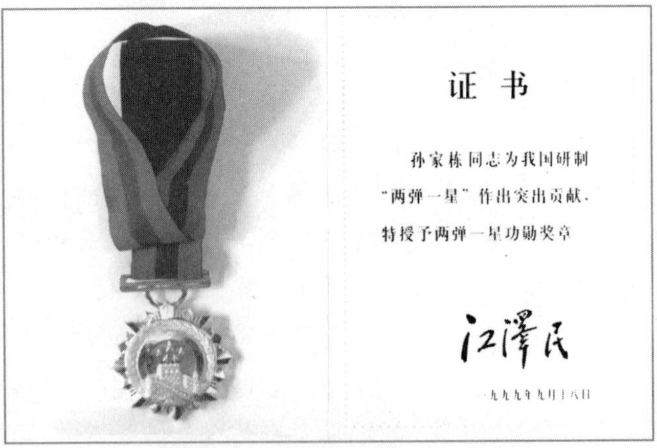

“两弹一星”荣誉证书

举行授勋仪式前的 9 月 17 日，孙家栋秘书接到通知，要求获奖者立即前往人民大会堂进行实地“走场”。秘书赶快安排孙家栋赶到人民大会堂，按照预定程序从主席台上走了一圈。第二天，23 位获奖者中实际到场的有 15 人，钱学森由于身体原因无法到场，而孙家栋高大的身板和抖擞的神情，在这 15 人之中显得有点出众。遗憾的是，23 位获奖者中已有 7 人过世，他们虽然没能参加隆重的大会，但他们“热爱祖国、无私奉献，自力更生、艰苦奋斗，大力协同、勇于登攀”“两弹一星”精神的发扬光大，将永远告慰九泉之下这 7 位杰出科学家的英灵。

2009 年 1 月，孙家栋与张镰斧在“神舟辉煌的记忆”新春联谊活动上合影

“两弹一星”表彰大会召开的当晚，曾任第七机械工业部副部长并于 1979 年至 1984 年担任中国运载火箭技术研究院院长的张镰斧，在家中聚精会神地收看了中央电视台关于“两弹一星”表彰大会的实况。表彰大会的实况转播完后，张镰斧仍然沉浸在对往事的回忆中。

这时，张镰斧的儿子问他：“今天获得‘两弹一星’功勋奖章的 23 人中，好像孙家栋最精神，从年龄上讲他也最年轻，老爸你了解他么?”张镰斧回答说：“当然了解啦，你可不要小看这个孙家栋，他从苏联回来后就来到导弹总体设计部做导弹总体设计，在那个年代，他就已经初露头角了。”儿子问：“这些‘两弹一星’功勋奖章获得者都是 80 岁出头的老科学家了，而孙家栋比他们小了 10 多岁，那个年代孙家栋还是个年轻人呢，在成千上万的航天大军中，他为什么能获得国家这种最高荣誉的奖章?”张镰斧回答说：“‘两弹一星’除了发射了导弹、爆炸了原子弹，还有向太空放卫星，关键是孙家栋放成了中国的第一颗卫星。在孙家栋之前虽然科学院已经搞了许多年，虽然对卫星研制做了很多基础工作，但在孙家栋担任了第一颗卫星的技术总负责人以后，才大大加快了研制进度，没有孙家栋的这两下子，卫星发射可能还要再等几年啊！如同导弹、原子弹一样，先有无，再发展。孙家栋领导大家大胆地制定新的总体技术方案，以满足国家任务为前提，在很短的时间里就完成了卫星的设计与研制，中国第一颗人造卫星一举成功，在当时确实是件震撼世界的事情。孙家栋办事实在，善于发挥集体智慧，人缘也好，事实证明孙家栋的科学方法是对的，当时大家都一致认为孙家栋是有能力、有办法的。所以，孙家栋获得这个功勋奖章也是当之无愧的。”

后来，当张镰斧拿到作者的这段文字后，觉得作者并没有写全他的意思。2008年新年伊始，张镰斧早早地来到了航天科技老领导、老专家新年座谈会会场，当他远远看到孙家栋来到会场时，便大声喊道：“小孙、小孙你过来，到这里来坐。”年近90岁的张镰斧喊年近80岁的孙家栋为“小孙”，这在偌大的会场中引起了人们的关注和好奇。年纪大的老同志很习惯于这种称呼，年青人从两位老领导之间的举止笑貌就能看出他们昔日的情谊。孙家栋过去后，张镰斧马上对他说：“我看到作者写我对你获得‘两弹一星’功勋科学家后的文章了，但他写的内容根本不够，写得过于精练，他写的内容仅仅只有我想说的很少的几句话，其实我还说了许多话，并且有更多的话要说，我要找作者把我想说的话说完，他把我所说的话写全才对嘛。”

张镰斧是经历过抗日战争、解放战争和抗美援朝战争的老革命，他英勇善战，战功卓著，在上甘岭战役中是勇猛显赫的英雄团长。他从朝鲜回国后进入解放军高等军事学院学习，38岁时，被中央点名选派到国防部五院一分院任副院长并兼任火箭总装厂厂长。如今年近90岁高龄的张镰斧仍然居住在北京运载火箭技术研究院的寓所，他从50年代开始伴随着中国导弹、运载火箭的发展，经历了中国航天发展的风风雨雨，是中国航天事业发展的见证人之一，他对中国的航天事业充满深情，他熟悉“两弹一星”功勋奖章获得者，他与功勋奖章获得者有着共同的经历和深厚的战斗友谊，他对孙家栋的赞赏可见一斑。

4 魂系航天、情系卫星、终身奉献

孙家栋对中国的航天事业充满着深厚感情，他也深知航天工业的强盛对国家所起的作用。几十年前，毛泽东、邓小平等老一辈革命家高瞻远瞩，对加速中国航天发展发出的号召，令他记忆犹新。胡锦涛等新一代领导人对中国航天给予的支持指导和高度重视使他精神焕发。2006 年 5 月 8 日，孙家栋在北京接受中国国防科技工业编辑部采访时强调："几十年的历史实践已经让我们深刻认识到，最先进的武器是买不来的，军工核心技术是买不来的，航天尖端产品也是买不到的，我们必须依靠自己的力量强大国防。增强军工科技创新能力，是国防科技工业增强核心竞争力的必由之路。"这是一个老航天人的情感之言、肺腑之言。

有一次，在众多听众的航天活动上，孙家栋动情地讲到，中国经过几十年的努力奋斗，航天科技工业已形成规模庞大、专业齐全、技术配套的科研生产和试验基地，建成了完整的研究、设计、生产、试验体系。到目前为止，中国依靠自己的力量，成功地研制并投入使用了 12 种不同型号的长征系列运载火箭，具备了发射近地轨道、太阳同步轨道和地球静止轨道的能力。在人造卫星方面，我国自主研制发展形成了 6 个卫星系列即返回式遥感卫星、东方红通信广播卫星、风云气象卫星、实践科学探测与技术试验卫星、地球资源卫星和北斗导航定位卫星、海洋卫星等，此外构建"环境与灾害监测预报小卫星星座"计划正在加紧实施。这些卫星已广泛应用于国防和国民经济的各个领域，取得了巨大的社会经济效益。从近年来航天事业所取得的成就可以看到，我国的卫星回收技术、静止轨道卫星发射测控技术、一箭多星技术以及载人飞船技术，都标志着我国航天事业已经跨入世界先进行列。中国将加强空间应用，推进航天产业化进程。以通信卫星和卫星通信、卫星遥感、卫星导航、运载火箭为重点，积极构建卫星制造、发射服务、地面设备制造、运营服务的航天产业链。加强空间技术的推广应用和二次开发，改造和提升传统产业。我国航天科技工业取得了令人瞩目的成就，壮国威、扬军威、振民心，对于增强中国的综合国力，提高中国的国家地位和威望，产生了不可低估的影响。随之，孙家栋的话锋一转说道："我们的卫星同国外发达国家相比还有一定差距，想要赶上和超过发达国家的水平，我们还要做相当的努力，按照我国近年来经济发展速度和科学技术前进的步伐，在不远的将来我们必然会达到世界级的高水平，那时候，我们的航天技术必然会走在世界的最前列！"

孙家栋是中国卫星技术和航天工程的主要开创者之一。50 年来，他对中国导弹和航天事业的发展具有强烈的责任感和献身精神，他把全部心血都倾注到了中国的航天事业中。他善于团结同志，勇于承担责任，在长期领导大型航天工程研制的实践中，积累了丰富的经验，形成了自己独特的思维方式、工作特点和领导风格。系统思想方法是他重要的思维特点；循序渐进，严格按程序办事，创新与求实相结合是他重要的工作特点；善于组织、引导科学技术人员发挥群体的智慧和力量，是他的领导风格。

几十年过去了，今非昔比，中国的航天事业随着国民经济的快速增长和国家的强大，呈现出空前的快速度、高质量、高水平。国务院新闻办公室2006年10月12日《2006年中国的航天》白皮书公布的结果令人振奋，自2000年中国政府发表《中国的航天》白皮书以来，在2001年至2005年过去的5年里，中国航天事业实现了快速发展，取得了一系列新成就：建成一批具有世界先进水平的研制和试验基地，进一步完善研究、设计、生产和试验体系，航天科技基础能力显著提高；空间技术整体水平明显提升，攻克一批重大关键技术，载人航天取得历史性的突破，月球探测工程全面启动；空间应用体系初步形成，应用领域进一步拓展，应用效益显著提高；空间科学实验与研究取得重要成果。5年来，中国自主研制并发射了22颗不同类型的人造地球卫星，整体水平明显提高，一批新型高性能卫星有效载荷研制成功；各种应用卫星初步投入业务运行，其中风云一号和风云二号气象卫星已被世界气象组织列入国际业务气象卫星系列；地球静止轨道大型卫星公用平台的各项关键技术取得重要突破，大容量通信广播卫星研制取得阶段性成果；微小卫星研制及应用工作取得重要进展。

2006年，中国政府制定的《国民经济和社会发展第十一个五年规划纲要》和《国家中长期科学和技术发展规划纲要（2006～2020年）》，将发展航天事业置于重要地位。根据上述两个规划纲要，中国政府制定了新的航天事业发展规划，明确了未来5年及稍长一段时期的发展目标和主要任务。按照这一发展规划，国家将启动并继续实施载人航天、月球探测、高分辨率对地观测系统、新一代运载火箭等重大航天科技工程以及一批重点领域的优先项目，加强基础研究，超前部署和发展航天领域的若干前沿技术，加快航天科技的进步和创新。

2007年5月31日深夜，鑫诺三号卫星发射在即，这次发射是长征系列运载火箭的第100次发射。孙家栋坐在西昌卫星发射中心指挥控制室听着倒计时口令，等待火箭点火升空。孙家栋环顾四周，突然发觉自己是在发射现场指挥控制室里参与了中国第1次卫星发射和第100发射的目击者和见证人。长征系列运载火箭顺利实现第 100 次发射，使中国成为继美、俄、乌、欧之后，世界上第五个主力品牌火箭航天发射次数到百的国家。经过 37 年的发展，我国长征火箭总体技术性能达到国际一流水平。

37 年前，41 岁的孙家栋踌躇满志；今天，78 岁的孙家栋豪情满怀。

坐在孙家栋旁边不远的中国运载火箭技术研究院党委书记兼副院长梁小虹在发射前夕告诉孙家栋："执行长征系列运载火箭第 100 次发射任务的发射队出征前，研究院隆重举行了以'新长征启程'为主题的升国旗仪式。参加长征三号甲运载火箭第 100 次发射的队员们穿越过特意搭起的红色'成功门'，来到蓝底白字的第 100 次发射队队旗前，拿出刻有各自名字的印章，依次将自己的名字盖在队旗上。一个个鲜红的名字，代表着发射队员们庄严的承诺和必胜的信心，我和院长吴燕生都非常激动。您是我国航天事业的老前辈和见证者，我们对您无比敬佩，我们期待着今天的发射成功。"

与中国运载火箭技术研究院前院长吴燕生（右）、书记梁小虹（左）在卫星发射场

2007 年 6 月 1 日 24 时 08 分，孙家栋坐在指挥室前排的指挥位置上，目不转睛地盯着显示屏上的火箭。随着指挥员"点火"口令的下达，火箭喷着烈焰离开发射台直刺天穹。备受全国人民关注的鑫诺三号卫星，准确地进入太空预定轨道，圆满完成了长征系列运载火箭具有里程碑意义的第 100 次发射。

与西昌卫星发射中心主任李尚福在发射现场

在西昌卫星发射中心坐镇指挥的发射中心主任李尚福，握着孙家栋的手激动地说："太好了，我们的发射又一次获得了成功。孙总，我们大家都要感谢您！"

类似的情景，孙家栋虽然经历过许多次，尽管每一次发射都有不同的感想，但这次却非同寻常。他目睹着运载着卫星的火箭在视线中逐渐消失，心中百感交集。是的，9 年中获得 50 次连续发射成功，充分说明中国的运载火箭已步入成熟阶段。中国的长征系列运载火箭从第 1 次到第 10 次发射，经过了漫长的 14 年时光，而从第 90 次到第 100 次发射则不足 9 个月，这足以说明具有自主知识产权和较强国际竞争力的长征系列运载火箭对中国经济发展、科技进步、基础实力所作的贡献。这一切成就令孙家栋兴奋不已，他深为中国航天取得的成就而自豪，深为自己为之奋斗一生的航天事业而欣慰。

2007 年 6 月 15 日，长征系列运载火箭第 100 次发射成功座谈会在北京隆重召开。会上传达了中共中央政治局常委、国务院总理温家宝的重要指示："广大航天科技工作者要以长征火箭实现 100 次发射为新的起点，全面提高航天科技水平，增强航天工业的产业带动力和综合竞争力，建设国际一流的航天工业。"

此刻，解放军总装备部副部长张建启中将与孙家栋同坐在一个会议室，会议室里还坐着许多航天界的老专家、老领导。张建启望着孙家栋，望着这些老同志，心里一阵阵激动，他在座谈会上动情地作了题为《为航天腾飞作出新的贡献》的讲话。座谈会上，航天战线的老领导、著名科学家刘纪原，孙家栋，梁思礼，王永志等和中国航天科技集团公司马兴瑞、吴燕生等现任领导，分别从不同角度回顾了我国长征系列运载火箭的发展历程，对长征系列运载火箭发展的美好前景满怀信心。大家纷纷表示，在未来的航天型号大型飞行试验中继续发扬“严慎细实”的工作作风，强化航天产品的质量和可靠性，在连续成功面前保持清醒头脑，大力提高自主创新能力，以创新促成功，以成功谋发展，努力建设国际一流航天企业，为中华民族的伟大复兴作出新的更大贡献。

2008 年 2 月 26 日，孙家栋在接受科技日报社记者为纪念 1978 年“全国科技大会”30 周年专题采访时，对我国改革开放 30 年来科技领域的飞速发展感慨万千。在谈到自主创新时，孙家栋说：建设创新型国家，不是说出来的，必须认识到创新有很大难度，需要一个过程。创新要有长远思想，不能急功近利，有宽松的环境很重要，这样才能鼓励人们大胆创新。

2008 年 11 月 13 日，第六届中国卫星导航系统应用论坛在广州隆重召开，孙家栋作为轮值主席，参加并主持了会议，他在会议开幕式的致辞中强调：导航系统应用始终得到了党中央、国务院和国家有关部门的高度重视，北斗导航卫星要在做好系统建设的同时，及早开展系统应用开发，注重卫星导航产业培育，形成产业收益与系统发展相互促进的良性循环。

2008 年 12 月 19 日，风云二号气象卫星发射在即，孙家栋又一次飞抵西昌卫星发射中心，发射前的一系列工作将逐一按程序进行，一些重大决策需要他参与研究拍板定夺，他将在发射现场行使风云二号气象卫星工程总师的职责。

这次发射，中国运载火箭技术研究院李洪院长与孙家栋在发射场又一次相遇，年轻的院长在这里见到老总师分外高兴，老总师见到年轻院长格外开怀。平常他们各自工作繁忙，现在卫星发射在即，发射场那千钧一刻的气氛让他们感到肩上的担子沉重啊！李洪院长是毕业于国防科技大学的高材生，在运载火箭设计、研制、生产方面具有丰富的经验，他在副院长的位置任职多年，锻炼和积累了复合型的组织领导才能，2007 年末升任为中国运载火箭技术研究院院长，深得孙家栋的赏识。1957 年钱学森担任第一任院长，50 年后，李洪接过中国运载火箭技术研究院的接力棒，担任了第十一任院长。孙家栋握着李洪的手说：“你当院长后的工作很出色，希望你们放开手脚大胆干。”这也是孙家栋这位航天大系统工程总师一贯奉行的准则。

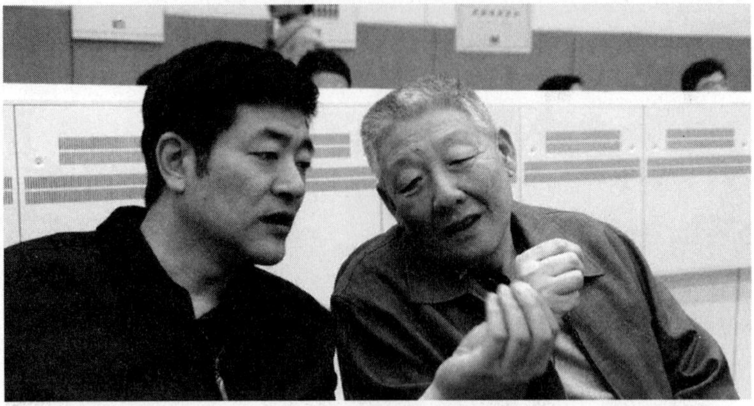

与中国运载火箭技术研究院新任院长李洪探讨问题

12 月 23 日 8 时 54 分 04 秒，长征三号甲运载火箭点火升空，火箭飞行 1414 秒后，指挥控制大厅的调度广播里传出“卫星与火箭成功分离”、“卫星正常起旋”、“风云二号气象卫星准确进入预定轨道”、“发射取得圆满成功”的信息。中国又一颗气象卫星即将投入使用，孙家栋的内心又一次泛起由衷的自豪。

与中国卫星导航工程中心主任杨长风在卫星发射成功后合影

孙家栋被聘任为中国卫星导航工程的总设计师后，对工程组织机构的工作和协调非常重视，中国卫星导航工程中心主任杨长风对孙家栋给以的帮助和支持深有感触。杨长风大学毕业后就一直在航天领域从事应用卫星的研制规划和计划管理，是一位既有技术基础又有组织经验的航天工程技术管理人员，在中国卫星导航工程的实施中，杨长风与孙家栋不论是开会、技术协调、在发射场执行发射任务还是陪同这位五大系统“总总师”出差，都常常得到孙家栋的教诲。杨长风打心眼里佩服孙家栋这样的科学家，他深感能在孙家栋的领导之下工作是多么得荣幸。

北斗导航卫星发射成功后，与集团公司领导和总装、总参测绘局领导合影

北斗卫星导航系统是具有中国自主知识产权的航天应用工程，这一系统的建成，对于中国这样幅员辽阔、人口众多、经济发展快速的国家，意义十分重大。它打破了美国等发达国家垄断卫星定位导航技术和市场的局面，大大推进了我国信息基础设施建设，提高了我国的经济社会和军事信息化的水平。到目前为止，系统建设的关键技术已经解决，系统发展上不存在技术障碍，系统建设进展比较顺利，建设自主卫星导航系统是国家建设经济社会发展的客观要求，是国民经济建设各领域对稳定和各卫星导航服务的现实需要。

步入 80 岁的孙家栋，仍然是会议不断，事务繁多，航天战略发展的研究、应用卫星的发展方向、航天技术对国家科技发展的牵引带动、多项重大科学技术评审等许多事情都请他亲临现场，坐镇决策和指导。如今，孙家栋除了担任着三项航天应用卫星工程总设计师外，还担任着中国航天科技集团高级技术顾问、国家航天局高级技术顾问、国际宇航科学院院士、中国科学院院士、国际欧亚科学院院士，孙家栋每天要做的事情实在是太多了，但他依然按照自己的习惯，周到细致、严肃认真、不知疲倦、勤奋地拼搏着。

孙家栋如同挂在太空中造福人类的人造卫星，不停地运转向地球发送着信号，不停地默默为人民奉献着自己的一切。

附录一

孙家栋组织参与研制的卫星发射一览表

截至2008年12月31日

序号	卫星名称	运载火箭名称	发射日期
01	东方红一号卫星	长征一号	1970.04.24
02	实践一号科学实验卫星	长征一号	1971.03.03
03	返回式遥感卫星	长征二号	1974.11.05
04	第一颗返回式遥感卫星	长征二号	1975.11.26
05	第二颗返回式遥感卫星	长征二号	1976.12.07
06	第三颗返回式遥感卫星	长征二号	1978.01.26
07	试验卫星	长征三号	1984.01.29
08	东方红二号试验通信卫星	长征三号	1984.04.08
09	东方红二号通信卫星	长征三号	1986.02.01
10	东方红二号甲通信卫星01星	长征三号	1988.03.07
11	东方红二号甲通信卫星02星	长征三号	1988.12.22
12	东方红二号甲通信卫星03星	长征三号	1990.02.04
13	东方红二号甲通信卫星04星	长征三号	1991.12.28
14	东方红三号通信卫星01星	长征三号甲	1994.11.30
15	东方红三号通信卫星02星	长征三号甲	1997.05.12
16	风云二号气象卫星01星	长征三号	1997.06.10
17	鑫诺一号通信卫星	长征三号乙	1998.07.18
18	中巴资源一号01星、巴西小卫星	长征四号乙	1999.10.14
19	风云二号气象卫星02星	长征三号	2000.06.25
20	北斗导航试验卫星01星	长征三号甲	2000.10.31
21	北斗导航试验卫星02星	长征三号甲	2000.12.21
22	北斗导航试验卫星03星	长征三号甲	2003.05.25
23	中巴资源一号02星、创新一号小卫星	长征四号乙	2003.10.21

续表

序号	卫星名称	运载火箭名称	发射日期
24	中星 20 号通信卫星	长征三号甲	2003. 11. 15
25	风云二号气象卫星 03 星	长征三号甲	2004. 10. 19
26	鑫诺二号通信广播卫星	长征三号乙	2006. 10. 29
27	风云二号气象卫星 04 星	长征三号甲	2006. 12. 08
28	北斗导航试验卫星 04 星	长征三号甲	2007. 02. 03
29	北斗导航试验卫星	长征三号甲	2007. 04. 14
30	鑫诺三号通信广播卫星	长征三号甲	2007. 06. 01
31	中巴资源一号 02B 卫星	长征四号乙	2007. 09. 19
32	嫦娥一号卫星	长征三号甲	2007. 10. 24
33	风云二号气象卫星 05 星	长征三号甲	2008. 12. 23

附录二

孙家栋大事年表

1929 年 4 月 8 日

■ 出生于辽宁省盖县。

1932 年（3 岁）

■ 随父母迁居哈尔滨。

1936 年 3 月（7 岁）

■ 入哈尔滨建设小学读书。

1939 年（10 岁）

■ 随父母迁居营口市。3 月，入同德小学读书。

1942 年（13 岁）

■ 6 月，考入哈尔滨第一高等学校。

1946 年（17 岁）

■ 9 月，考入锦州大学先修班。

1948 年（19 岁）

■ 9 月，考入哈尔滨工业大学预科班。

1949 年（20 岁）

■ 6 月，参加新民主主义青年团。

1950 年（21 岁）

- 1 月，参加中国人民解放军空军，在沈阳基地空军第四航校做俄语翻译工作。

1951 年（22 岁）

- 9 月 1 日，被空军选派赴苏联莫斯科茹柯夫斯基空军工程学院学习，学习飞机设计、维修及管理课程。

1954 年（25 岁）

- 留学假期期间，遵照空军刘亚楼司令员的指示，在茹柯夫斯基空军工程学院学习的全体中国学员到北京空军招待所集中学习，以提高政治觉悟，整顿思想，强调纪律，勉励上进。

1956 年（27 岁）

- 8 月 6 日，经刘俊庆同志介绍，加入中国共产党。

1957 年（28 岁）

- 11 月 17 日，在苏联莫斯科大学音乐学院大礼堂，与全体中国留苏同学接受毛泽东主席的接见。毛泽东发表“世界是你们的，也是我们的，但是归根结底是你们的。你们青年人朝气蓬勃，正在兴旺时期，好像早上八九点钟的太阳，希望寄托在你们身上”的重要讲话。

1958 年（29 岁）

- 3 月 10 日，在苏联红军俱乐部接受颁奖。因在留苏学习期间各科考试成绩优秀（所有成绩全部是 5 分），荣获最高苏维埃颁发的“斯大林金质奖章”。
- 4 月，从苏联莫斯科茹柯夫斯基空军工程学院毕业回国。后被分配到国防部第五研究院一分院，从事导弹研制工作，参加我国仿制导弹的工作，两年后该导弹仿制成功。

1959 年（30 岁）

■ 8 月 9 日，在北京南苑与魏素萍女士结婚。

1960 年（31 岁）

■ 8 月，任型号总体设计室主任。

■ 11 月 5 日，赴酒泉基地参加东风一号导弹发射任务，发射取得成功。

1962 年（33 岁）

■ 3 月，参加我国第一枚自行研制的导弹研制工作。

■ 12 月 17 日，儿子孙中亮在北京出生。

1964 年（35 岁）

■ 6 月 29 日，参与研制的东风二号导弹发射成功。张爱萍将军为此写下了著名的“十六字令”《塔架》。

■ 7 月，被任命为导弹总体主任设计师。

■ 随中国邮电代表团赴古巴考察访问。

1967 年（38 岁）

■ 8 月，由钱学森提议、聂荣臻批准，调至中国人民解放军第五研究院（现中国空间技术研究院，简称五院）组建总体设计部，任总体技术总负责人，领导我国第一颗卫星“东方红一号”的研制工作。

■ 12 月 8 日，女儿魏红在北京出生。主持了第一颗卫星总体和分系统技术方案的论证工作，从系统工程的观点出发，重新制定了东方红一号卫星的总体技术方案和研制任务书。

1969 年（40 岁）

■ 10 月下旬，东方红一号卫星初样基本完成。参加向周恩来总理汇报卫星情况的汇报会。

1970 年（41 岁）

- 4 月 24 日，任技术总负责人研制的我国第一颗卫星“东方红一号”在酒泉卫星中心发射成功。
- 5 月，在中国空间技术研究院召开的现场会上，按照综合利用、一次试验、全面收效的精神，提出了实践一号卫星的总体设计方案。
- 8 月，中央批准了关于研制实践一号卫星的报告。
- 12 月，组织制定第一颗同步轨道通信卫星“东方红二号”的研制方案，任总设计师。

1971 年（42 岁）

- 3 月 3 日，任技术总负责人的实践一号卫星发射成功。卫星达到了 8 年寿命。3 月 4 日，在京西宾馆参加了国防科工委主持召开的紧急会议。会议讨论了实践一号卫星发射后出现的问题，并决定向周恩来总理汇报。

1975 年（46 岁）

- 1 月 15 日，与田巨生一起调任五院领导工作。
- 11 月，任总体设计师的第一颗返回式遥感卫星发射成功。
- 12 月，主持召开第一颗返回式遥感卫星飞行试验总结会。就卫星返回舱未在预定地区着陆、落点偏差大等问题进行分析，找出故障原因，提出 7 项改进措施。

1976 年（47 岁）

- 7 月 15 日，参加在北京市召开的通信卫星第一期工程大总体论证工作会议。会议认为，在论证中既要考虑技术上的先进性，更要考虑可靠性，还要考虑经济性和合理性。
- 12 月，以中国航天专家的身份，随团赴欧洲空间局（法国、联邦德国、荷兰、意大利、英国、瑞典六个国家的航天部门）考察访问。通过访问，了解了欧洲空间技术的发展水平，结交许多航天界的朋友，开始与西方航天科技人员交往。

1977 年（48 岁）

- 9 月，随中国航天技术代表团赴法国进行空间技术考察访问。被任命为中国第一颗地球静止轨道通信卫星总设计师。

1978 年（49 岁）

- 3 月 18 日，在北京参加全国第一次科学大会，代表卫星研制单位，作了题为《关于人造卫星的成就及展望》的大会发言。
- 4 月 27 日，主持召开东方红二号通信卫星调度会。
- 7 月，接待美国总统科学顾问、科技政策办公室主任弗兰克·普雷斯博士率领的科技代表团，并陪同参观研究所和卫星总装厂。这是五院首次接待外国代表团参观卫星总装厂。
- 8 月，随中国航天技术代表团赴日本进行考察访问。
- 9 月 13 日，主持召开实践二号卫星太阳电池底板绝缘氧化层漏电问题会议。
- 11 月，随中国航天技术代表团赴美国航空航天局进行考察访问。

1979 年（50 岁）

- 2 月 15 日，在北京代表五院与西德梅塞斯密特－波尔科夫－布罗公司（MBB）签署《将共同研究和发展具有最新技术水平的电视广播卫星系统协议》。
- 4 月 18 日，被中共北京市委任命为五院副院长。
- 8 月 28 日，七机部党组决定，任东方红二号卫星总设计师。
- 10 月 16 日，与刘川诗等四人向七机部郑天祥部长提交《关于 504 所解决产品质量问题的报告》，提出在科研生产管理上要由课题研究的办法向工程研究转变。
- 10 月 22 日，在中国宇航学会第一届理事会上，当选为副理事长。

1980 年（51 岁）

- 5 月 22 日，五院科学技术委员会成立，任主任委员。

- 7月16日，在五院千人参加的“确保331工程首战成功，全面完成1980年任务”动员大会上代表党委提出，全院齐动员，奋战“331”，抓质量抓进度，确保1982年5月首战成功。
- 9月22日，在北京举行的七机部劳动模范、先进集体表彰大会上，获得七机部劳动模范称号。
- 10月9~10日，在北京与任新民、谢光选分别主持“331工程”大总体协调会，会议讨论东方红二号卫星、长征三号火箭飞行试验及故障对策方案等问题。钱学森到会并发表重要意见：“故障预想工作很重要，要很认真、很细致才行。不但要发动群众，发挥人的因素进行故障对策预想，还要用计算机对各种可能的故障和对策进行计算，充分发挥机器的作用，以弥补人在一段时间内的思维之不足。”

  11月3~10日，在五院召开的工作会议上作总结讲话，会议明确提出1981年的五个奋斗目标。11月10日，经中共中央书记处批准，任七机部总工程师。

1981年（52岁）

- 6月，代表五院致信西德MBB公司霍特先生：由于我国处于经济调整时期，在财政上有很大的困难，近几年内无法建立广播卫星系统，因此建议终止1979年2月15日签署的《将共同研究和发展具有最新技术水平的电视广播卫星系统协议》。
- 9月9日，在北京主持召开第5颗返回式卫星齐套验收工作专题调度会。
- 11月，在北京与法国空间中心“空间联合组织”代表团成员施尔曼会晤，双方就卫星方面感兴趣的问题交换意见。

1982年（53岁）

- 2月，任航天工业部科技委副主任、总工程师。
- 4月27日，在北京参加由任新民主持召开的“331工程”总师联席会议第八次会议。会议主要讨论“331工程”星地技术指标协调中存在的问题和解决问题的途径。

- 8 月，赴维也纳参加第二次联合国探索与和平利用外层空间大会，任中国政府代表团副团长，在会上作了中国发展航天情况的大会发言。
- 9 月 6 日，在北京参加五院首次召开的总工艺师会议。
- 11 月 9 日，在北京与德意志联邦共和国研究技术部代表团举行会谈，双方就空间技术领域以及通信和广播系统，深入坦率地交换了意见。

1983 年（54 岁）

- 1 月，被中组部任命为五院院长。
- 5 月，与航天部宋健副部长在中美科技合作联委会第三次会议上，同美国航空航天局克雷勃洛副局长确定了双方共同感兴趣的合作项目。至此，中美航天技术合作有了具体的发展。
- 9 月 17 日，与闵桂荣一起负责《当代中国》丛书航天卷的编写工作。
- 11 月 11 日，在北京参加返回式遥感卫星技术总结会并指出：今后工作中，提高质量显得更为重要。一定要贯彻国防科工委、航天部领导关于“冻结技术状态”的指示，技术状态要稳定，不要轻易变动。文件资料归档工作要做好做细。今后要适应五院多种型号同时展开的局面，要统筹安排好。11 月 15 日，被国防科工委任命为东方红二号卫星总设计师，戚发轫为副总设计师。
- 12 月 3 日，在北京与英国贸易工业部空间分部主任 L·J·罗宾逊率领的代表团就六个空间项目的合作进行了商讨，并签署了会谈纪要。以后两国又签署了《关于民用空间科学技术合作会议纪要》和《关于空间科学技术合作的综合备忘录》。

1984 年（55 岁）

- 2 月 20 日，在北京卫星总装厂听取东方红二号正样卫星改装的情况。会上强调，越是在顺利的情况下，越要抓好自己的工作，千万不能松动，要全力以赴，加快东方红二号正样卫星的改装进度，确保第二次发射成功。
- 2 月 25～3 月 19 日，作为副团长，随以航天工业部张钧部长为团长的中国航天代表团赴联邦德国、意大利访问。同联邦德国和意大利分别签署了两国政府《关于民用空间科学技术合作的协议书》，同联邦德国就接纳中方科研人员到联邦德国学习进行磋商，同意大利签署了《意大利科学研究委员会与中国空间技术研究院合作协议》。

- 4 月 8 日，任总设计师领导我国第一颗同步轨道通信卫星“东方红二号”的发射，发射取得成功。
- 5 月 4 日，在北京主持召开热烈庆祝试验通信卫星发射成功大会。代表院党委，向前来参加大会的上级领导和各有关单位的负责人，表示热烈欢迎。
- 8 月，随以航天工业部刘纪原副部长为团长的代表团赴法国法属圭亚那航天发射场参观阿里安火箭发射，并与法国就近期可能合作的项目互相交换意见，推动了双方航天领域的合作与发展。
- 9 月，在北京与航天部张钧部长一起陪同几十位回国参加国庆节观礼活动的华裔科学家参观我国研制的四种卫星型号。
- 10 月 8 日，被航天部党组任命为五院院长，于庆田为党委书记，闵桂荣、戚发轫等六人为副院长。10 月 20 日，在北京代表院党委参加五院立功受奖表彰大会，向出席大会的代表和同志们表示热烈的祝贺和亲切的慰问。10 月 22 日，航天部党组批复同意五院党委由于庆田、孙立言、孙家栋等八人组成。
- 11 月 19 日，赴联邦德国参加五院与联邦德国航天试验研究院第一次联合工作会议。在波恩签署了《中国空间技术研究院与联邦德国航天试验研究院民用空间科学技术合作专门协议》及两个会议纪要，确定了合作领域、项目及方式。11 月 26 日，在波恩参加中华人民共和国航天工业部部长和德意志联邦共和国研究技术部部长关于民用空间科学技术合作第一次联合委员会会议，会议讨论了两国科技合作的状况和进一步发展的前景。
- 本年度被授予国家级有突出贡献的中青年专家。荣立航天部一等功。

1985 年（56 岁）

- 3 月，在中国宇航学会召开的第二次代表大会上，当选为副理事长。

- 4月26日，参加利用卫星照片开发黄河三角洲成果会议。
- 由于研制东方红二号及返回式遥感卫星,荣获国家科技进步奖特等奖两项。
- 7月，在北京接待来访的美籍华裔航天员王赣骏博士等人，向客人介绍我国空间技术领域发展情况。
- 10月，在北京参加联合国亚太地区空间科学和技术进步应用讨论会，与各国同行进行广泛的接触和学术交流。10月5日，在航天部参加由国家科委宋健主任主持召开的会议，听取五院关于如何发展和自行研制我国通信广播卫星的设想方案及研制途径汇报，李绪鄂、任新民、戚发轫等人参加。10月6日，在国际宇航联合会第三十六届大会上，与其他12位宇航科技专家一起当选为国际宇航科学院院士。10月30日，被中共中央任命为航天工业部副部长、党组成员。
- 11月5日，在北京会见美国肯尼迪航天中心主任史密斯先生，双方各自介绍了本国的空间活动情况。

1986年（57岁）

- 2月19日，在北京主持召开通信广播卫星方案提纲汇报会。
- 3月7日，在北京参加由李鹏副总理主持召开的1986年度首次国务院电子振兴领导小组扩大会议。会议主要研究我国广播通信卫星发展建议问题。3月31日，国务院批转航天部关于加速发展航天技术的报告，批准了以我为主，研制东方红三号通信广播卫星的计划。
- 4月，任我国第二代卫星“风云二号”，中国、巴西合作的第一颗卫星“资源一号”工程总设计师。
- 5月3日，任东方红三号卫星工程总设计师。任新民、陈芳允为工程总设计师顾问。
- 7月中旬，在北京主持召开东方红三号通信广播卫星工作会，会议讨论了研制方案、研制程序、国内地面接收站如何布点、国外引进项目及引进方案等。
- 12月8日，在北京主持召开东方红三号卫星引进领导小组扩大会议。

1987年（58岁）

- 1月3日，在北京听取五院戚发轫副院长关于东方红三号卫星引进问题汇报。
- 2月14日，在北京主持航天部组织召开的东方红三号卫星引进协调小组会议。
- 4月，在北京与航天部李绪鄂部长同联邦德国邮电部部长施瓦美席林探讨了利用长征系列运载火箭发射联邦德国邮电部的DFS（德法）通信卫星的可行性。4月24日，在北京主持了航天部召开的东方红三号卫星技术方案及去联邦德国情况汇报会。
- 6月，在北京出席巴西驻华大使举行的巴西国庆节招待会，在招待会上与巴西空间院院长相识，从此拉开了中巴空间领域合作的序幕。

1988年（59岁）

- 5月，任航空航天工业部副部长。
- 10月，任由航空航天部、国防科工委、外交部联合组成的中国代表团团长，在北京钓鱼台国宾馆与美国代表团团长尤金·麦卡里斯特就国际商业卫星发射业务的3个专题进行会谈。
- 12月，率代表团赴美国就签订双方政府协议进行谈判。经过艰苦的谈判，双方最终签署了《中美两国政府关于卫星技术安全的协议备忘录》及《中美两国政府关于卫星发射责任协议备忘录》。

1989年（60岁）

- 1月，赴美国华盛顿，代表中国政府与美国政府签署《关于卫星商业发射服务》的协议书。
- 3月，任航空航天工业部科学技术委员会主任。3月29日，在北京参加由宋健同志主持召开的东方红三号通信卫星工程进展情况汇报会。
- 4月，率代表团赴巴西访问，之后顺访美国，就发放亚星许可证或首先发放亚星技术协调许可证的问题同美方举行会谈。
- 10月，中国政府批准长征火箭进入国际市场进行商业发射服务。中美进行两国政府间的国际商业发射服务的协议谈判，被任命为中国政府代表团团长，领导谈判工作，代表中国政府签署协议。

- 12 月，率代表团访问美国，就美国发放亚星和澳星的出口许可证问题与美国国务院和美国国会科技委员会的官员进行会谈。

1990 年（61 岁）

- 3 月，成为第七届全国政协委员。
- 4 月，在西昌参加第一颗外国卫星“亚洲一号”的发射，发射取得成功。出席在北京香格里拉饭店举行的亚洲一号卫星发射成功庆祝大会。
- 为纪念中国第一颗人造地球卫星上天 20 周年，在《光明日报》上发表了题为《弘扬“东方红一号”卫星精神》的文章。
- 5 月，率团赴美国访问，向美方通报发射美制阿拉伯卫星合同进展情况，并商讨价格问题。
- 6 月，应法国邮电通信部、科技部部长的邀请，率团赴法出席空间和全球环境会议和法国波斯特卫星图像应用会议。会议期间，与法邮电通信部、法宇航部负责航天事务的官员，就阿星投标情况及阿星许可证事进行会谈。6 月 6 日，陪同国防科工委谢光副主任到五院检查东方红三号卫星及其他在研型号的工作进展情况。
- 7 月，任代表团团长，在北京与菲利普斯为团长的美方代表团，就发射阿星的价格问题进行磋商。
- 8 月 8 日，与林宗棠、刘纪原、王礼恒等领导到五院听取东方红三号卫星和接替星的研制工作情况汇报。
- 11 月，率团赴美国，就发射由美国休斯公司研制的澳大利亚通信卫星发射服务等事项，与美国务院官员进行会谈。在北京会见法国代表团，要求法国政府采取积极步骤尽快发放阿星出口许可证，以便按合同要求于 1991 年 10 月发射阿星。
- 12 月，应法国和欧空局的邀请，任代表团团长，率团访问法国，就阿星许可证事同法邮电通信部、空间总局、经济财政预算部、外交部和欧空局的官员进行会谈。

1991 年（62 岁）

- 4 月 10～12 日，在北京远望楼宾馆参加国防科工委召开的长征三号甲火箭、东方红三号卫星与西昌发射场技术接口协调会议。会议协调了计划，明确了分工，统一了意见。
- 11 月，率团与美方谈判协商确定“澳星 B1”发射日为 1992 年 3 月至 4 月，“澳星 B2”发射日为 1992 年 7 月至 9 月。
- 11 月 8～12 日，在北京与国防科工委谢光副主任主持召开型号工程大总体协调会，会议听取工程各大系统研制工作情况和卫星、运载火箭可靠性工作情况汇报。

1992 年（63 岁）

- 8 月 8 日，在北京 101 所参加东方红三号卫星远地点发动机推力矢量测量考台试车数据处理结果通报会。
- 10 月，被选为中国科学院院士。

1993 年（64 岁）

- 2 月，与美国驻华大使芮效俭分别代表本国政府签署《关于卫星技术安全的协议备忘录》。
- 3 月，成为第八届全国政协委员。

1994 年（65 岁）

- 3 月 9 日，在五院参加东方红三号卫星质量复查和出厂汇报会。
- 7 月 14～16 日，在北京参加东方红三号卫星质量复查会议。
- 9 月，在北京与来访的美政府代表团菲力普斯等，就中美政府商业发射服务协议进行会谈。
- 11 月 30 日，在西昌卫星发射中心参加领导东方红三号通信卫星的发射工作，发射取得成功。
- 12 月，在北京率团与美国宇航代表团，就中美续签卫星发射合同举行会谈。被任命为北斗导航试验卫星工程总设计师。

1995 年（66 岁）

- 3 月 6 ~7 日，在北京参加东方红三号卫星重大事故审查委员会第二次委员会及专家组全体会议。

1996 年（67 岁）

- 荣获何梁何利基金“技术科学奖”。8 月，被选为国际欧亚科学院院士。

1997 年（68 岁）

- 6 月，在西昌卫星发射中心参加领导我国气象卫星“风云二号”的发射任务，发射取得成功。

1998 年（69 岁）

- 3 月，成为第九届全国政协委员。

1999 年（70 岁）

- 7 月，被聘为中国航天科技集团公司高级技术顾问。
- 9 月 18 日，被中共中央、国务院、中央军委授予“两弹一星”功勋奖章。
- 10 月，在太原卫星发射中心参加中、巴合作研制的资源一号卫星的发射任务，发射取得成功。

2000 年（71 岁）

- 2 月，被国家航天局聘为特别顾问。
- 3 月，赴美国进行考察访问。
- 4 月，在北京参加纪念我国第一颗人造地球卫星发射 30 周年大会，并作专题发言。
- 6 月，在西昌卫星发射中心参加领导我国第二颗地球同步轨道气象卫星“风云二号”的发射工作，发射取得成功。
- 10 月，被中国航天科技集团公司授予 1998 年、1999 年度航天奖。在西昌卫星发射中心参加我国北斗导航试验卫星发射工作，发射取得成功。

■ 12月，在北京参加我国新一代大型静止轨道卫星公用平台可行性论证会议。

2001年（72岁）

■ 1月，在北京被聘为总参谋部军事科学技术研究委员会顾问。

■ 2月，随中国工程院赴台湾进行学术考察交流活动。

■ 3月，在北京参加全国政协九届四次会议。

■ 在北京参加中美两国政府就商业发射服务进行的磋商会谈，任中方代表团团长，领导谈判工作并签署会谈纪要。

■ 4月，在北京参加中国人民对外友好协会、中国科学技术友好协会共同举办的纪念加加林太空飞行40周年大会，并作专题报告。

■ 6月，在北京参加中国科学技术协会第六次代表大会。

■ 7月，随中国空间技术研究院赴巴西检查中国、巴西资源一号02星的总装测试情况。

■ 在北京参加中共河北省委宣传部、河北省新闻出版局共同举办的《两弹一星功勋科学家》丛书出版座谈会。

■ 8月，在北京参加中国气象局、江泰保险经纪有限公司共同举办的风云一号04星保险委托协议书签字仪式。

■ 11月，在北京参加国家航天局召开的《中国的航天》白皮书发表一周年座谈会。

■ 12月，在北京参加中国科学技术协会、中国科学院、中国工程院、国防科学技术工业委员会共同举办的钱学森科学贡献暨学术思想研讨会，并作《钱学森带领我们搞航天》专题报告。

2002年（73岁）

■ 1月，在北京主持月球探测工程可行性论证组第一次会议，此会标志着月球探测工程可行性论证工作的全面展开。

■ 2月，在北京参加鑫诺公司2002年第一次董事会，请求不再担任董事长一职，受董事会批准。董事会任命其为首席科学家。

- 3 月，在北京参加全国政协九届五次会议。
- 在北京被聘为中国人民解放军总装备部科技委顾问、中国卫星通信广播电视用户协会高级顾问。
- 4 月，在北京参加中国工程院第四届光华工程科技奖理事会，被聘为亚太多边合作秘书处高级咨询委员会主席。
- 5 月，在北京参加中国科学院第十一次院士大会，被聘为总装备部卫星技术专业组特邀顾问。
- 7 月，在北京参加总装备部科技委顾问工作座谈会，就如何发展我国第二代导航卫星等问题提出建设性的意见。
- 8 月，在北京参加航天科技集团公司第二次工作会议开幕式。参加国防科工委组织召开的新一代运载火箭顶层设计研讨会。
- 11 月，随国家航天局代表团赴马来西亚，与其国家航天局官员进行航天领域合作的会谈，并签署合作协议。

2003 年（74 岁）

- 1 月，在北京参加国防科工委 2003 年工作会暨专家咨询委全委会，当选专家咨询委员会委员。
- 参加国家航天局召开的中国的航天活动及亚太空间合作报告会。
- 在北京参加中国空间技术研究院成立 35 周年庆祝大会。参加国防科工委召开的 2003 年民用航天工作会暨探月工程筹备会，被任命为探月工程筹备阶段的总设计师。
- 5 月，在西昌卫星发射中心参加北斗导航试验卫星发射工作，发射取得成功。当选为中国光华工程科技奖理事会理事。
- 6 月，在北京参加中央军委委员、总装备部李继耐部长主持召开的中国首次载人航天飞行任务老领导、老专家座谈会。参加向国防科工委张云川主任汇报探月工程综合论证情况的汇报会。
- 被哈尔滨工业大学聘为哈工大科学技术研究院荣誉院长、学术委员会主任。
- 7 月，在北京参加国防科工委组织的向陈至立国务委员汇报探月工程进展情况的汇报会。被国务院任命为国家中长期科学和技术发展规划总体战略顾问组成员。参加向国防科工委栾恩杰副主任汇报探月工作的汇报会。参加陈至立国务委员主持的国家中长期科学和技术发展规划总体战略顾问专家组成立会暨第一次座谈会。

- 8 月，在北京主持召开何鸿燊航天科技人才培训基金会顾问委员会第七次会议。参加宋健主持召开的航天编队飞行及空间虚拟探测技术学术讨论会。
- 9 月，随国家航天局代表团赴马来西亚，向马哈蒂尔总理介绍中国航天领域发展情况及与马方航天领域合作情况。
- 10 月，在北京人民大会堂参加欧美同学会成立 90 周年庆祝大会，胡锦涛总书记在会上发表重要讲话。参加中国科协召开的祝贺“神舟五号”发射成功科学家座谈会。在太原卫星发射中心作为工程总师参加中国－巴西合作研制的资源一号 02 星、中国科学院研制的创新一号小卫星的发射工作，发射取得圆满成功。在北京参加中国宇航学会组织的中国首次载人航天飞行圆满成功庆祝会。
- 11 月，在北京参加科技部召开的国家中长期科学技术发展规划战略研究交流会议全体大会。在北京参加中国科学院增选院士评审暨选举会议。所推荐的两位院士候选人杨玉良、叶培建均当选为中科院院士。在西昌卫星发射中心参加通信卫星发射任务，发射取得圆满成功。
- 12 月，在北京参加国防科工委、中国工程院召开的绕月工程座谈会，向到会专家介绍探月工程情况。被国家广播电影电视总局聘为高级顾问。

2004 年（75 岁）

- 1 月，在北京参加 2004 年国防科技工业工作会暨专家咨询委二届二次会议，当选专家咨询委管理组副组长。
- 在北京参加国防科工委召开的月球探测绕月工程领导小组第一次会议。
- 3 月，在北京参加国防科工委召开的国家中长期科学和技术发展规划月球探测工程二、三期重大专项论证会。参加航天科技集团公司召开的新一代运载火箭基本型总体方案论证报告评审会。参加国防科工委召开的探月工程第一次工作会暨大总体协调会，被任命为绕月探测工程总设计师。

- 4月，在北京人民大会堂参加纪念重大国防信息工程20周年座谈会。参加国防科工委召开的国务院领导对绕月探测工程重要批示传达会。在北京航天指控中心陪同马来西亚前总理马哈蒂尔一行参观航天指挥控制中心。与栾恩杰总指挥及副总师们在南京、上海进行探月工程调研，听取有关研制单位的工作汇报，对工程的研制进度及存在问题提出了指导性意见和建议。
- 5月，在北京参加中宣部、科协举行的《科学人生——50位中国科学家的风采》出版座谈会。在北京参加中科院召开的探月工程应用系统总体部工作会。在广州参加中国卫星通信广播电视用户协会召开的中国卫星通信广播电视技术第六届国际研讨会开幕式。在北京中巴地球资源卫星第二届用户大会上被聘为中巴地球资源卫星推广应用专家委员会主任委员。与栾恩杰总指挥及副总师们在西安进行探月工程调研，听取有关研制单位的工作汇报，对工程的研制进度及存在问题提出了指导性意见和建议。
- 6月，在北京参加中国科学院第十二次院士大会，胡锦涛总书记在会议开幕式上发表重要讲话。在北京参加温家宝总理听取的国家中长期科学和技术发展规划战略研究专题汇报会，会议听取农业科技问题、人口与健康科技问题、交通科技问题、国防科技问题研究的汇报。被上海复旦大学聘为名誉教授。在成都参加国防科工委为纪念中国共产党成立83周年暨十大军工集团公司成立5周年主办的“情系军工——同一首歌走进成飞”大型演唱会，作为军工代表受邀上台讲话。
- 7月，在北京参加庆祝航天科技集团公司成立5周年暨“七一”表彰视频会。作为评审组长主持召开东方红四号首发卫星抗干扰措施初样总结报告评审。参加2004年度何梁何利基金科技奖专业评审组会议。参加何鸿燊航天科技人才培训基金顾问委员第八次会议，听取基金会2003年工作汇报。
- 8月，在北京参加国防科工委召开的航天“十一五”规划发展思路座谈会。参加温家宝总理听取的国家中长期科学和技术发展规划战略研究专题汇报会，会议听取了战略高技术与高新技术产业化研究、基础科学问题研究、科学发展总体战略研究、关于科技投入问题汇报。作为评审组长主持召开风云二号04星出厂评审会。参加航天科技集团公司“十一五”规划框架思路（草案）专家研讨会。

- 在航天科技集团公司人才工作会议上被授予航天人才培养突出贡献奖。
- 9月10日，在北京参加国防科工委召开的国防科技工业基础能力战略论坛第四次会议。9月11日，在北京主持长征三号甲运载火箭出厂评审。
- 9月16日，在北京参加工程院召开的航空航天产业领域发展重点咨询研究课题第二次专家组会议。
- 10月7~11日，在澳门参加国防科工委主办的“中国航天之路——成功的背后”系列活动，为澳门的中小学生作专题报告，介绍中国航天事业的发展情况。10月15日，在北京国防科工委召开的中巴地球资源一号卫星01星、02星工程回顾与展望座谈会上，因在中巴地球资源卫星01星、02星工程建设及对外合作中贡献突出，被授予荣誉证书。10月19日，在西昌卫星发射中心作为工程总设计师参加我国第一颗业务型地球静止轨道气象卫星风云二号04星的发射工作，发射取得圆满成功。在北京参加高新技术产业发展“十一五”专项规划发展重点咨询（航天项目）讨论会。
- 在北京参加国防科工委召开的绕月探测工程领导小组第二次会议，会议听取《关于绕月探测工程研制情况报告》，审议《关于加强绕月探测工程管理的决定》。
- 10月25日，在北京与栾恩杰总指挥一起向国防科工委张云川主任汇报绕月工程有关进展情况。
- 10月29日，在北京参加国防科工委召开的月球探测二、三期工程预先研究专家组成立大会，会议听取月球探测二、三期工程总体论证工作进展情况，月球探测二、三期总体技术论证情况汇报。
- 12月1~7日，参加由孙来燕为团长的国家航天局代表赴美国航空航天局（NASA）、法国宇航局（CNES）、欧空局（ESA）访问，就在航天空间领域合作进行洽谈，会谈取得良好效果。12月21日，在北京参加并主持鑫诺二号（东四大平台）卫星集团公司转正样阶段设计评审会。会上强调，研制东四大平台是一项艰巨而任重道远的任务。要确保成功，保证寿命，要认真严把质量关，特别是一些试验工作的考核。转正样后，设计者要对前一段的设计工作仔细分析，查找问题，只有这样才能把正样工作做好。

2005年（76岁）

- 1月6日，在北京参加国防科工委绕月探测工程第二次工作会议。1月18日，在北京参加广电总局科技委七届二次会议。1月21日，在海南参加总装备部召开的新型运载火箭发射场建设综合论证报告评审会。1月27日，在北京参加国防科工委召开的国防科技工业中长期科技发展规划纲要咨询评审会。1月28日，在北京参加并主持国防科工委召开的资源一号02B星、03星和04星第一次大总体协调会。
- 2月2日，在北京与栾恩杰总指挥一起向国防科工委张云川主任汇报绕月工程进展情况。2月27日，在北京参加国际欧亚科学院中国院士第八次大会，推荐大连海事大学王祖温校长作为院士候选人。经过投票选举，王祖温当选国际欧亚科学院通讯院士。
- 3月2日，在北京参加向国防科工委张云川主任及领导小组成员汇报绕月工程研制进展情况的会议。张云川主任强调，绕月探测工程是全新的工程，要切实提高可靠性，把工作落实到实处。要以确保成功为硬道理，把研制工作做到走一步成功一步地向前推进。
- 4月7日，在北京参加中国科协遴选两院院士候选人委员会会议。4月21日，在北京参加东方红一号卫星成功发射35周年纪念活动。4月22日，在北京参加向黄菊副总理汇报会。
- 5月19日，在北京参加向张云川主任汇报绕月探测工程备份星方案专题会议。5月23日，在北京参加高技术产业发展“十一五”专项规划重点咨询研究项目咨询会。
- 6月13日，在北京参加2005年度何梁何利基金科技奖专业评审组会议。6月17日，在北京参加芮杏文同志遗体告别仪式。6月27日，在北京参加中俄航天合作分委会第六次会议，在会上向俄方介绍有关绕月工程研制情况。6月30日，在北京参加绕月探测工程测控系统工作汇报。

- 8 月 10 日，在北京参加国防科工委召开的“十一五”民用航天空间科学项目专家咨询会。8 月 15 日，在北京参加国防科工委月球探测工程中心召开的月球工程形象标识征集活动启动仪式。8 月 25 日，在北京参加国防科工委召开的国防科技重大专项汇报会。8 月 31 日，在北京参加总装备部召开的国家重大项目国防部分论证组组长会议。
- 9 月 1 日，在北京参加北斗二号导航卫星工程领导小组第二次会议。9 月 2 日，在北京参加国防科工委召开的绕月探测工程两总系列扩大会议。孙来燕副主任强调，对工程要有高度的使命感、责任感，确保任务成功；切实加强工程的组织管理能力，工作要到位；坚持安全至上，质量第一；按照高标准、高质量、高效率去开展工作。9 月 17 日，在威海参加哈尔滨工业大学（威海）20 周年校庆活动，并作了题为航天发展与展望的专题报告。9 月 22 日，在大连参加中国空间技术研究院召开的未来深空探测发展战略研讨会议。
- 10 月 5 日，在香港中文大学参加太空与环境地球信息科学研究所第一届学术委员会会议。会上强调，在太空与环境地球信息科学的研究过程中要总结遥感手段的不足，同时还要总结国外卫星的不足之处，要把这方面的问题研究一下，并设法解决。10 月 20 日，在昆明参加 2004 年度中国航天基金奖评选会议。会上强调，要扩大航天奖的影响，要使航天奖成为一个知名品牌；成为评奖人和获奖人为之自豪的一个品牌。
- 11 月 7 日，在北京参加中科院召开的 2005 年中科院院士增选评审暨选举会议。此次会议上与其他两位院士一起推荐乌兴瑞为院士候选人。11 月 20 日，在北京参加国家气象局召开风云二号 02 批静止轨道气象卫星地面应用系统工程业务验收会。
- 12 月 6 日，在北京参加并主持航天科技集团公司召开的嫦娥一号卫星转正样阶段评审会议。12 月 7 日，在北京参加并主持国防科工委月球探测工程中心召开的绕月探测工程第二次大总体协调会。会上强调，工程要促进度，严把质量关；各系统的接口文件要沟通协调明确；短线的问题要切实抓好；薄弱环节的工作要认真做好。12 月 17 日，在北京参加并主持何鸿燊航天基金会第九次顾问委员会议，会议听取基金会一年来的工作及明年的工作设想。12 月 24 日，在北京参加八院召开的风云二号

03 星成果鉴定会。12 月 29 日，在北京参加绕月探测工程领导小组第三次会议。

2006 年（77 岁）

- 1 月 6 日，在北京参加五院召开的嫦娥一号卫星 2006 年工作会。会上强调，工作会的召开对确保工程的质量起到积极的作用，希望各参研单位在新的一年里更加努力工作，确保工程质量，确保进度，真正做到出成果、出人才。1 月 9 日，在北京参加全国科技大会。1 月 13 日，在北京参加航天科技集团公司召开的新一代运载火箭工程立项审查会。1 月 17 日，在北京参加国防科工委新一代运载火箭基本型研制立项论证评审会。1 月 25 日，在北京参加总装备部召开的新一代运载火箭发射场立项方案评审。会上强调，发射场要从长远方面来考虑，要适应密集发射的需要。
- 3 月 2 日，在北京主持召开鑫诺二号卫星航天科技集团公司级正样设计评审。3 月 17 日，在北京参加国防科工委召开的国防科技工业自主创新座谈会。3 月 22 日，在北京参加总装备部科技委 2006 年年会。3 月 26 日，在北京参加国防科工委召开的中国航天白皮书讨论会。3 月 27 日，在北京参加并主持鑫诺二号卫星工程第三次大总体协调会。
- 4 月 8 日，在北京参加中科院探月总体部 2006 年工作会。会上强调，今年是决战年，各系统要严慎细实地开展工作，牢记失败的教训，狠抓质量，不放过任何质量疑点。4 月 18 日，在北京接受中华全总、中央电视台摄制采访。采访中讲到，继我国“神五”、“神六”载人航天飞行取得圆满成功之后，中华民族儿女所期盼的探月工程，将在“十一五”期间加速向前推进。4 月 25 日，在天津参加中电集团 18 所化学与物理电源技术国防重点实验室学术委员会成立大会。经中电集团公司批准，担任该学术委员会主任。
- 5 月 8 日，在北京接受《国防科技工业》编辑部采访。采访中强调，几十年的历史实践已经让我们深刻认识到最先进的武器是买不来的，军工核心技术是买不来的，我们必须依靠自己的力量壮大国防；增强军工科技创新能力，是国防科技工业增强核心竞争力的必由之路。5 月 11 ~17 日，为了验证测控系统 USB 与 VLBI 系统的测控能力，利用欧盟 SMART－1 卫星对测控系统进行联合测轨试验，带队先后赴乌鲁木齐南山站、北京航天指控中心、上海天文台、云南天文台检查工作。要求测控系统利用这次难得的试验机会，完成对整个测控系统性能的验证，促进后续任务的准备与建设，加强国际间的交流与合作。

■ 6 月 5～9 日，在北京参加中国科学院第十三次院士大会。6 月 9 日下午，在北京与栾恩杰同志向张云川主任、孙来燕副主任汇报绕月工程进展情况。6 月 11 日，在北京参加国防科工委召开的民用航天“十一五”规划讨论会。会上强调，“十一五”宏观发展的项目都重要，如何舍取，要有明确的指导思想。6 月 29 日，在北京参加航天科技集团公司科技委 2006 年年会暨学术报告会。6 月 30 日，在北京陪同国防科工委黄强秘书长到五院检查嫦娥工程卫星语音传输系统研制情况。

■ 7 月 4 日，在北京参加鑫诺二号卫星可靠性、安全性集团公司级专项质量审查会。7 月 11 日，在北京参加嫦娥一号卫星任务测控系统总体技术方案审定会。7 月 13 日，在北京参加国家天文台 40 米/50 米天线测试验收评审第一次会议。7 月 18 日，在北京参加绕月工程科学目标实现程度汇报会。会上强调，科学目标就是要在现有的水平基础上再进一步提高，要提前做好准备。如何与印度的指标相比，公布结果的可信度、力度够不够，什么时候公布，公布什么内容要认真研究，要对自己的成果充分应用，真正把月球数据挖掘出来。科学家要拿出真正的精品来，还需要下很大的力气。7 月 23 日，在北京参加何鸿燊航天科技人才培训基金会顾问委员会第十次会议。

■ 8 月 9 日，在北京参加绕月工程中心召开的绕月探测工程手册编写进展情况汇报会。8 月 10 日，在北京参加航天科技集团公司召开的鑫诺二号卫星发射任务工作协调会。8 月 17 日，在上海参加航天科技集团公司召开的风云二号 05 星工程大总体协调会。8 月 20 日，在北京参加国防科工委召开的航天“十一五”规划纲要讨论会。8 月 24 日，在北京参加航天科技集团公司召开的鑫诺二号卫星集团公司级出厂评审会。8 月 30 日，在北京参加国家天文台召开的我国未来 30 年深空探测科学目标研讨会。

■ 9 月 1 日，在北京参加航天科技集团公司召开的长征三号乙火箭出厂评审会。9 月 4 日，在北京参加国防科工委召开的鑫诺二号卫星、长征三号乙火箭出厂审定会。9 月 24 日，在北京参加国家航天局孙来燕局长与美国航空航天局格里芬局长的会谈活动，双方介绍了各自国家航天发展的情况，并就加强两国航天领域的合作交换了意见。9 月 27 日，在北京参加国防科工委召开的 2030 年中国航天发展研究报告专家审查会。

- 10 月 8 日，在北京参加航天科工集团公司召开的航天科工集团纪念中国航天事业创建 50 周年大会。10 月 13 日，在北京参加国防科工委、总装备部联合召开庆祝中国航天事业创建 50 周年大会。10 月 29 日，在西昌卫星发射中心参加鑫诺二号卫星发射任务。卫星发射取得成功，但由于卫星在轨发生故障，卫星无法正常工作。10 月 30 日，在西安卫星测控中心参加鑫诺二号卫星测控任务指挥部第二次会议，会议商讨解决鑫诺二号卫星所发生的故障问题。
- 11 月 2 日，在西安卫星测控中心参加鑫诺二号卫星测控任务指挥部第四次会议。会议继续商讨解决鑫诺二号卫星所发生的故障问题。11 月 4 日，在西安卫星测控中心参加鑫诺二号卫星测控任务指挥部第五次会议，会议继续商讨解决鑫诺二号卫星所发生的故障问题。11 月 9 日，在北京接受凤凰卫视的专题采访。11 月 17 日，在北京参加中国宇航出版社召开的钱学森手稿《导弹概论》图书首发式。11 月 20 日，在西昌卫星发射中心参加风云二号 04 星加注评审。
- 12 月 5 日，在西昌卫星发射中心参加长征三号甲火箭加注质量评审会。12 月 8 日，在西昌卫星发射中心参加风云二号 04 星发射任务。卫星发射取得成功。12 月 18 日，在北京参加月球探测工程中心召开的绕月探测工程 2006 年两总扩大会，会上强调，工程已到决战总攻阶段，质量工作不能放松，从设计到生产要做到百分之百的可靠，查漏、补遗工作非常重要。12 月 21 日，在北京参加月球探测工程中心召开的绕月工程领导小组检查卫星工作汇报会，张云川主任发表讲话。12 月 31 日，在北京参加航天科技集团公司召开的鑫诺二号卫星在轨故障审查委员会第一次会议。

2007 年（78 岁）

- 1 月 19 日，在北京主持召开嫦娥一号卫星出厂审批会议。参加张云川主任主持的绕月探测工程领导小组第四次会议。1 月 21 日，在杭州参加浙江大学航空航天学院成立大会，沈荣骏院士出任学院院长。1 月 29 日，在北京参加陪同温家宝总理、曾培炎副总理视察绕月探测工程进展情况，温家宝总理提出四点要求：一要高度重视，全力以赴；二要安全可靠，质量第一；三要团结奋战，大力协同；四要尊重科学，敢于探索。
- 在北京主持召开长征三号甲火箭出厂评审,此枚火箭将用于发射嫦娥一号卫星。
- 2 月 2 日，在西昌卫星发射中心参加指导北斗一号卫星发射任务，发射取得成功。2 月 4 日，在北京参加通报北斗一号卫星举一反三情况及嫦娥一号卫星准备情况的汇报会。2 月 8 日，在北京参加张云川主任主持的绕月探测工程指挥部会议，会议确定 8 月 19 日嫦娥一号卫星进场、10 月 20 日前后择机发射的工作安排。2 月 14 日，在北京主持召开北斗导航试验卫星整星出厂技术评审会。2 月 16 日，在北京参加北斗导航试验卫星、长征三号甲火箭出厂汇报会。
- 3 月 2 日，在北京主持召开探月工程（二期）实施方案编制专家组第一次会议。3 月 7 日，在北京参加向陈炳德部长汇报有关工作进展情况的会议，刘纪原、许达哲等人参加。3 月 16 日，在北京主持召开探月工程二期实施方案编制专家组第二次会议。3 月 28 日，在北京参加科技部科研诚信建设联席会议，科技部万钢部长到会并讲话。3 月 29 日，在北京主持召开鑫诺二号卫星出厂评审会议。3 月 30 日，在北京主持召开探月工程二期实施方案编制专家组第三次会议。
- 4 月 3 日，在北京参加刘京主持的鑫诺三号卫星出厂汇报会。4 月 4 日，在北京参加航天系统两院院士候选人遴选会议。4 月 10 ~ 14 日，在西昌卫星发射中心参加指导北斗导航试验卫星的发射任务，发射取得圆满成功。4 月 19 ~ 20 日，在北京主持召开探月工程二期实施方案编制专家组第四次会议。4 月 27 日，在北京主持召开探月工程二期实施方案编制专家组第五次会议。
- 5 月 8 日，在北京参加绕月探测工程科学应用专家委员会成立大会暨第一次工作会、绕月探测工程第四次工作会暨第三次大总体协调会。5 月 12

日，在西昌卫星发射中心主持召开鑫诺三号卫星转场暨加注前技术评审会议。5月21日，在北京参加向张云川主任汇报探月工程二期实施方案汇报会。5月26~31日，在西昌卫星发射中心参加指导长征三号甲火箭发射鑫诺三号卫星任务，发射取得圆满成功。

- 6月4日，在北京主持召开探月工程二期实施方案编制专家组第六次会议。6月9日，在哈尔滨参加哈工大航天学院成立20周年庆祝大会。6月11日，在北京主持召开探月工程二期实施方案编制专家组第七次会议。6月15日，在北京参加“自主创新的长征之路——庆祝长征系列运载火箭100次发射”座谈会。6月27日，在北京参加风云二号04星在轨交付仪式。6月29日，在北京参加科技部科研诚信建设工作专家咨询委员会成立暨第一次工作会。
- 7月9日，在北京参加绕月探测工程领导小组组织的现场工作检查。工程领导小组及工程两总先后到中国空间技术研究院、总装航天飞行控制中心、国家天文台检查并听取了绕月探测工程进展工作和准备情况汇报。7月10日，在北京参加探月工程二期重大专项实施方案咨询评审会。7月13日，在北京主持召开探月工程二期实施方案编制专家组第八次会议。7月18~19日，在北京参加2007年何梁何利基金科学与技术进步奖专业评审会。7月20日，在北京参加国防科工委举行的鑫诺三号卫星在轨交付仪式。7月29日，在北京主持召开资源一号02B星出厂评审会。参加国防科工委召开的资源一号02B星、长征四号火箭出厂审定汇报会。
- 8月2日，在北京参加张云川主任主持的绕月探测工程重大专项领导小组第二次会议。8月3日，在北京主持召开嫦娥一号卫星出厂评审会。8月7日，在北京主持召开北斗导航卫星工程五大系统工作汇报，会上强调，北斗导航卫星是国家的重大工程，要从试验星上吸取好的经验，为下一步工作打好牢固的基础。8月9日，在北京向张云川主任汇报绕月探测工程领导小组会议及动员会的准备情况。8月10日，在北京参加张云川主任主持召开的绕月探测工程领导小组第五次会议、绕月探测工程出厂动员会议。8月13日，在北京参加航天科技集团公司五院嫦娥一号卫星出厂动员会暨出征仪式。
- 9月11日，在西昌卫星发射中心检查绕月探测工程工作。工程两总先后到卫星测试厂房、远控测发楼、发射工位检查准备工作情况，听取嫦娥一号卫星、发射场区准备工作情况汇报。9月13日，在北京主持召开长征三号甲火箭出厂评审会，会上强调，确保发射窗口，要把各项预案工作做好、做细，确保在发射窗口的3天内将嫦娥一号卫星发射上天；火箭飞行设计的软件版本必须装订准确。9月16～19日，在太原卫星发射中心主持召开长征四号乙火箭加注前评审会。参加指导中巴资源一号02B卫星发射任务，发射取得成功。9月21日，在北京就嫦娥一号卫星的任务等问题，接受香港凤凰卫视吴小莉“小莉看世界”栏目专访。9月25日，在西昌卫星发射中心主持召开嫦娥一号卫星加注暨转场评审会。9月29日，在北京接受中央电视台“科技人生”栏目专访。

- 10月8～9日，在北京就月球探测工程，接受中央媒体的联合采访。10月11日，在北京参加航天型号高可靠、长寿命发展思路评审会。10月17日，在北京参加嫦娥一号卫星任务飞控决策演练。通过演练，测控各系统为确保执行飞控任务的安全打下坚实的基础。10月18～24日，在西昌卫星发射中心主持召开长征三号甲火箭加注质量评审。参加指导嫦娥一号卫星发射任务，发射取得圆满成功。
- 10月25日至11月7日，在北京参加嫦娥一号卫星飞控任务。卫星经过多次变轨之后，成功完成了近月制动，标志着卫星进入环月轨道。11月12日，在北京接受香港凤凰卫视许戈辉“名人面对面”栏目专访。11月16日，在北京参加中国运载火箭技术研究院建院50周年纪念大会。11月20日，在北京接受中央电视台“新闻面对面”栏目专访。11月26日，在北京参加中国首次月球探测工程第一幅月面图像发布仪式。温家宝总理为第一幅月面图像揭幕并发表重要讲话。当晚，参加中央电视台为航天人庆功的“拥抱月球”节目晚会。11月29日，在北京参加中国航天网探月专家高层访谈，与龙乐豪院士、叶培建院士一起向关注嫦娥一号卫星的广大网友、朋友们介绍情况，并回答有关问题。
- 12月3日，在北京参加中国航天基金会绕月探测工程特别奖颁奖仪式。12月4日，在北京参加中国政府网在线访谈，与陈求发、栾恩杰等共同回答网友提出的有关月球探测工程方面的问题。12月12日，在北京参加庆祝我国首次月球探测工程圆满成功大会，会议由吴邦国主持，胡锦涛发表重要讲话：“我国首次月球探测工程的成功，是继人造地球卫星、载人航天飞行取得成功之后我国航天事业发展的又一座里程碑，实现了中华民族的千年奔月梦想。”在北京理工大学参加国防科工委首次月球探测工程表彰奖励大会，获“首次月球探测工程突出贡献者”称号。12月13日，在北京参加航天科技集团公司召开的首次月球探测工程表彰奖励大会。12月17日，在北京参加绕月探测工程领导小组第六次会议。12月19日，在北京参加国际欧亚科学院中国院士第十一次全体会议，推荐许达哲为院士候选人，经过全体院士投票，许达哲当选为国际欧亚科学院中国科学中心院士候选人，其结果上报莫斯科国际欧亚科学院总部批准。12月20日，在北京主持召开尼日利亚通信卫星国防科技成果鉴定会。12月21日，在北京参加2007海外学人回国创业周活动，为海外学人作专题报告，向海外学人介绍中国航天发展及首次月球探测工程情况。12月25日，在北京参加中国直播星公司揭牌仪式，直播星公司是中国航天科技集团公司与中国卫星通信集团公司共同发起、旨在推动国内卫星运营市场整合的国内唯一的卫星运营公司。

2008年（79岁）

- 1月2日，在北京参加为后续深空探测做准备的大口径深空探测设备研制建设研讨会。1月14日，在北京主持召开国防科工委风云二号05星工程第一次大总体协调会，会议听取了研制报告，协调了各系统的工作流程。1月19日，在北京参加中国月球探测工程首座大型艺术雕塑“嫦娥奔月”揭幕典礼暨中国国家博物馆收藏仪式。雕塑的作者是遥远（文元衍）先生，他的作品设计富有美感与磅礴之气，路甬祥、陈昊苏等相关领导参加。1月24日，在北京参加百花迎春——中国文学艺术界2008春节大联欢活动，与众多著名艺术家欢聚一堂，庆贺新春佳节，与栾恩杰一起接受中国摄影家协会领导赠送的摄影作品，并向中国作家协会、摄影家协会回赠了中国首次月球探测工程第一幅月面图像照片。1月28日，在北京参加2008年春节慰问专家学者演出，与中组部李源潮部长、人事部尹尉民部长等领导一起观看文艺演出。1月29日，在航天科技集团公司总部接受人事部尹蔚民部长、王晓初副部长的慰问，吴卓副总经理等领导参加。
- 2月1日，给青岛安宁路小学回信，应学校要求在《奔月》一书上题词：培养爱科学、学科学之风。2月15日，在北京参加温家宝总理主持的国务院第209次常务会议，会议听取了国防科工委张庆伟主任关于探月工程二期工程实施方案的报告，会议原则同意探月工程二期工程立项。2月20

日，在北京参加中国空间技术研究院建院40周年庆祝大会。2月21日，在北京人民大会堂与胡锦涛等中央领导一起参加元宵文艺晚会。2月23日，在北京参加“2007中国十大系列英才颁奖典礼”，获创新英才奖，乌云其木格副委员长为其颁发了创新英才奖杯和证书。2月25日，在北京参加国防科工委主任专题办公会议，会议研究部署探月工程（二期）前期工作事项。2月26日，在北京接受科技日报社记者为纪念1978年全国科技大会——科学的春天30周年的专题采访。

- 3月18日，在北京接受“气象中国”节目专访，讲到在长期的合作中，气象局给予了航天极大的支持。当时，航天在气象卫星方面的技术力量很薄弱，但气象局的历届领导非常重视航天事业的发展，坚持采用国产卫星发展气象事业，这是对航天人的极大信任和支持。
- 4月1日，在北京参加航天装备10年发展座谈会。4月15日，在北京参加风云二号03星业务运行3周年座谈会，讲到3年来，卫星的天、地一体化出色完成了任务，出了人才，出了成果，但还需要在可靠性、寿命上狠下功夫，同时还要加强科普宣传，让人们更多地了解气象卫星，为国民经济发展作出贡献。4月17日，在北京参加《导弹与航天》丛书卫星工程系列编写工作总结会，会上强调，丛书的编辑完成，证明了我们的软实力得到极大提高；是空间技术研究院乃至航天科技集团公司的一个技术进步，是能力的升华。4月26日，在北京参加第七届光华工程科技奖理事会，会上选举产生了25位光华奖获奖人员，朱光亚院士获得成就奖。
- 5月9日，在北京参加何鸿燊航天科技人才培训基金顾问委员会第十一次会议。5月16日，在北京前往刘川诗家，对刘川诗同志病逝表示悼念，并向其家属表示慰问。
- 6月10日，在北京参加航天战略发展座谈会并作了发言，指出2020年空间载人后续的战略发展要有好的指导思想，要有重点；战略发展要和后续的发展衔接好；要解决好战略发展与循序渐进的相互关系。6月17日，在北京参加绕月工程两总会议，听取了月球影像图专题汇报。6月23日，在北京参加中科院第十四次院士大会，胡锦涛总书记出席开幕式并讲话。会议由徐匡迪主持，路甬祥作工作报告。6月30日，在北京参加国家最高科学技术奖考察活动，该活动由国家科技奖励办公室主持，考察内容为其所提交的国家最高科学技术奖申报材料。

- 7 月 5 日，在北京参加“科学中国人——2007 年人物颁奖典礼”。获“最受公众关注奖”。7 月 18 日，在北京参加中国第二代卫星导航系统重大专项实施方案论证评估第二次会议。
- 8 月 7 日，在天津参加中电集团第 18 研究所电源技术国防科技重点实验室学术委员会第一届三次会议，在会上指出，空间的发展，能源是关键，能源的开发研究是一项艰巨的任务，提高能源的寿命和可靠性是关键中的关键。8 月 16 日，在北京参加北京空间飞行器总体设计部成立 40 周年座谈会。会上指出，40 年的发展令人激动和振奋；祝愿总体部的老同志身体健康，并继续发挥余热；希望年轻的同志再接再厉，做好后续的研制工作；预祝总体部在航天事业发展进程中取得更大进步。
- 9 月 1 日，在北京参加卫星总装厂建厂 50 周年庆祝大会。在会上指出，航天事业已走过 50 年的光辉历程，今后 50 年，航天定会更加突飞猛进地发展，将对卫星总装厂的发展特别是加工工艺制造提出更高的要求，对卫星总装厂的产品从长寿命、高可靠、低成本上都具有挑战性。9 月 11 日，在北京参加载人航天后续任务实施方案论证评估委员会成立暨第一次会议。9 月 17 日，在北京主持北斗二号卫星导航工程质量可靠性专题会，会上指出，质量是航天永远的主题，需各系统共同努力，把北斗二号导航卫星组网工作做好。9 月 27 日，在北京参加中国改革与发展高峰论坛，获“中国改革功勋人物奖”。
- 10 月 13 日，在北京主持召开风云二号 05 气象卫星工程大总体协调会。会议协调了各系统之间的接口问题，明确了卫星发射的时间。10 月 18 日，在北京参加国际欧亚科学院中国院士第十二次全体会议，在会上与蒋正华副委员长等一起为许达哲等当选院士颁发证书。10 月 21 日、28 日、30 日，分别在西安、北京参加北斗二号卫星转正样前有效载荷、控制分系统、卫星总体专项审查会，针对卫星有效载荷系统、控制分系统及卫星总体在研制过程中发生的质量问题、疑点问题进行复查。
- 11 月 1 日，在上海主持召开风云二号 05 气象卫星出厂评审。会上指出，卫星首先要确保寿命，对卫星的加密工作需进行验证，要在卫星的末期进行一些试验，以取得相关的数据，为下一批卫星的研制打下牢固基础。11 月 3 日，在海口文昌参加中国文昌航天发射中心项目与当地经济社会发展高峰论坛，会上强调，文昌航天发射中心项目，将为当地经济的发展带来丰厚的回报。原因在于：一是提高了文昌地区的知名度；二是提升了教育的发展，科普教育要从儿童抓起，培养他们的兴趣是关键；三是航天的发展将推动民族的凝聚力和全球华人的凝聚力；四是航天项目将成为当地社会经济发展的强大引擎。11 月 11 日，在北京参加科技部科研诚信建设工作专家咨询委员会第二次会议，会议讨论了《关于加强科研诚信建设意见》等五个报告，国家科技部万钢部长、李学勇副部长参加了会议。11 月 13 ~ 14 日，作为轮值主席，在广州主持并参加了 2008 第六届中国卫星导航（北斗）应用论坛会议。11 月 19 日，在北京主持召开长征三号甲火箭出厂评审会。11 月 23 日，在北京参加由国防科工局主持召开的中巴地球资源卫星研制 20 周年纪念大会。三颗资源卫星取得 50 多万景数据，国土观测 300 多遍，为国家减灾防灾和国土普查作出贡献。

- 12 月 2 日，在北京八宝山革命公墓参加陈述彭先生的送别仪式，之前向陈述彭先生治丧委员会发去唁电，向亲属表示深切的哀悼。12 月 5 日，在西昌卫星发射中心主持召开风云二号 05 星加注前评审会。12 月 19 日，在西昌卫星发射中心参加风云二号 05 星发射任务。在西昌基地与袁家军副总经理先后听取一院火箭、八院卫星的质量归零及复查情况汇报，主持召开长征三号甲火箭加注前评审会，参加 07 – 36 任务发射场区第二次指挥部会议。12 月 23 日，与马兴瑞总经理、袁家军副总经理参加并指导发射风云二号 05 星任务，风云二号 05 星由长征三号甲火箭发射升空，发射取得圆满成功。

2009 年（80 岁）

- 1 月 9 日，在北京主持召开航天科技集团公司某发展战略研究专家组第一次会议，会上强调此项工作是一项庞大复杂的系统工程，各单位之间要加强沟通与合作，本着开放、联合的态度，扎扎实实地做好各项研究工作。1 月 17 日，在北京参加“神舟——辉煌的记忆”2009 年迎春联欢会，与遨游太空的六位英雄航天员见面。1 月 19 日，在北京参加月球探测工程一期科学目标实现情况专题汇报会，会议听取了北京飞控中心、空间技术研究院和国家天文台的工作情况汇报，研究部署嫦娥一号卫星下一步的飞行安排。1 月 24 日，在北京向科学技术部曹建林副部长汇报有关工作，并就相关问题交换意见。

后记

书稿写完了，但我还是感到不很满意。一是受自己写作能力的限制，没有把孙家栋的人生精彩完全展现出来，没有把他对中国航天事业发挥的作用、所作的贡献以及他所参与的重大事件写全面；二是尽管孙家栋在科学界名气很大，但他淡泊名利、少语寡言，不愿意谈论自己，所以，自己很难用有限的文字更加多维地描述这位令人尊敬的科学家。

孙家栋是中国科学院院士，是“两弹一星”功勋科学家，是著名的航天工程技术专家。他参加了我国最早的导弹设计、研制、试验，组织领导了许多航天飞行器的研制，带领研制队伍攻克了无数科学技术难关，为我国导弹、卫星作出了杰出的贡献。

孙家栋的身上有很多让我佩服和崇拜的东西。吸引我的不仅是他所取得的科研成果，更多的是他为祖国航天事业默默奉献的精神和他对事业的执著、对同志的真诚。几十年来，他没有被名利等世俗的东西左右，坚定地固守着自己的人生价值理念，他说：“航天的事情一丝一毫都马虎不得，每个人手中的事情看似不大，但集合起来就是事关成败、事关国家利益的大事情，无论是哪个航天人，他都会想尽一切办法把事情办好。如果要说我自己，我不过是那航天大军千千万万人中的一分子。”与这位科学家交谈，你会感受到他宽阔的胸怀、高尚的修养；你会被他的谦逊美德所感动，被他的人格魅力所折服。

人类的进步与文明离不开科学。当今社会，科学技术的发展正迅速而深刻地改变着世界经济和人类生活。如果埋头苦干的科学家鲜为人知，科技明星星光黯然，那么它的直接和间接后果，将是中国未来的危机，这是我们极不情愿看到的。

如果读者朋友能从孙家栋的身上获取人生的启迪，那是我最大的心愿。

从清华大学毕业后我就来到了西昌卫星发射中心，一直从事航天发射指挥、计划协调和技术管理工作。感谢我那位军旅作家妻子马京生给我提供了一个写孙家栋的机会，当时一家出版社组织编撰“两弹一星”科学家传，正在找写孙家栋的作者，妻子便推荐了我。她说：“你亲历过中国航天的许多重要事件，你熟悉火箭、卫星和发射场，你了解孙家栋，你一定能写好他。”

说实话，偶尔让我写点技术性的文章还可以应付，但写一位经历如此丰富的重要人物，对我来说难度可就太大了，写这本书成了我业余时间丢不下的心事。通过写孙家栋，也使我又一次回想起自己经历过的卫星发射、对外商业发射服务等惊心动魄的往事，情不自禁地勾起了许多美好的回忆。

感谢孙家栋的秘书李钢同志精心编撰了“孙家栋大事年表”，感谢中国航天科技集团公司以及为本书编辑出版付出辛勤劳动的中国宇航出版社，感谢中国卫星导航工程中心给予的大力支持，同时对杨长风主任、邓宁丰社长一并致谢。

2009 年 4 月于北京

作者简介

王建蒙，毕业于清华大学，曾在西昌卫星发射中心担任过下达卫星发射口令的调度指挥员，后调入北京总部机关，长期从事火箭、卫星发射任务组织指挥和计划协调，参加组织过多种型号火箭、卫星以及外国卫星发射任务。1996 年晋升为大校军衔，任中国卫星发射测控系统部高级工程师。现任中国亚太移动通信卫星公司副总裁。曾赴俄罗斯、美国、日本，对相关航天发射场进行实地考察，发表了《俄罗斯拜科努尔航天发射中心见闻》《美国肯尼迪角航天发射中心探秘》《日本航天考察札记》《站在大国的火箭前》等多篇文章。主编了《世界航天发射系统》一书，曾获国防科技进步二等奖。2008 年，应邀在国家图书馆科学家讲坛进行了《奔月背后人和事》《感受航天、关注航天》等公益性讲座，受到广大听众的好评。